疑問に迫る日本の歴史

原始・古代から近現代までを考えながら学ぶ

松本一夫
Kazuo Matsumoto

ベレ出版

◆はじめに

「歴史＝暗記物」というイメージを抱く人は、少なくないと思います。歴史が得意な人というのは、いかに細かな知識を覚えているかが基準のようです。既にできあがったストーリーをただ覚えるだけの作業は、味気ないものであり、これでは歴史嫌いの人が増えてもしかたがないのかもしれません。

しかし歴史は、決して暗記するだけの学問ではありません。史料という証拠を用い、過去と真摯《しんし》に向き合って、これと徹底的な対話を繰り返す中で得られるものなのです。こうした営みは、一種の「謎解き」であり、まるで推理小説を読み進めていくようなワクワク感を味わうことができます。

教科書に書かれていることの中には、その後の研究の進展により大きく（あるいはまったく）変わってしまう部分も少なくありません。また、何気なく読み進めてしまった記述の中に、「ちょっと待てよ」と疑問が浮かぶところもあると思います。そうした箇所でいったん立ち止まり、あらためて考えてみると、「なるほど、この文章の背景にはこのようなことがあったのか！」と、より深く理解できる（「わかり直し」）のです。

本書では、原始・古代から近現代までの日本史の中で四十のテーマを選び、私から読者の皆さんにいくつかの疑問（冒頭でテーマに関わるもの、行論中にもその内容に沿ったもの）を投げかけます（後者は太字になっています）。そこで「なるほど、そういわれてみれば……」と認識していただき、できれば少し立ち止まってご自身で考えていただいた上で、次の部分へ読み進めていってください。おそらく、目から鱗が落ちていくことでしょう。

そして読み終えた時には、今まで歴史に対して抱いていた皆さんのイメージが変わり、より豊かなものが得られることを期待しています。

疑問に迫る日本の歴史　目次

第1部◎原始・古代

第2部◎中世

第3部◉近世

第4部◎近現代

第1部◉原始・古代

❶ 縄文人の知恵

◇縄文人をめぐる疑問

縄文人は、弥生人のようにまだ稲作もできず、日々食料を求めてギリギリの生活を送っていた、というイメージをおもちの方も多いと思います。

しかし、はたしてこうした理解は正しいのでしょうか。縄文人は、能力的には現代人と何ら変わらない人々なのです。縄文時代は江戸時代の約五十倍も長く続きましたが＊、この間きわめてゆっくりとではあるものの、人々の暮らしは着実に向上していきました。

これからその具体的な様子を見ていくことにしましょう。そしてそれらが、続く弥生人の文化とどのようにつながっていくのか、考えていきたいと思います。

＊縄文時代は今から約一万三〇〇〇年前～約二三〇〇年前まで続き、「草創期」「早期」「前期」「中期」「後期」「晩期」の六つの時期に分けられている。

◇陥《おと》し穴の工夫

縄文時代のごく初期の生業は、狩猟（対象は主に猪と鹿）の比重が大きく、生活は不安定でした。主に早期の終わりごろの遺跡からは、動物を捕らえるための陥し穴が見つかっています。例えば横浜市霧ヶ丘遺跡で確認された一一六基の穴は、けもの道に沿った形で広く分散していることから、狩猟用の陥し穴と考えられています。

穴の形はさまざまですが、例えば地表面では長さ一・五メートルほどの楕円《だえん》形をしたものがあります（図1）。**それが底に近い部分では幅が十センチほどに狭まっています。なぜそうしたつくりになっていると思いますか。**

実はこれは、穴に落ちた動物を逃がさず、かつ生かしておくための工夫だと考えられています。つまり、穴に落ちた動物は下の方の細い溝にからだを挟まれ、しかも足は底まで届かず宙ぶらりんの状態になるのです。穴によっては底に木の槍が何本か立っているものがありますが、これも動物を刺し殺すためではなく（死ねば腐敗が進み、食用にならない）、槍の間に挟むためとする考え方があります。

また、うりぼう（猪の子ども）が犬や人間などといっしょに葬られている遺跡がいくつか見つかっていることから、縄文人はつかまえた動物の一時的な飼育（キーピング）を行ったとみられています。

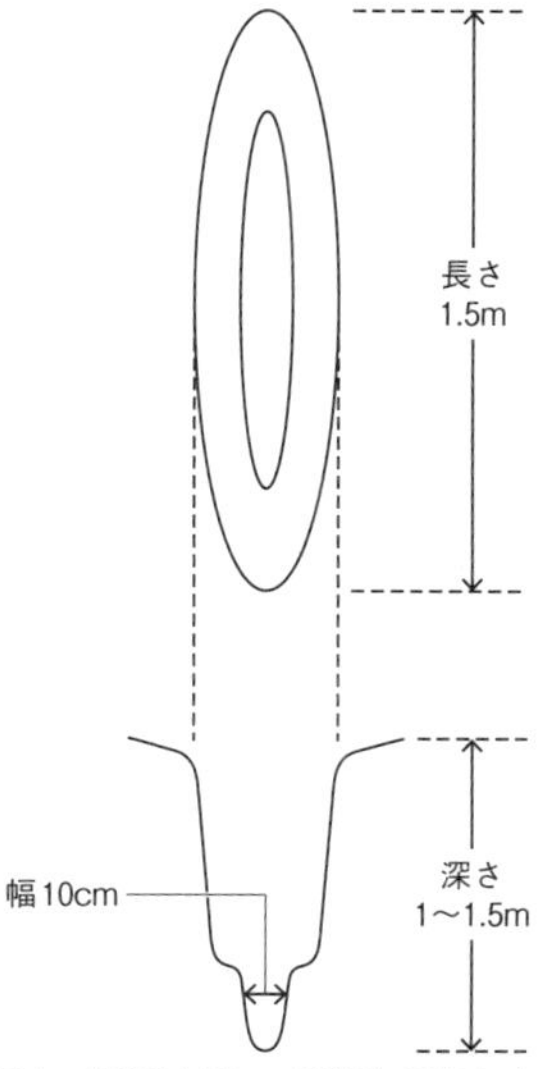

図1　横浜市霧ヶ丘遺跡の陥し穴
（今村啓爾『縄文の実像を求めて』より、一部改変）

◆ドングリの調理と保存

今から約一万年前に起こった気候の温暖化により、例えば西日本において草創期には落葉《らくよう》広葉樹林《こうようじゅりん》が広がっていましたが、早期・前期には照葉樹林《しょうようじゅりん》にかわりました。いずれもクヌギやナラ、カシなどの木の実（総称してドングリ）が重要な食料となり、これらを煮たり貯蔵したりするための土器（縄文式土器）がさかんに用いられるようになったのです。

ところで同じドングリでも、落葉広葉樹の方が照葉樹より調理に手間がかかりました。どのような点かわかりますか。

実は、より古い時代に広がっていた落葉広葉樹のドングリの方が、照葉樹のそれより長時間煮なければならず、しかもアクが強いので、これを中和する必要があったのです。つまり縄文人は、ドングリを煮ることに関して、早くから手間がかかる技術を身につけていた、というわけです。またドングリを貯蔵しておく穴も、水に漬かるようにわざと湧水地《ゆうすいち》につくって、アク抜きと貯蔵を同時に行っていました。

◆栗林の管理

さて、落葉広葉樹の中で縄文人が大いに利用したのが栗です。実が食用になるだけでなく、木自体が堅くて耐久性があるため建築用材に適しており、また油脂《ゆし》が豊富で薪《まき》としても重宝しました。

写真①は、有名な青森県三内丸山《さんない》遺跡周辺の野生の栗、②は同じ遺跡内で出土した栗の、それぞれDNAです（図2）。**何か違いはないでしょうか。**

そうです、①に比べて②の方は、線がだいぶ揃っていますね。これは②の栗が、みな同じような遺伝子をもっていることを示しています。こうしたことは自然界ではありえず、人間がたくさんある栗の木の中から、これはいいと思ったもの（例えば実が大きい、おいしい、たくさんとれる、病気に強いなど）だけを選んで、その種を蒔《ま》き続けた結果だと考えられているのです。これがもし正しい推測であれば、縄文人はその居住地域内で栗林を管理していた、ということになります。

◆おいしさや見た目も追求

東京都北区の中里遺跡（中期）には、当時の海岸に厚さ四メートル、幅三十〜四十メートルの貝殻層が、実に一キロにわたって形成されており、ここで貝肉をとる処理をしていたと推定されています。そしてその貝殻はハマグリとカキがほとんどであり、縄文人はたくさん種類のあ

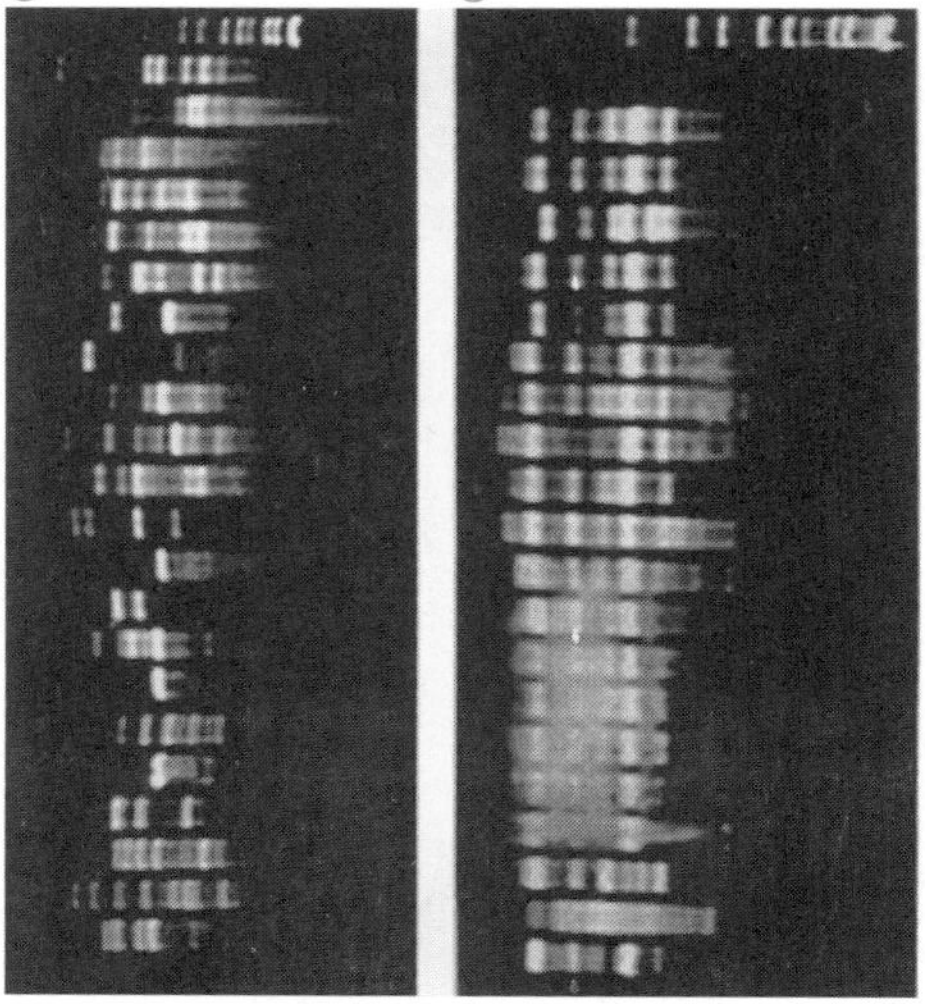

図2　三内丸山遺跡周辺で出土した栗のDNA
（総合地球環境学研究所佐藤洋一郎氏提供）

る中で、おいしいものだけを選びとっていたと思われるのです。

また図3の写真は、山形県押出《おんだし》遺跡（前期）から見つかったクッキー状の炭化物（でんぷん主体のものと動物の肉を主体とするものの二種類があった）です。**これを見て、何か気づいたことはありませんか。**

少し見にくいかもしれませんが、表面に渦巻きのような文様が加えられているのがわかりますか。つまり縄文人は、味だけでなく見た目のおいしさも追求していたようなのです。

◆農耕を始めなかったわけ

岡山県姫笹原遺跡から出土した縄文中期の土器からは、イネ科植物の葉に含まれるケイ酸質の物質であるプラントオパールが検出されていて、九州や山陽地方の後期・晩期の遺跡からは、米や麦の粒そのものが見つかっています。つまり米や麦は、早くから日本列島に入ってきており、一時期原始的な農耕も行われていたようなのです。ところがそれは、やがて断絶してしまいました。**なぜ縄文人は、そのまま農耕生活に入ろうとしなかったのでしょうか。**

それは、今まで見てきたことから既にお気づきかもしれません。温暖で雨が多い気候に変化した日本列島は、世界の温帯地域の中でも植物の生育条件が最もよい環境になりました。し

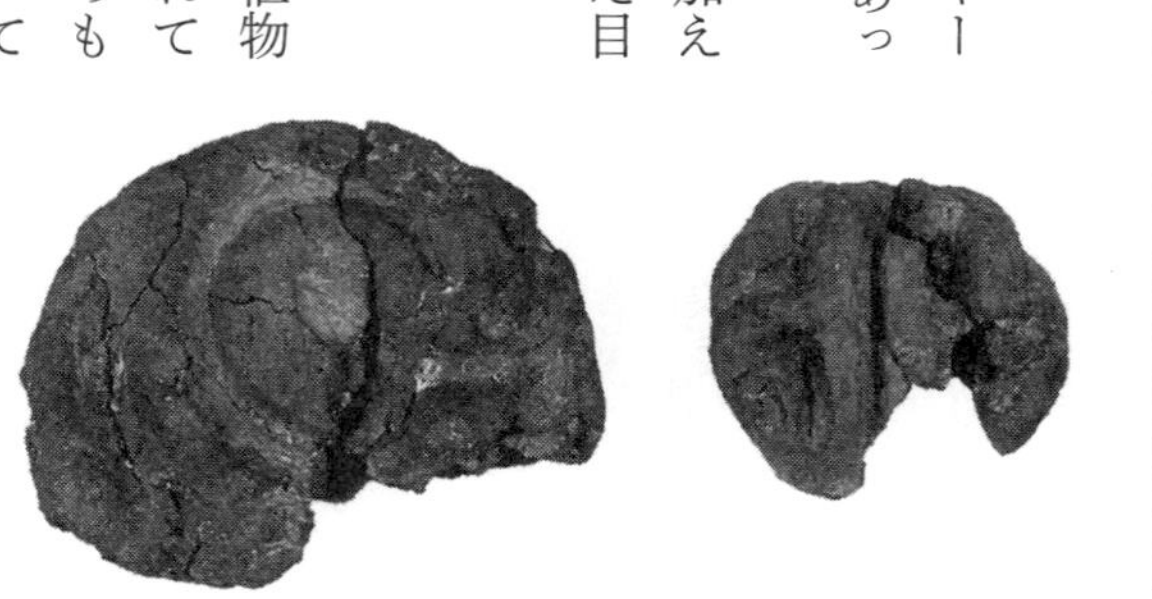

図3　縄文クッキー（山形県立うきたむ風土記の丘考古資料館提供）

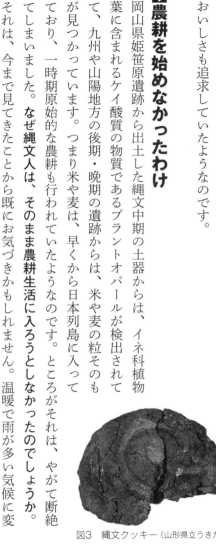

たがって木の実や山菜なども豊富にとれ（一部は人為的に増やしていた可能性もある）、さらにそれ以外にも魚や貝、あるいは鳥獣も捕獲できました。それらを季節ごとに示すと、〔春〕山菜、新芽、貝類*、〔夏〕魚*、〔秋〕木の実類（一部は貯蔵）、〔冬〕猪・鹿など、となります（＊はほぼ通年とれるもの）。

このように食料は重層的に存在していたため、豊富にとれる時期は、味がよく手間がかからないものを食べ、乏しい時には、貯蔵しておいた比較的手間のかかるものを利用したり、狩猟に頼ったりしていました。つまり縄文人は、採集生活のままでも相当程度の生活が送れたのです。

これに対し農業をするということは、数ある植物のうち特定のものだけを手間暇かけて（たくさん生い茂る雑草をとるのが何より大変）育てなければならず、それを行った方が人間にとって有利なものでない限り、やらない方が効率的だったのです。

◆稲作へのスムーズな移行

その点、稲作は、梅雨を経て生育期に高温となる日本の気候に最も適し、収量も豊かだったので、この生業方式が大陸から入ってきて、初めて農業社会（弥生文化）に移行していきました。

現在では、朝鮮半島から来た人々の数はそれほど多くはなく、在来の縄文人が稲作技術を受容して広めた、とする考え方が有力です。**では、彼らはなぜそうした進んだ農業技術を比較的スムーズに身につけることができたのでしょうか。**

それは、採集が中心とはいえ、定住が進み、既に相当な計画性をもって食料調達ができていたこと、アク抜きなど手間のかかる作業を通じ勤勉さを身につけていたこと、エゴマやヒョウタンなど一定の植物栽培に関する知識があったこと、工夫された道具類が残されていることから、手先が器用だったとみられること、などが背景にあったようです。

【参考文献】

◎岡田康博・ＮＨＫ青森放送局編著『縄文都市を掘る　三内丸山から原日本が見える』（日本放送出版協会、一九九七年）

◎今村啓爾『縄文の実像を求めて』（吉川弘文館、一九九九年）

◎小林達雄編『最新縄文学の世界』（朝日新聞社、一九九九年）

❷ 邪馬台国論争はなぜ決着しないのか

◆邪馬台国論争をめぐる疑問

三世紀前半、三十余りの小国が属していた倭国の政治的盟主であった邪馬台国は、畿内にあったのか、それとも九州に位置していたのか。この問題は、おそらく日本史上最大の謎といっても過言ではないでしょう。これによって倭国の領域や国土統一の時期、さらには遅くとも四世紀なかばごろには成立していたと思われるヤマト王権との関係も、大きく異なってくるのです。

この論争自体、江戸時代以来の長い歴史をもっていますが、昭和二十年代までは唯一の文献である「魏志倭人伝」（全文で約一九〇〇字、以後「倭人伝」）の解釈により進められてきました。「倭人伝」では、朝鮮半島にあった帯方郡《たいほう》から、いくつかの小国を経て邪馬台国に至る、という形で記されており、大まかにいって距離を重視すると畿内説に有利となりますが、方向をとると九州説の可能性が高くなり、結局「倭人伝」のみの検討では議論がまとまりませんでした。

それが昭和三十年代以降になると、全国各地で遺跡調査がさかんになり、その成果と「倭人伝」の記述内容とを結びつけるなどの方法で、研究は新たな段階に入りました。以来現在まで約六十年、この間いくつもの重大な発見があり、その都度「これにより畿内説が有利になった」などと論じられる一方、同じ発見から「九州説は揺るがない」との主張もなされ、決着は未だについていません。

科学技術が著しく進歩した現在、そうした分析の精度もきわめて高いはずなのに、なぜこうした状況が続いているのでしょうか。

◆銅鏡をめぐる論争

昭和二十八年（一九五三）、椿井《つばい》大塚山古墳（京都府）から三十三面以上の三角縁神獣鏡《さんかくぶちしんじゅうきょう》（鏡の縁《ふち》に断面が三角形の装飾をつけたもの）が発見されました。これらの中には、卑弥呼が魏に使節を送った「景初三年（二三九）」や、逆に魏から使節が来た「正始元年（二四〇）」の紀年銘があるものも含まれています。京都大学の小林行雄氏は、これが「倭人伝」の中で卑弥呼が魏から与えられた「銅鏡百枚」の一部にあたると見て、邪馬台国はこの古墳に近い大和にあると主張したのです。

これに対し九州説の論者たちは、この三角縁神獣鏡が中国から一面も見つかっておらず、また国内ではその後も発見が相次ぎ、一〇〇面をはるかに超えていることなどから、これらの多くは倭国でつくられたもので、したがって畿内説には結びつかない、と反論しました。**で**

は畿内説の人たちは、これにどのように応じたと思いますか。

答えは、この鏡が卑弥呼への下賜品《かしひん》として特別に鋳造されたものだから、中国国内には残っていないのだとし、また景初三年だけではなく、その後の交流の際にも鏡が与えられたと考えれば、一〇〇面以上残っていても問題ないとした、ということです。

この三角縁神獣鏡をめぐる議論は他にも多くの論点がありますが、ここでは省略します。なお現在では、この鏡が五世紀末の地方古墳からも見つかっていること、また副葬のされ方から、あまり重要なものとして扱われていなかったとみられることなどから、三角縁神獣鏡を卑弥呼が下賜されたものと見る意見は少なくなりました。かわって注目されているのは、例えば纏向《まきむく》ホケノ山古墳（奈良県桜井市）という、ごく初期の前方後円墳に副葬されていた画文《がもん》帯《たい》神獣鏡です。ただしこの鏡についても、九州説の学者からは、中国の北方にある魏の領域からは出土例のない、南方の長江流域の製品であり、またデザインや銘文も後代の五、六世紀ごろに出土する鏡とつながるもので、卑弥呼が下賜されたのは北九州からしか出土しない後漢式の鏡ないしは魏晋《しん》時代に流行した型式の鏡であろう、との説が提起されています。

◆箸墓古墳は卑弥呼の墓か

奈良県桜井市にある箸墓《はしはか》古墳（全長二七八メートル）（図4）は、一説によれば卑弥呼の墓ともいわれています。これについて石野博信氏は、この古墳の周濠《しゅうごう》内で見つかった土器の型式から見て二八〇〜二九〇年ごろになり、卑弥呼が没したのが三世紀なかばであることから、その墓にはあてはまらないと指摘しています。

ところが平成七年（一九九五）、池上曾根遺跡《いけがみそね》（大阪府）で見つかった大型掘立《ほったて》柱建物のヒノキの柱が、年輪年代測定法により紀元前五十二年に伐採されたことが判明、これにより弥生後期の年代観が、それまでより約一〇〇年さかのぼることとなりました。さらに平成二十一年（二〇〇九）、国立歴史民俗博物館の研究グループが、箸墓古墳から出た土器に付着していた炭化物を炭素14年代測定法により調査した結果、この古墳が二四〇〜二六〇年ごろに築造されたことがわかった、と発表しました。**これらの数字が正しいとすると、どうなるでしょうか。**

もうおわかりのように、この年代なら卑弥呼の没年と重なってくるので、その墓とみなすことも可能となるのです。

しかしそれでも、箸墓＝卑弥呼の墓とする説には異論が多いのが現状です。それに第一、

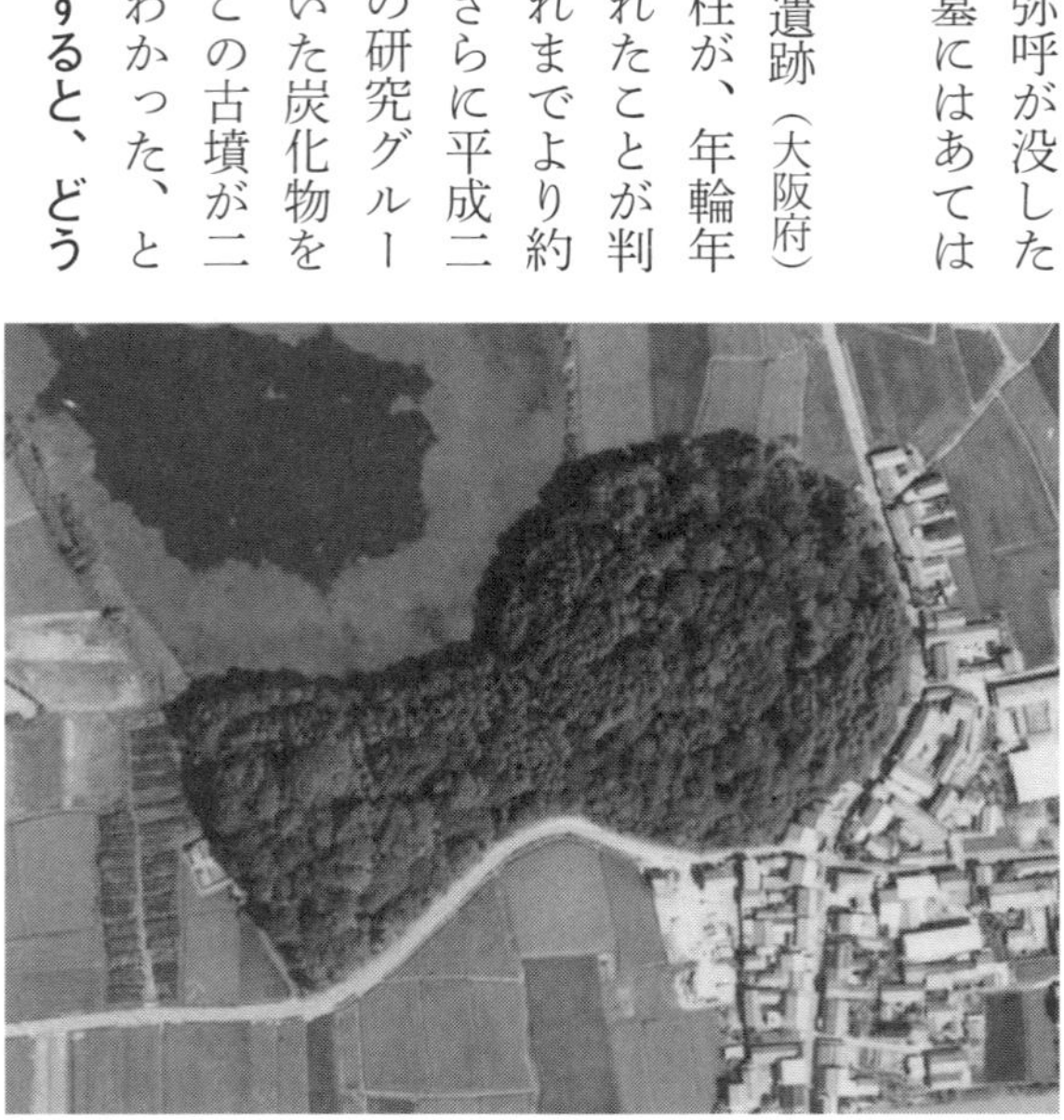

図4　箸墓古墳（国土交通省 国土画像情報より）

「倭人伝」には卑弥呼の墓は「径百余歩（約一五〇メートル）」とあり、箸墓古墳よりかなり小さなものなのです。

◆纒向遺跡の特異性

奈良県桜井市にある纒向遺跡（図5）は、ピーク時にはその規模が東西二キロ、南北一・五キロにも及ぶ、弥生・古墳時代を通じてもおそらく国内最大の遺跡です。そして、生活用具が少ない一方で国内各地、それも比較的遠方でつくられた土器が多く出土している（ただし九州のものは少ない）、巨大な運河が築かれるなどきわめて計画的な集落である、遺跡内には前述の箸墓古墳や、これより古いと見られている初期の前方後円墳（箸墓古墳などに比べ、前方部が低いなどの特徴をもつ）がある、など他の遺跡には見られない特異性をもっています。さらに平成二十一～二十二年にかけて発見された四棟の建物群は、

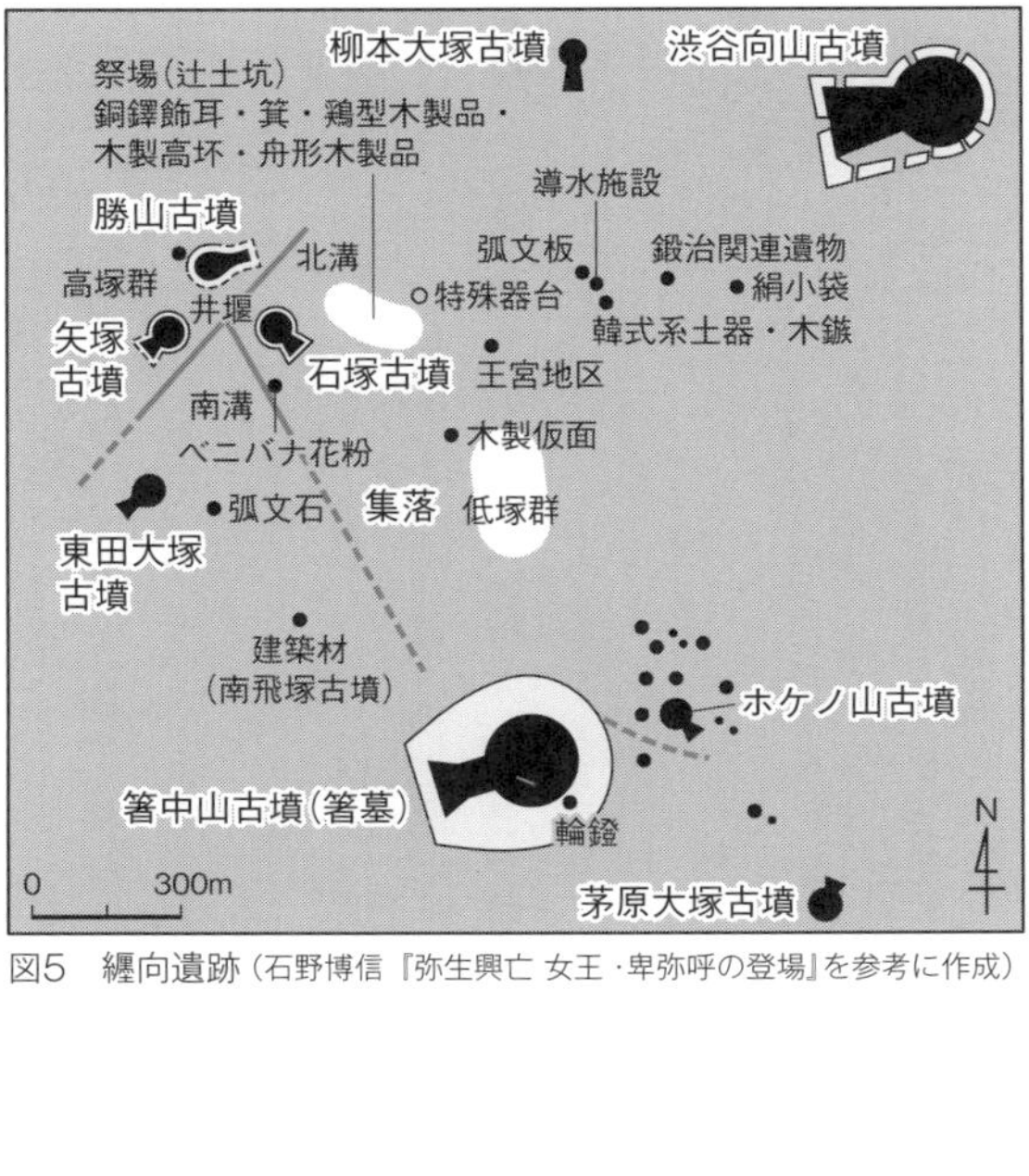

図5　纒向遺跡（石野博信『弥生興亡 女王・卑弥呼の登場』を参考に作成）

中心軸が東西方向に一直線に配置されていたということで、非常に注目されています。

この纏向遺跡の年代は、出土した土器の特徴により、二世紀末から四世紀中ごろとみられており、そのため邪馬台国あるいは初期ヤマト王権の宮都ではないかという意見があります。

しかしその一方で、これだけ進んだ特徴をもっていることから、四世紀後半以降の遺跡と見るべきで、実在した最初の天皇ともいわれる十代崇神《すじん》天皇陵《りょう》（行燈山《あんどんやま》古墳）や十二代景行《けいこう》天皇陵（渋谷《しぶたに》向山《むこうやま》古墳）が近くにあったり、『日本書紀』には十一代垂仁《すいにん》と十二代景行の都が、それぞれ纏向珠城宮《たまきのみや》、纏向日代宮《ひしろのみや》とあるのも、この遺跡との関わりの中でとらえられる、とする考え方もあるのです。

◆原因の一つは「ゴム製の物差し」にあった!?

さてこれまで見てきたように、同じ銅鏡や古墳、遺跡をもとにしても、邪馬台国の所在地についてまったく異なる二つの説が唱えられ、対立したままとなっています。このいきさつについて見ていきましょう。

まず第一におさえておきたいのは、「考古学的に年代を決めることは、きわめて難しい」ということです。例えば古墳の築造年代は、濠《ほり》などに廃棄された土器の型式によって検討する方法が一般的です。ところが、Aという型式よりBという型式の土器の方が新しいということはまちがいないとしても、そのA型式が実際、西暦何年ごろに用いられていたかを証明するのは不可能であり、学者によって、あるいは時代によって見解が異なっているのです（今まで紹介してきた年代観は、一つの見方にすぎない）。それは、まるで年代を測る物差しがゴムでできているようなものなのです。

しかも図6のようにその年代は年々さかのぼっていく傾向にあります。これは一つには、前述のように年輪年代測定法による調査の結果、弥生後期の年代観が一〇〇年近くさかのぼるとされたことが、大きく影響しているようです。しかしこれについては、伐採年と造営された時期は異なるのではないか、という意見もあるのです。

また炭素14年代測定法についても、まず試料として何を用いるかにより、結果は大きく異なります。前述の箸墓古墳の場合でも、土器付着の炭化物を測定すると二四〇〜二六〇年ごろという結果でしたが、祭祀に用いたとみられているクルミや桃《もも》核《かく》だと、それより約八十年も新しい年代だったのです（奈良県立橿原《かしはら》考古学研究所による調査）。

さらに、物差しが古い方へ延びていく背景には、炭素14年代測定法の結果が、もともと数十年の幅をもって出てくることが関係

研究者名	発表年	西暦300年　　200年	
佐原　真	1970	庄内式	
都出比呂志	1983	布留式	庄内式
森岡　秀人	1984	布留式	庄内式
都出比呂志	1998	布留式	庄内式
寺沢　薫	2000	布留式	庄内式
柳田　康雄	2004	布留式	庄内式

図6　庄内式・布留式土器の年代観比較
（安本美典『大崩壊「邪馬台国機内説」』を参考に作成）
庄内式・布留式は邪馬台国論争に最も関わる年代の土器である。

しているようです。例えば、纒向ホケノ山古墳の橿原考古学研究所による年代測定結果は三二〇〜三九〇年、あるいは三三五〜四〇〇年というふうに出ています。

◆学説とマスコミの関係

これは自らの実体験でも感じていますが、一般にマスコミは古いほど、つまり邪馬台国が実在した三世紀前半に近いほど注目します。そこで学者たちは、その幅のある年代のうち最も古い時期をとらえ、「だから畿内説の証拠となる」と発表するのです。その後、一定の時間が経つとこれが一つの基準となり、別に新たな発掘結果が出ると、さらに古いものと判断されていくこととなる、というわけです。*

いったん発表されたもの、あるいは書かれたものが、十分な吟味を経ることなく定説となっていく、というのは、何も考古学の世界に限ったことではないでしょう。私たちは絶えずよい意味での「疑いの目」をもち続けなければならないのだと思います。

*この部分は、一貫して九州説をとる安本美典氏の指摘によっている。氏の主張は考古学界では少数意見かもしれないが、少なくともこの部分に関する指摘は、私にはかなり説得力のあるものに思えてならない。

【参考文献】

◎寺沢薫『日本の歴史02王権誕生』（講談社、二〇〇〇年）

◎福永伸哉『邪馬台国から大和王権へ』（大阪大学出版会、二〇〇一年）

◎武光誠『邪馬台国と大和朝廷』（平凡社、二〇〇四年）
◎安本美典『「邪馬台国畿内説」徹底批判』（勉誠出版、二〇〇八年）
同　『大崩壊「邪馬台国畿内説」』（勉誠出版、二〇一三年）
◎石野博信他『研究最前線　邪馬台国』（朝日新聞出版、二〇一一年）
◎奈良県立図書情報館『邪馬台国と纒向遺跡』（学生社、二〇一一年）
◎吉村武彦『ヤマト王権』（岩波書店、二〇一〇年）

③天皇家の系譜を考える

◇天皇家の系譜とヤマト王権をめぐる疑問

明治憲法第一条には「大日本帝国は万世《ばんせい》一系の天皇これを統治す」とありますが、実際のところはどうなのでしょうか。

また高校の教科書では、「倭の五王」*のところで出てくる十五代応神が最も古い天皇です。しかし、それ以前の天皇については、邪馬台国とのつながりがはっきりしないこともあって、一般の人々にとってはモヤモヤした存在といえるのではないでしょうか。

ここでは、いくつかの視点からそれらの問題について考えていきましょう。なお、近年では天皇という呼称は天武・持統朝時代（六七三～六九七年）から用いられたこと、それ以前は大王《おおきみ》と呼ばれていたことなどが明らかになっていますが、ここでは便宜上、主に天皇号を用いておきます。

＊『宋書』倭国伝に出てくる、五世紀の中国王朝に朝貢したヤマト王権の五人の王。

◆系図から見た王権のつながり

図７に示したのは初代から二十九代までの天皇系図です。**つながりに最も疑問があるのは、何天皇から何天皇のところでしょうか。**

答えは、二十五代武烈から二十六代継体のところです。『日本書紀』によれば、武烈には子どもがおらず、その死後王位を継ぐ人物がいなかったため、大伴金村《おおとものかなむら》が物部麁鹿火《もののべのあらかひ》らと図って応神五世の孫、男大迹《おおど》王（後の継体）を越の三国《みくに》（福井県坂井市）から迎えました。継体は近江国を本拠とし、以前から大王家と姻戚であった息長《おきなが》氏出身であることが明らかにされており、母親の郷里である越で育てられたと考えられています。

戦後まもなく、この『日本書紀』の記述には王統の継続を主張するための作為があり、実は地方豪族出身の継体がヤマトに攻めのぼり、応神王朝から王位をさん奪した、とする説が提起されました。

◆天皇の呼称から考える

ところで天皇の呼び名は、その死後に日本風（国風諡号《しごう》）と中

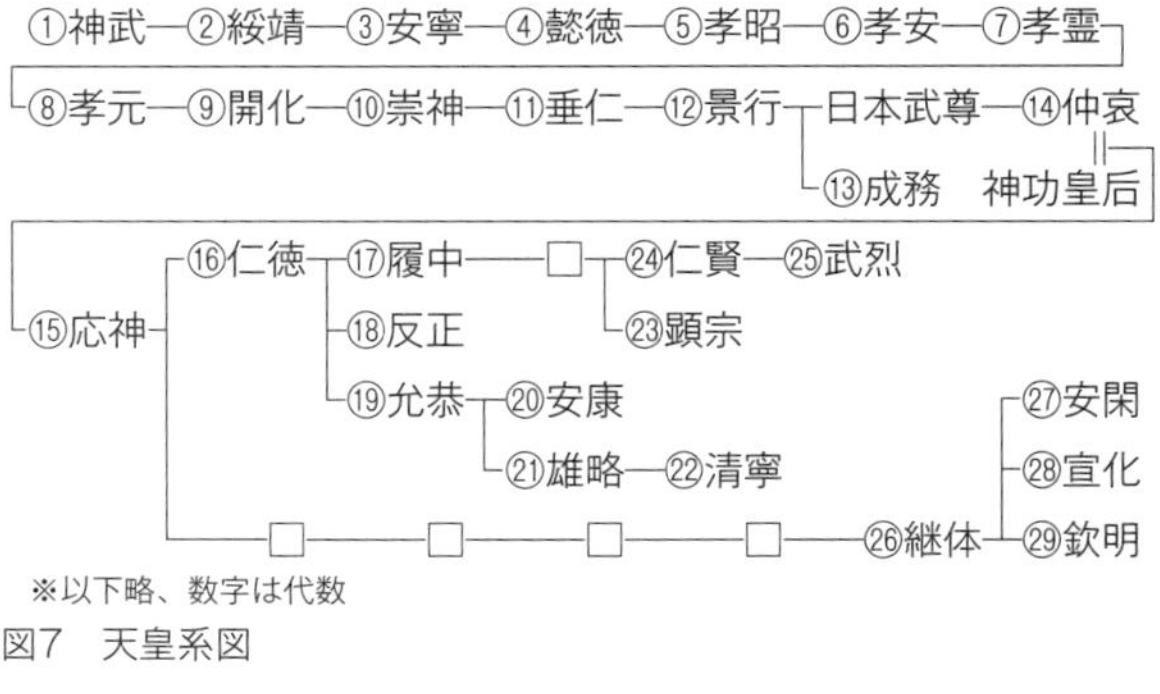

※以下略、数字は代数

図7　天皇系図

国風（漢風諡号）の二種類がつくられました。このうち一般的なのは「仁徳」や「推古」のような漢風諡号ですが、実は国風諡号の方に系譜関係を考えるための手がかりが含まれているのです（表1）。

代	漢風諡号	国風諡号	関係
1	神武	カムヤマトイワレヒコ	
2	綏靖	カムヌナカワミミ	1の子
3	安寧	シキツヒコタマテミ	2の子
4	懿徳	オオヤマトヒコスキトモ	3の子
5	孝昭	ミマツヒコカエシネ	4の子
6	孝安	ヤマトタラシヒコクニオシヒト	5の子
7	孝霊	オオヤマトネコヒコフトニ	6の子
8	孝元	オオヤマトネコヒコクニクル	7の子
9	開化	ワカヤマトネコヒコオオビビ	8の子
10	崇神	ミマキイリヒコイニエ	9の子
11	垂仁	イクメイリビコイサチ	10の子
12	景行	オオタラシヒコオシロワケ	11の子
13	成務	ワカタラシヒコ	12の子
14	仲哀	タラシナカツヒコ	13の甥
	神功	オキナガタラシヒメ	
15	応神	ホンダワケ	14の子
16	仁徳	オオサザキ	15の子
17	履中	オオエイザホワケ	16の子
18	反正	タジヒノミズハワケ	17の弟
19	允恭	オアサツマワクゴノスクネ	18の弟
20	安康	アナホ	19の子
21	雄略	オオハツセワカタケ	20の弟
22	清寧	シラカノタケヒロクニオシワカヤマトネコ	21の子
23	顕宗	オケ	17の孫
24	仁賢	オケ	23の兄
25	武烈	オハツセワカサザキ	24の子
26	継体	オオド	15の5世の孫
27	安閑	ヒロクニオシタケカナヒ	26の子
28	宣化	タケオヒロクニオシタテ	27の弟
29	欽明	アメクニオシハルキヒロニワ	28の弟
30	敏達	ヌナクラノフトタマシキ	29の子
31	用明	タチバナノトヨヒ	30の弟
32	崇峻	ハツセベノワカサザキ	31の弟
33	推古	トヨミケカシギヤヒメ	29の子
34	舒明	オキナガタラシヒヒロヌカ	30の孫
35	皇極	アメトヨタカライカシヒタラシヒメ	34の后
37	斉明	〃	
36	孝徳	アメヨロズトヨヒ	35の弟
38	天智	アメミコトヒラカスワケ	34の子
39	弘文		38の子
40	天武	アマノヌナハラオキノマヒト	38の弟
41	持統	オオヤマトネコアメノヒロノヒメ	38の子、40の后
42	文武	ヤマトネコトヨオオジ	40の孫
43	元明	ヤマトネコアマツミシロトヨクニナリヒメ	41の妹
44	元正	ヤマトネコタカミズキヨタラシヒメ	42の姉

※以下略、継承関係は『古事記』による

表1　歴代天皇の諡号と継承関係

例えば四代懿徳《いとく》が「オオヤマトヒコスキトモ」であるように、同じ文字のつながり（ここではヤマト）をもつ者が他にも何人かいて、これらは一族と考えられるのです。

ところが、次の十代崇神《すじん》と十一代垂仁《すいにん》の国風諡号には「ヤマト」が消え、かわりに二人とも「イリ」が含まれています。これは、九代と十代の間に血縁上の断絶があったことを意味するものとみなされています。他に十四代仲哀《ちゅうあい》以前の三代に「タラシ」が共通していたのに対し、十五代応神、十七代履中《りちゅう》、十八代反正《はんぜい》には、いずれも「ワケ」が含まれ、この間にもやはり断絶が推測されるのです。

◆血縁関係から考える

一方、ある天皇と次の天皇との血縁関係を見てみると、不思議な点があります。それは、初代神武から十三代成務までは全員親子だったのに、その後は甥や兄弟、孫などもかなり多く見られるようになることです。そもそも親子継承が原則となったのはずっと後のことなので、この十三代までの継承はかなり疑わしいことになります。

◆初代神武から九代開化は実在したか

さて、実在の可能性が考えられる最初の天皇は、十代崇神であるという説があります。その根拠は、崇神の『日本書紀』での国風諡号が初代神武と同じ「初めて国を統治した」ことを意味する「ハツクニシラススメラミコト」であること、『古事記』・『日本書紀』（以後「記紀」）にその前後の天皇に関してはほとんど書かれていないのに、崇神にはいくつかの事績が記されていること、などです。

また十五代応神の年代は、おおよそ西暦三八〇年ごろと考えられています。それは、「倭の五王」の最初に出てくる讃が、十六代仁徳か次の履中とされ（年代は四一三〜四一八年）、応神はその父か祖父にあたるためです。したがって、応神の五代前の崇神は（一世代二十年として）二八〇年ごろの人と推測できます。

一方、神武が即位したのは紀元前六六〇年とされています（なぜそう決められたかについては細かい経緯があるが、煩雑になるのでここでは略す）。**これだと、いかにも不思議なことになるのですが、どういうことかわかりますか。**

そうです、初代から九代までの在位年数が、六六〇＋二八〇＝九四〇年で、一代あたり一〇四年余りということになり、とうてい現実的ではないことがわかります。

その上で、彼らの国風諡号に注目すると、九人のうち五人が「ヤマト」を含んでおり、これは「記紀」がつくられたころの持統《じとう》・文武《もんむ》・元明《げんめい》・元正《げんしょう》の名の一部と一致します。**これは何を意味しているのでしょうか。**

ふつうに考えれば、ごく初期の天皇の名を八世紀前半の各天皇が再び用いたということになりますが、実在しなかった可能性が高いわけですから、逆に「記紀」編さんに際し、さかのぼって実在しなかった天皇とその名が創作されたと考えられるのです。

◆古墳の移動から王朝の交替を考える

表2を見てください。大規模古墳の存在は、当然そこに大きな政治権力があったことを予測させますが、これを見ると、まず大規模古墳は畿内から周辺各地に広がっていったことがわかります。それともう一つ、前期と中期を比べてみると、前期はほぼすべてが大和（奈良県）に集中しているのに対し、中期になると河内（大阪府）にも増えてきます。**この事実はどのようなことを反映していると思いますか。**

一つは、ここで王朝の交替があったとする考え方があります。すなわち、国風諡号の共通点から、前期を大和に勢力をもつ「イリ王権」（あるいは「崇神王権」・「三輪《みわ》王権」）、中期を河内に拠点を置く「ワケ王権」（あるいは「応神王権」「河内王権」）とするものです。

時代	古墳名（所在地）
古墳時代前期 （3C末〜4C）	箸墓古墳（奈良県桜井市）渋谷向山古墳（奈良県天理市） 五社神古墳（奈良県奈良市）行燈山古墳（奈良県天理市） メスリ山古墳（奈良県桜井市）宝来山古墳（奈良県奈良市） 摩湯山古墳（大阪府岸和田市）佐紀陵山古墳（奈良県奈良市） 西殿塚古墳（奈良県天理市）桜井茶臼山古墳（奈良県桜井市）
古墳時代中期 （4C末〜5C）	大仙陵古墳（大阪府堺市）誉田御廟山古墳（大阪府羽曳野市） ヒシアゲ古墳（奈良県奈良市）コナベ古墳（奈良県奈良市） 造山古墳（岡山県岡山市）西陵古墳（大阪府泉南郡） 太田天神山古墳（群馬県太田市）ウワナベ古墳（奈良県奈良市） 上石津ミサンザイ古墳（大阪府堺市） 岡ミサンザイ古墳（大阪府藤井寺市）
古墳時代後期 （6C〜7C）	河内大塚山古墳（大阪府松原市）見瀬丸山古墳（奈良県橿原市）

表2　日本の大規模古墳　　※Cとは世紀のこと

しかし、この考え方については批判もあります。つまり、大規模古墳の移動だけで王朝が交替したとはいいきれませんし、中期においても多くの王宮は大和に営まれていたこと、五世紀におけるヤマト王権の主要メンバーの中に、河内の勢力が見出せないこと、そもそもヤマト王権が日本列島の広域を治めるためには、当初から港をもつ河内を勢力下に置くことが不可欠だったと考えられること、などが指摘されているのです。

◆継体は王位さん奪者か

それと同じようなことが、はじめに見た六世紀初めごろの継体の即位についても指摘されています。すなわち、ここで王朝の交替があったのではないかとする説を既に紹介しましたが、実は現在ではこれに対して否定的な考え方も有力になっているのです。

その根拠としては、まず継体の出身母体である息長氏が大王家になっていなければならないはずなのに、そうした形跡は見られず、古墳にも大規模なものはないこと、また継体王権を支えた有力氏族のうち、大伴氏・物部氏はいずれも雄略以来の存在であるし、また六世紀に入り没落した葛城《かずらき》氏に代わって台頭してきた蘇我氏にしても、やはり大和を拠点とする氏族であること、などがあげられているのです。

【参考文献】

◎井上光貞『日本の歴史1神話から歴史へ』(中央公論社、一九七三年)
◎和田萃『大系日本の歴史2古墳の時代』(小学館、一九八八年)
◎寺沢薫『日本の歴史02王権誕生』(講談社、二〇〇〇年)
◎熊谷公男『日本の歴史03大王から天皇へ』(講談社、二〇〇〇年)

❹ 聖徳太子の実像に迫る

◆聖徳太子をめぐる疑問

「一度に十人の話を聞き分けた」、「さまざまな予言をした」、「重度の病人を救った」など、超人的な逸話をもつ聖徳太子（図8）。その実像は謎に包まれていますが、近年では『日本書紀』に見える太子は確かな事実を述べたと考えられる部分にはほとんど登場しないこと、またこれまで信頼できるとされていた法隆寺伝来の史料も同時代のものではないと判断されることなどから、聖徳太子はまったく架空の存在だったとする説まで提起されています。

しかしその一方で、太子のモデルとなった厩戸皇子《うまやどのみこ》の実在は疑いありません。そこで問題は、この厩戸皇子（以後ここでは太子と記す）が、推古政権の中でどの程度の重みをもった

図8　伝聖徳太子及び二王子像（宮内庁所蔵）
ただし身なりは太子死後の7世紀後半以降のもの

存在だったのか、という点に絞られてきます。そしてこの問題を考えるためには、政権成立のいきさつやその特徴を見ていく必要があります。

◆皇太子でも摂政でもなかった太子

太子は推古天皇（正確には豊《とよ》御《み》食《け》炊《かしき》屋《や》姫《ひめの》大王《おおきみ》）の皇太子となり、また摂政として政治を主導した、といわれることがありますが、実は皇太子制度は持統三年（六八九）の飛鳥《あすか》浄《きよ》御《み》原《はら》律《りつ》令《りょう》によってできたもので、この時代にはまだありませんでした。同様に摂政についても、『日本書紀』に「政を録摂（国政を統括）する」ことを委ねられた、とあるだけです。

さらには、太子が推古朝の政治を主導したことも疑わしく、あくまで血縁関係の強い蘇我馬子の影響下にある存在にすぎない、とする意見もあります。

◆推古政権における位置づけ

ここで表3の年表をごらんください。**太子が「政を録摂する」ようになった年と、推古政権における一連の政治改革が始まる時期とを比べて、気がつくことは何でしょうか。**

それは、前者が推古天皇元年（五九三）なのに対し、最初の改革である冠位十二階が行われたのが同十一年（六〇三）と、十年もの間隔があいていることです。五九三年に太子はまだ二十歳、幼年時からの天才的な言動をフィクションとして排除すれば、とても政治を主導できる年齢とは思えません。

ただし、**この後やはり太子が皇族の中でも相当有力な存在であったことがわかるできごとがあります。それは何だと思いますか。**

答えは推古天皇九年（六〇一）に始まる、斑鳩《いかるがの》宮《みや》の造営です。ふつう宮室は、政治を担当する皇族がその立場にふさわしい施設として造営を許されるもので、しかもこの直後から一連の改革が開始されていることを考えあわせると、やはり太子は、この時期から実質的に国政に参与するようになったものと思われます。

◆推古と蘇我馬子の権力掌握

では太子が若き皇族として、少なくとも推古政権を担う中心人物の一人だったとした場合、なぜ彼は天皇に即位しなかった（あるいはできなかった）のでしょうか。

年	できごと
574（敏達 3）	聖徳太子生まれる。
585（ 同14）	敏達天皇が逝去し、太子の父用明天皇即位。
587（用明 2）	用明天皇逝去。蘇我馬子、皇位を狙う太子の叔父穴穂部皇子を殺害。ついで物部氏を討つ（太子ら諸皇子、これに参戦）。
592（崇峻 5）	蘇我馬子、崇峻天皇を殺害。太子の叔母推古天皇即位。
593（推古 1）	太子、推古天皇の摂政となる。（？）
600（ 同 8）	倭、新羅に出兵。隋に使いを送る。
601（ 同 9）	太子、斑鳩《いかるが》宮の造営に着手。
603（ 同11）	太子の異母兄当麻《たぎまの》皇子《みこ》、撃新羅将軍に任命される。 冠位十二階制定。
604（ 同12）	太子、十七条憲法制定。
605（ 同13）	斑鳩宮完成。太子、ここに遷る。
607（ 同15）	小野妹子を隋に派遣（この後608、610、614年にも遣隋使派遣）。 このころ斑鳩寺（法隆寺）完成か。
618（ 同26）	隋、高句麗遠征の失敗などにより滅亡。唐が成立。
622（ 同30）	太子、斑鳩宮で逝去。
623（ 同31）	倭、新羅遠征。

表3　聖徳太子関係年表

この問題を考えるためには、そもそもなぜ初の女帝である推古が即位したのかについて検討しなければなりません。推古は、即位前に異母兄にあたる敏達《びだつ》天皇の正妻的地位にありました。天皇号がまだ用いられていなかったこの時代には、大后（キサキ、あるいはオオキサキと読む）と呼ばれ、天皇と並んで政治を執ったり、これを補佐していたと考えられています。敏達は五八五年に亡くなりますが、異常なことにその後六年間も本葬が行われず、この間用明（太子の父）と崇峻《すしゅん》が次々と即位しました。しかし用明は、特別な事績もなく即位後わずか二年足らずで死去し、崇峻に至っては即位五年後の五九二年に蘇我馬子によって殺されています。馬子はまた五八七年に天皇位を狙った崇峻の兄、穴穂部《あなほべの》皇子《みこ》とこれを支援した物部守屋も討ちました。そしてこの間、常に政権の中心にあったのが推古と、これを擁した馬子だったのです。

◆太子が天皇になれなかったわけ

ところで当時の皇位継承は、血統のみではなく、世代や年齢、器量などが勘案され決定されたと考えられています。**図9の系図で崇峻以後の男子の天皇候補者を三人あげてください。**

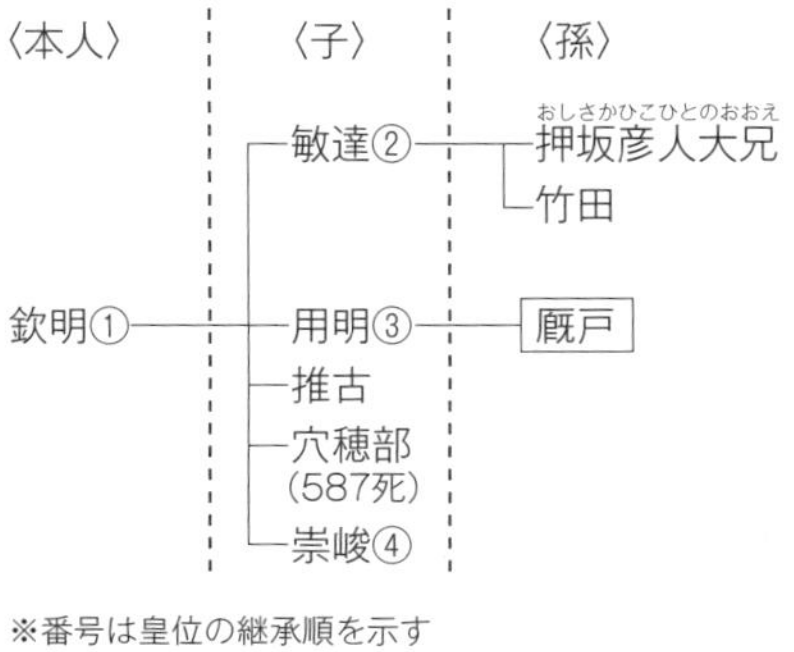

※番号は皇位の継承順を示す

図9　欽明以降の系譜

欽明の子の世代はすべていなくなったので、孫の世代に移ります。そこで敏達の子である押坂彦人大兄《おしさかひこひとのおおえ》、竹田、それから厩戸（太子）の三人が有力な候補者となるわけです。**そこでもし彼らの皇位継承のための諸条件がほぼ同じだとしたら、どのようなことが起きる心配があるでしょうか。**

この時代、まだ天皇の生前譲与というシステムがなく、したがって前の天皇が死ぬと、豪族たちがそれぞれの思惑をもって異なる候補者を擁立し、果てしない抗争を続ける危険性が高まりました。そこで、これら三人の人物をよく見て決めるため、ひとまず前大后として実質的に政権を握っていた推古が即位したと考えられるのです。

ところが、このうち押坂彦人大兄と竹田は早くに死去し、残った太子が推古を補佐しますが、結局推古の治世が三十数年も続くこととなり、この間六二二年に太子も亡くなってしまったのです（六二一年死去説もあり）。

◆推古政権の重要政策

ところで推古政権が行った一連の政治改革も、従来いわれていたように、太子が主導したという明確な証拠はありません。そこで、ここでは改革の内容そのものを確認しておきたいと思います。

まず六〇三年に制定された冠位十二階については、『隋書』倭国伝の中にも記載があり、事実と見てまちがいありません。

次に翌年制定された十七条憲法ですが、『日本書紀』には「皇太子《ひつぎのみこ》、親《みづか》ら肇《はじ》めて憲法十七条を作りたまふ」とあって、太子自らがつくったと読めます。しかしそれ以前の問題として、この憲法自体が後世の作とする説が早くから唱えられているのです。すなわち、条文中の「国司（くにのみこともち）」は、国司制度ができた大化改新以降の用語だから、条文自体が後世の作だというのです。ただし、**この説には反論も可能です。それはどのように考えればよいでしょうか。**

答えは、「国司」という職名は後世の表現だとしても、それが条文すべてを否定する理由にはならない、ということです。近年では、内容や表現に相当後世の要素が加えられているとしても、そのもとになる素朴な道徳的訓戒があってもおかしくないのでは、とする意見が有力になっているのです。それは、確かに存在した冠位十二階によって、世襲制の豪族たちによる秩序の乏しい体制から、わずかながら官僚制的な集団になりつつある推古政権と結びつけて考えると、より説得力を増してくるのです。

◆改革実行の契機

冠位十二階・十七条憲法という二つの政治改革は、何を契機に実行されたのでしょうか。年表を見ると、**これらの前後に関連する対外政策がなされていますが、何かわかりますか。**

答えは遣隋使の派遣です。『隋書』倭国伝によれば、実は六〇〇年の第一次派遣の際、推古政権の原始的な政務方法を隋の文帝から「此れ太だ義理無し（道理にかなっていない）」と指摘され、空しく帰国する、というできごとが起きていたのです。推古政権としては、任那《みまな》国からの貢納を確保するためには、倭が朝鮮三国（高句麗《こうくり》・百済《くだら》・新羅《しらぎ》）に対する優位性を確立する必要がありました。それを軍事力ではなく大国隋の権威・権力を以て実現させるために、倭は隋に認められるような文明国としての最低限の政治制度を整えようとしたものと考えられます。それが冠位十二階や十七条憲法につながった、というわけです。

◇「外務大臣」としての太子

さて、太子のことに話を戻しましょう。同じ『隋書』倭国伝の中に、当時の倭王が男性と記されていますが、これを蘇我馬子と見るか太子と見るかで説が分かれています。仮に太子だとした場合、彼は外交上で国を代表する立場にあった可能性が出てきます。

これと関連して興味深い指摘がなされています。**太子の拠点である斑鳩宮の位置と外交とを結びつけた考え方なのですが、どのようなものだと思いますか。**

それは斑鳩の地が、推古や馬子らのいる飛鳥と比べ、外港を擁する難波《なにわ》と近く、これと直結している、という点に注目したものです。つまり、太子は中国や朝鮮半島から倭に入る玄関口をおさえ、いわば「外相」のような立場で推古政権に参画していた、というのです。

【参考文献】

◎遠山美都男『聖徳太子未完の大王』（日本放送出版協会、一九九七年）
　同　『蘇我氏四代—臣、罪を知らず』（ミネルヴァ書房、二〇〇五年）
　同　『聖徳太子の「謎」』（宝島社、二〇一三年）
◎大山誠一『〈聖徳太子〉の誕生』（吉川弘文館、一九九九年）
◎　同編『聖徳太子の真実』（平凡社、二〇一四年）
◎梅原猛他『聖徳太子の実像と幻像』（大和書房、二〇〇一年）
◎倉本一宏「大王の朝廷と推古朝」（『岩波講座日本歴史』古代二、岩波書店、二〇一四年）

⑤平城京遷都の真相

◆平城京遷都をめぐる疑問

元明《げんめい》天皇は、唐の都長安にならい、碁盤の目のように東西南北に走る道路で区画された平城京をつくり、和銅三年（七一〇）にここへ遷都しました。

しかし、実は六九四年、持統天皇（元明の異母姉）の時に、同じようなつくりをもつ藤原京（平城京から南に約二十キロ下がった地）に遷都していました。天皇（大王）一代ごとに王宮を遷すという、それまでのやり方（歴代遷宮）を止め、代々使用する藤原京を造営したはずなのに、なぜわずか十数年でこれを廃してしまったのでしょうか。このことについては、藤原京の中央に位置した宮域が南側の京域より低い地形で、汚水が宮域へ流れ込む欠陥があったため、という説もありますが、はたしてそれは正しいのでしょうか。

それに、そもそも藤原京は、それ以前の王宮とまったくかけ離れたものなのでしょうか。

◆「飛鳥京」の成立

図10の地図は、欽明以降の歴代天皇の王宮の位置を示したものです。**これを見て、何か気**

づくことはありませんか。

そうです。欽明～推古までは、飛鳥及びその東側の地域にそれぞれ別個に王宮がつくられていましたが、舒明《じょめい》以降になると、同じ地点に集中するようになります（これらを総称して「飛鳥宮」とする）。発掘調査によると、遺構は大きく三期にわたって確認されており、このうちⅠ期が舒明の飛鳥岡本宮《おかもとのみや》、Ⅱ期が皇極の飛鳥板蓋《いたぶきの》宮《みや》、Ⅲ―A期が斉明・天智の後《のちの》飛鳥岡本宮、Ⅲ―B期が天武・持統の飛鳥浄《きよ》御《み》原宮《はらのみや》にそれぞれ相当する、という説が有力です*。

しかも、Ⅰ期（地形に沿った遺構）とⅡ期（地形を人工的に改変した遺構）との間には、建物群の継承関係が見られないのに対し、Ⅱ期以降は少なくとも同じ空間に王宮が継続して営まれるようになります。**こうした状況から推測されるのは、どのようなことでしょうか。**

それは、藤原京という都が突如つくられたわけではなく、飛鳥宮時代の後期には、既にそれ以前の歴代遷宮とは異なる様相を示していた、という

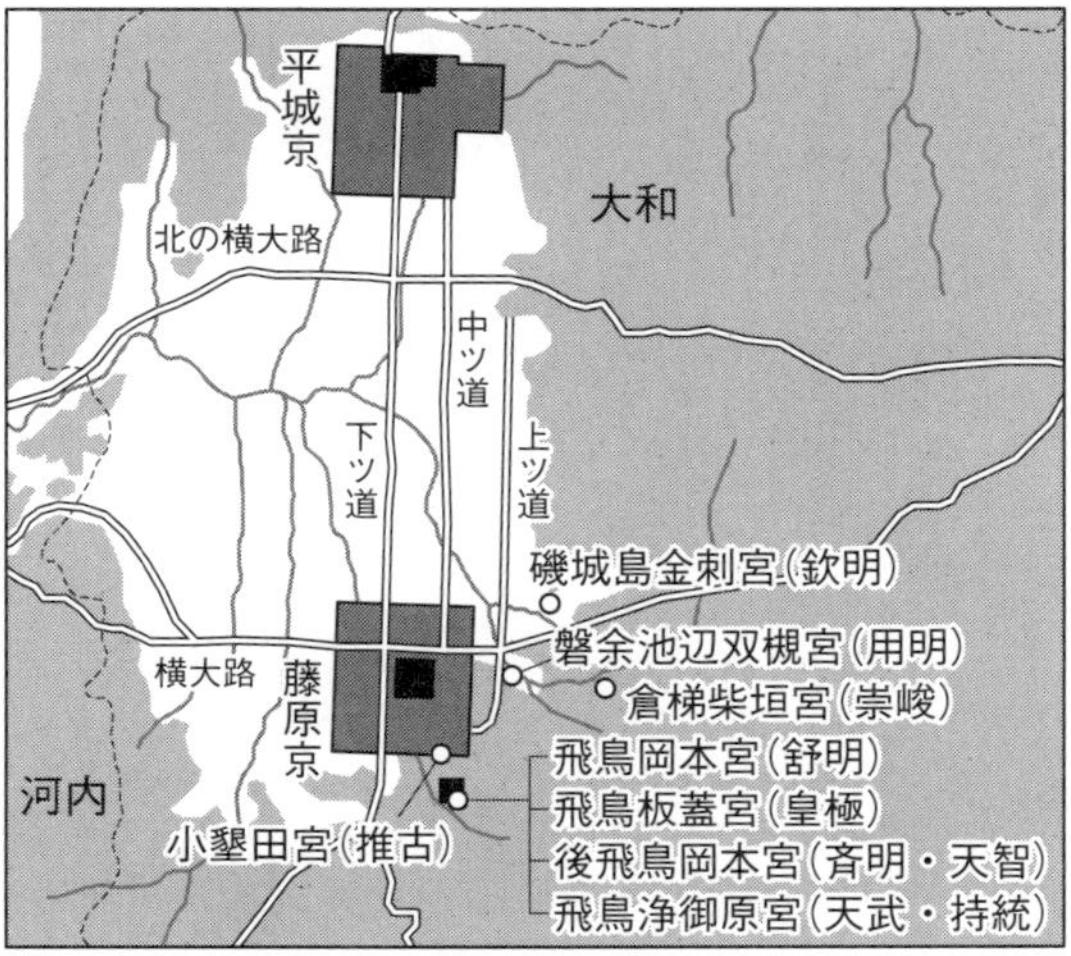

図10　欽明～持統天皇の王宮の位置
（『日中古代都城図録』を参考に作成）

ことです。しかも、浄御原宮の時代には王宮周辺に役所が造営され、役人たちもその付近に住むようになって、いわゆる「京《みやこ》」が確実に存在していました（これを飛鳥宮とあわせ、「飛鳥京」とする）。ただし、そこには藤原京や平城京で見られるような、碁盤の目のような地割はなく、建物を正方位に揃えてつくるという規制があっただけですが、それでも視覚的な効果は十分にあったと考えられています。

＊なお、この間孝徳が難波に、天智が近江にそれぞれ遷都した時期があったが、この間も飛鳥京は維持・管理され、廃絶されることはなかった。

◆過渡期の都としての藤原京

七世紀後半、東アジア情勢は緊張の度合いを高めていました。すなわち、朝鮮半島では新羅が強大化して、日本と結びつきの強い百済を圧迫します。これに対し日本は六六三年、百済救援のため遠征軍を送りますが、白村江《はくそんこう》の戦いで唐・新羅の連合軍に大敗、その五年後には新羅が半島を統一しました。

こうした情勢の中で、日本としては超大国唐にならい、律令制中央集権国家を建設することが急務となり、その一環として藤原京の造営が進められたのです。

ところで、藤原宮と平城宮を比べてみると、天皇やトップクラスの官人に関わる大極殿《だいこくでん》と朝堂院は、藤原宮の方が大規模で、その分官衙《かんが》（一般の役所）の面積は平城宮が八十ヘクタールに達するのに対し、藤原宮の方は最大に見積もっても、その七割程度の広さにすぎませんでした。**このことは、何を意味していると思いますか。**

一つ考えられるのは、藤原宮の時代はそれだけ官僚組織が整っていなかったのではないか、ということです。この時期の官僚制は、六八九年に施行された飛鳥浄御原令（内容は不明）に基づいていたはずであり、そのことは官衙の広さだけでなく、藤原京全体についてもいえるものと考えられます。

例えば六九一年、諸王・諸臣に対し京内の宅地が与えられましたが、平城京と違って位階に応じた広さの土地を与えるような規定はなく、また高位の貴族ほど天皇のいる藤原宮の近くに住む、というような形態もとられていなかったとみられています。

しかも、そもそも藤原京への遷都後も、すべての王宮機能が移されたわけではなく、官衙の一部が残った飛鳥京も引き続き使われていたのです。さらに、飛鳥宮周辺の有力氏族の邸宅や寺院なども、しばらくは廃絶しませんでした。つまり藤原京は、少なくとも当初は飛鳥京と一体で機能していたわけで、そのあたりに藤原京が「新益京《あらましのみやこ》」と呼ばれた由縁があるのかもしれません。

こうした状態は、七〇一年に大宝律令が制定されたことにより、初めて解消されます。しかし、既に紹介したように、藤原京自体は飛鳥浄御原令に基づいて造営されましたから、大宝令で定めた都のつくりとは、相当な違いがあったと推測されます。

例えば『続日本紀《しょくにほんぎ》』慶雲元年（七〇四）に、「初めて藤原宮の地を定めた。その中に住んでいた人々、一五〇〇軒に（立ち退いてもらうため）布を与えた」という記事があります。これは従来、遷都後十年も経過して宮を定める、とあるので、不可解な内容とされてきましたが、大宝令施行以後の再整備事業の一つを示すものと考えれば、理解しやすくなります。

そしてこのように考えていくと、慶雲四年（七〇七）、すなわち藤原宮の地がようやく定まったわずか三年後には、文武《もんむ》天皇から「遷都について議するように」という詔《みことのり》が出されているのは、そうした再整備だけではどうしても問題点が解決できないことを認識するに至ったためではないか、と判断されるのです。

◆藤原氏の台頭と平城京

ところで今まで見てきたようなこととは別に、現実政治の動きの中に遷都の背景を探ることはできないのでしょうか。

持統天皇の時期から急速に台頭した政治家に、藤原不比等《ふひと》がいます。不比等は、あの中臣《なかとみの》（藤原）鎌足の後継者でしたが、幼少期はやや不遇な状況にありました。しかし、持統やその子、草壁皇子《くさかべの》とは姻戚関係にあり、次第に二人から深く信頼されるようになりました。そして六九七年八月、その八年前に早世した草壁皇子の子で、皇太子となっていた珂瑠皇子《かるのみこ》が文武天皇として即位すると、不比等は娘の宮子を文武夫人とし、以後義父としてわずか十五歳の天皇を補佐し、政治的実権を握ることに成功しました。

この文武天皇の時代に行われた一連の諸政策は、不比等の主導により実施されたと推測されていますが、それらの中で最も大きな業績は、大宝律令の編さんです。

こうして不比等は朝廷内での地位も上げ、実質的な最高権力者となりました。そこで、晩年の彼が望んだのは、自らの後も藤原氏が現在の立場を維持していくことでした。そのためには、娘宮子の生んだ首皇子《おびとのみこ》（後の聖武天皇）に皇位を継がせる必要があったのですが、慶雲四年に文武が二十五歳で逝去してしまいました。この時、首はわずかに七歳、さすがに皇位はおろか皇太子とすることもできなかったため、不比等は文武の母元明、そして姉元正《げんしょう》と、二代続けての女帝を首が成長するまでのつなぎとしたのです。

そしてこの間、首のために立派な政治的舞台を用意しようとしたと推測されます。国家のソフト面としての律令は一応できましたが、これに修正を加えて養老二年（七一八）に、いわゆる養老律令を編さんしました。残るはハード面で、これが藤原京にかわる平城京だった、というわけです。

ところで図11の平城宮と平城京を見ると、形の上で共通点があるのですが、それはどこでしょうか。

答えは、平安京などと異なり、いずれも整った四角形ではなく、東側にそれぞれ張り出した部分がある点です。このうち、まず平城宮の張り出し部分は、皇太子宮があり、そのすぐ外側には藤原不比等の邸宅が接していたのです。これは、不比等が首の保護者の立場にあったことを示す、とみられています。

また平城京の張り出し部分（外京）の三条大路《おおじ》に接して、藤原氏の氏寺である興福寺が建ち、しかもさらにその東側には、氏神である春日神社があります。つまり、平城京のプラン自体が、藤原氏のためのものであったと考えられるわけなのです。

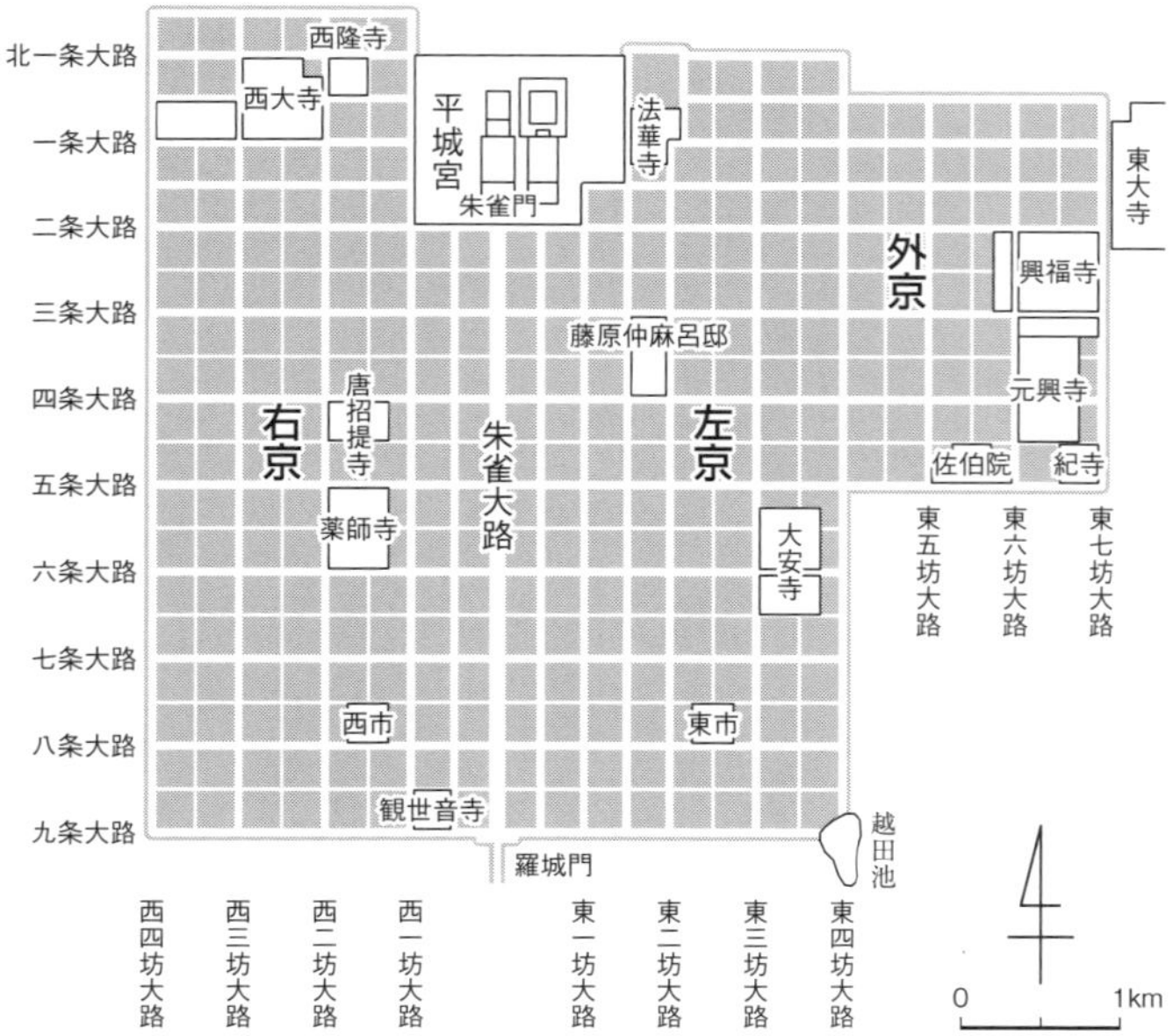

図11　平城京のプラン（奈良文化財研究所資料を参考に作成）

【参考文献】

◎高島正人『藤原不比等』（吉川弘文館、一九九七年）
◎木下正史『藤原京』（中央公論新社、二〇〇三年）
◎千田稔『平城京遷都』（中央公論新社、二〇〇八年）
◎吉村武彦他『平城京誕生』（角川学芸出版、二〇一〇年）
◎仁藤敦史『都はなぜ移るのか』（吉川弘文館、二〇一一年）

6 遣唐使—その実像と中止の背景

◆遣唐使をめぐる疑問

奈良時代から平安時代前期にかけて、日本から中国には十数回（諸説あり）、正式な使節が派遣されました。この遣唐使が、日本に先進的な政治制度や国際的な文化をもたらし、大きな影響を与えたこと、それが寛平六年（八九四）に菅原道真の建言によって取り止めになったこと、などはよく知られています。

しかし、そもそも遣唐使とはどのような使節だったのか、あるいはその航海にはどんな苦難があったのか、そうしたことについては教科書にはほとんど記述がありません。また遣唐使中止は、本当に道真の建言だけが理由で決まったことなのでしょうか。

◆遣唐使の構成

遣唐使は八世紀以降、総勢約五〇〇人（船は四隻）で構成されていましたが、それらは大きく次の四グループに分けられます。

〔使節〕大使（四位クラスの官人から選ばれる）、副使、判官、録事《ろくじ》、史生《ししょう》（書記）と従者からなる。格は太政官の八省と同じ。

〔船員〕全体の半分以上を占める。公民（一般民衆）から徴発され、無事帰還するとすべての税が免除された。なかには能力を買われ、下級役人に取り立てられる者もいた。

〔技手〕神主、医師、画師（今でいえばカメラマン）、射手（警護官か）、陰陽師《おんみょうじ》（天文や気象観測を担当）、さまざまな特殊技術（ガラスや釉薬《ゆうやく》、鍛金《たんきん》、鋳金《ちゅうきん》、木竹工、舞、薬など）の研修生などで、使節を補佐。

〔留学生〕中国学を学ぶ者と仏教を学ぶ僧侶。それぞれ長期（そのまま残り、次回の遣唐使とともに帰国）と短期（使節とともに帰国）に分かれていた。


これらのうち、最も高額な手当をもらったのは、もちろん大使ですが、**二番目は副使の他にもう一人います。誰だと思いますか。**

実は長期留学生でした。この点に、エリートたちが唐文化をじっくり学び、それを日本でいかしてほしいという朝廷の強い願いがうかがえます。

◆変化する日中関係の中で

漢以来、歴代中国王朝は周辺の国々を臣下とみなし、朝貢《ちょうこう》（中国に来て皇帝に貢ぎ物を捧《ささ》げ、挨摎すること）を促しました。しかし日本は、こうした体制の中に入ろうとしなかったので、初めのころの使節派遣は対立を含みながらも、お互いの腹をさぐりあいつつ行われました。

それが、七世紀後半に起きた有名なできごとにより、大きく変化しました。白村江《はくそんこう》の戦い（六六三年、朝鮮半島南西部の白村江下流で唐・新羅軍が日本軍を破る）です。この直後、日本は短期間に三度使節を送っていますが、第五次・第六次は戦後処理のため、第七次は唐の高句麗《こうくり》平定（六六八年）を祝うためのものでした。しかし、この後三十年余り遣唐使を送っていません。これは唐の出方をうかがうためとみられており、この間国内に多くの山城を築き、唐の来襲に備えていたのです。

やがて八世紀に入ると、日中関係はきわめて友好的になり、この間平均して約九年に一度遣唐使が派遣されました。唐への朝貢は本来、年に一度あるいは数回行われるのが通例ですが、唐も遠方であることを配慮して、日本は二十年に一度でよいとしていました。しかし実際には、それより短い間隔で使節を派遣していたわけで、これは日本が唐に対する忠誠心を示したものと考えられています（表4）。

◆使節自体の変化

ところで使節のトップを見てみると、七世紀には犬上、吉士《きし》、高向《たかむこ》など渡来系の中小氏族（実務型）が多かったのですが、八世紀に入ると大伴や平群《へぐり》など朝廷成立以来の名族が中心と

次数	出発年	主な使節名	洛陽・長安入りの年月	帰国年	備考
1	630(舒明2)	犬上御田鍬、薬師恵日	不明	632	唐使高表仁来日。
2	653(白雉4)	吉士長丹(大使)、吉士駒(副使)	不明	654	(7月?に別の使節派遣)
3	654(白雉5)	高向玄理(押使*)、河辺麻呂(大使)、薬師恵日(副使)	不明	655	高向玄理、唐で死す。
4	659(斉明5)	坂合部石布(大使)、津守吉祥(副使)、伊吉博徳	659年閏10月	661	2隻のうち1隻が行きで南海の島に漂着、大使らが殺される。
5	665(天智4)	守大石、坂合部石積、吉士岐弥、吉士針間(送唐客使)	不明	667	唐使を送る。
6	667(天智6)	伊吉博徳、笠諸石(送唐客使)	不明	668	唐使を百済に送る(唐には行かず?)。
7	669(天智8)	河内鯨	不明	不明	
8	702(大宝2)	粟田真人(執節使*)、高橋笠間(大使)、巨勢邑治(大位)、坂合部大分(副使)、山上憶良(少録)	702年10月	704~718	
9	717(養老1)	多治比県守(押使)、大伴山守(大使)、藤原馬養(大位)	717年10月	718	玄昉、阿倍仲麻呂、吉備真備ら留学。
10	733(天平5)	多治比広成(大使)、中臣名代(副使)、平群広成・秦朝元(判官)	734年1月?	734~739	玄昉、吉備真備ら帰国。
11	746(天平18)任命	石上乙麻呂(大使)	停止		
12	752(天平勝宝4)	藤原清河(大使)、大伴古麻呂・吉備真備(副使)	752年12月以前	753~754	鑑真ら来日。藤原清河、阿倍仲麻呂帰国せず。
13	759(天平宝字3)	高元度(迎入唐大使使)、内蔵全成(判官)	不明	761	
14	761(天平宝字5)任命	仲石伴(大使)、石上宅嗣・藤原田麻呂(副使)			船破損のため停止。
15	762(天平宝字6)任命	中臣鷹主(送唐客使)、高麗広山(副使)			渡海できず停止。
16	777(宝亀8)	佐伯今毛人(大使)、大伴益立・藤原鷹取・小野石根・大神末足(副使)	778年1月	778	大使、病と称し行かず。唐使来日。
17	779(宝亀10)	布施清直(送唐客使)	780年2月	781	唐使を送る。
18	803(延暦22)、804再	藤原葛野麻呂(大使)、石川道益(副使)	804年12月	805~806	短期留学僧最澄、空海
19	836(承和3)、837再、838再々	藤原常嗣(大使)、小野篁(副使)	838年12月	839~840	副使、病と称し行かず。
20	894(寛平6)	菅原道真(大使)、紀長谷雄(副使)			菅原道真の上表により停止。

表4　遣唐使一覧表(東野治之『遣唐使』より改変)
「押使」「執節使」=大使の上におかれ、天皇から全権を委任され使節を統括した。
書籍資料により、遣唐使の回数や使節の肩書きに異なる部分がある。

なっていきます。この変化は、唐文化が八世紀には上流貴族にも広がったため、彼らの中から使節にふさわしい人を選べるようになったことを示しています。**ただし、皇族だけは除かれました。なぜかわかりますか。**

それは、もし皇族が行って、あからさまに中国皇帝の臣下として扱われてしまったら、日本の国際的地位が下がると朝廷が心配したためです。日本は、唐の朝貢国となることを既に認めていたはずですが、やはり本音は臣下扱いされたくなかったものと思われます。実際、大宝律令でも唐は新羅と同じように「蕃夷《ばんい》（辺境の野蛮な人々）」扱いでした。

◆旅の苦難

遣唐使の航海ルートは、よく知られているように、難波津を出発し、太宰府を経て七世紀は朝鮮半島～黄海～山東半島という北路を用いていましたが、八世紀に入ると、新羅との関係が悪化したため、五島列島～東シナ海～江南という南路へ変更されました。**では、すべての遣唐使の中で、無事日本へ戻れた人数の割合は、どれくらいだったと思いますか。**

答えは約六割です。八世紀以降、往復とも無事だったのがわずか二回にすぎなかった点を見ても、その航海がいかに危険なものだったかがわかります。船が沈没して行方不明になったり、そこまでいかなくても帰りに東南アジアの方に漂着してそこで襲われたり、生き残っても、その後何年もかかってようやく帰国したようなケースも少なくありませんでした。

これほど遭難が多かったのは、船のしくみが幼稚だったり、気象知識に乏しく、もともと外洋航海には無理があったため、とされてきました。しかし近年の研究によれば、遣唐使船は当時世界最高水準の外洋船とそれほど遜色のないものだったようです（図12）。しかも同じころ行われていた遣渤海使《ぼっかい》は、遣唐使より高い成功率を残しました。**では遣唐使船に遭難が多かったのは、何か他に理由があるのでしょうか。**

実は、遣唐使は本来朝貢使節であるため、元日に長安で行われる朝賀の儀（家臣が皇帝に年頭の挨拶をする儀式）に参列しなければならず、それに間に合わせるため、波が荒く本来航海には適さない現在の九月ごろに日本を出発せざるをえませんでした。つまり、政治的な理由も絡んでいた、というわけです。

◆遣唐使中止の背景

平安時代に入ると、遣唐使は二回しか派遣されませんでした。しかも間隔は三十年以上あいています。この理由として、まず唐の弱体化があげられます。その大きなきっかけとなっ

図12 『吉備大臣入唐絵詞』に描かれた外洋航海船
12世紀末～13世紀初めのもので、遣唐使船の実像は不明

たのが、安史の乱（七五五〜七六三年。安禄山・史思明の唐王朝に対する反乱）でした。これにより私貿易も活発になり、日本でも遣唐使によらなくても中国製品を輸入できるようになりました。

次に例えば九世紀の時点で朝廷がもっていた中国学の書籍（その多くは遣唐使がもたらしたものと推測される）の数は、最盛期（八世紀前半）の唐王朝がもっていた全書籍数の約半分にも達していました。既に日本国内には相当な中国文化が蓄積されており、これ以上優秀な人材を失うリスクを冒してまで使節を送る必要性は下がっていったものと考えられます。

ところで問題の寛平六年（八九四）七月、朝廷は唐にいる日本人僧中瓘《ちゅうかん》が送ってきた「江南の実力者朱褒《しゅほう》が、日本からの朝貢使が長らくないから、一度派遣してくれと要請している」という内容の手紙に対し、「朱褒の政治は安定し、唐の皇帝も信頼しているというから、派遣するつもりではあるが、いろいろ事情もあるので時期は遅れると伝えてほしい」と返答します。

しかし翌月、遣唐大使に任命された菅原道真は、朝廷に対し「中瓘は同じ手紙の中で、自らの意見として派遣に反対といってきており、治安も実際には悪い」として派遣中止を建言したのです。これが正しければ、注目すべきことですが、**もう一つ、朝廷の返答の中に重要な点が見出せないでしょうか。**

それは、中国側が遣唐使派遣を要請している、ということです。つまり、もしそれがなかったら、日本側から派遣を計画する動きは起きなかったことになります。既に前回の派遣から実に六十年近くも経っており、このままいけば道真の建議がなかったとしても、遣唐使は自然消滅していったのではないでしょうか。*

*これに関し石井正敏氏は、従来朝廷が派遣中止を決めたことの論拠となっている『日本紀略』寛平六年九月三十日の記事は、編さんのあり方から見て信用できず、実際には結論が出されることなく、次第に沙汰やみになったというのが真相とみられること、はじめ日本側が使節を派遣しようとしたのは、即位早々藤原氏との関係を悪化させた宇多天皇が、自らへの権力集中を図ってこの計画実現をめざしたためと考えられること、などを指摘している。

【参考文献】

◎坂本太郎『菅原道真』（吉川弘文館、一九六二年）
◎青木和夫『日本の歴史3奈良の都』（中央公論社、一九六五年）
◎石井正敏「いわゆる遣唐使の停止について」（中央大学文学部『紀要』史学科三五、一九九〇年）
　同「寛平六年の遣唐使計画について」（中央大学人文科学研究所編『情報の歴史学』中央大学出版部、二〇一一年）
◎東野治之『遣唐使船―東アジアのなかで』（朝日新聞社、一九九九年）
　同『遣唐使』（岩波書店、二〇〇七年）

⑦武士は地方と京都のどちらから成立したのか

◆武士の成立をめぐる疑問

武士はいつごろ、どのようないきさつで成立したのでしょうか。これについて、かつての日本史教科書は、平安時代の中ごろ、地方の有力農民が開発した土地を守るために武装したことに由来する、と説明していました。

ところが近年では、これとは大きく異なり、武士の成立にはむしろ朝廷や京都が深く関わっている、という見解も有力となっているのです。いったい、どちらが正しいのでしょうか。

◆芸能人としての武士

中世前期において、武士は一種の芸能人とされていました。もちろんここでいう芸能人とは、現在より幅広い立場の人々をさし、紙漉《す》きや鍛冶《かじ》、医師など、さまざまな専門技術をもつ人々も含まれています。つまり武士とは、馬上で弓を射る技術をもち、朝廷の役人として天皇とその一族、あるいは都を警護する人々がその代表的な存在だった、というのです。

また都にいる貴人にとって、そうした武士たちが身辺を守ってくれることは、現実的な警護とは別のプラス面がありました。**この名残は、現在でもある行事として見られますが、何かわかりますか。**

それは、端午の節句（五月五日）に兜《かぶと》を飾ったり、菖蒲《しょうぶ》（尚武に通じる）湯に入ったりすることです。これは、武に邪悪を払う力がある、という信仰に由来しています。

さらに武士と京都との深いつながりは、**彼らの身につけるものにも示されています。それはどのようなものでしょうか。**

答えは鎧《よろい》や弓などの武具です（図13）。これらは、当時最高の技術が用いられ、特に鎧については美術工芸面でもすばらしい意匠が凝らされています。こうしたものを生み出せたのは、やはり京都以外には考えられない、というわけです。

◆坂上田村麻呂は武士か

ところで軍事面で最も活躍した朝廷の官人に、征夷大将軍となった坂上《さかのうえの》田村麻呂*（図14）がいますが、**この人物は武士とみなしてよいでしょうか。**

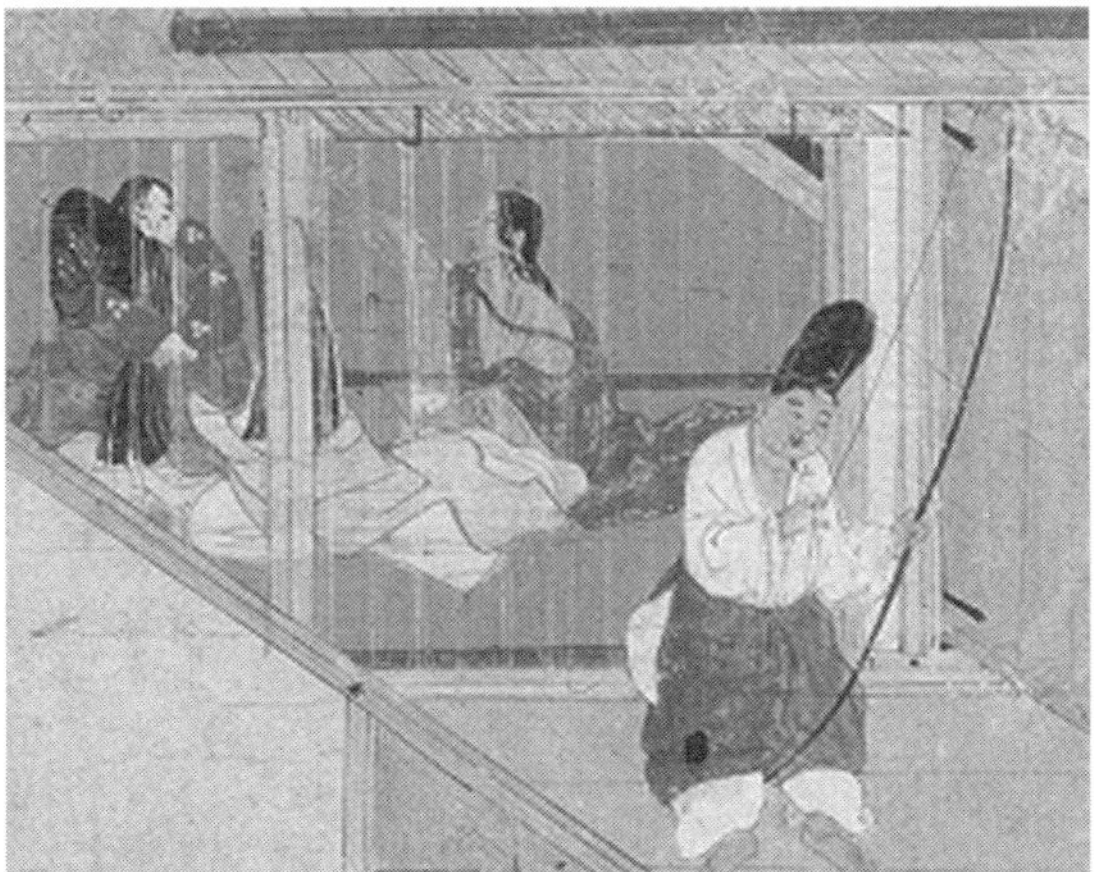

図13　魔除けの鳴弦。張った弓の弦を強く引き鳴らす
（北野天満宮所蔵『北野天神縁起』より）

この問題を考えるためには、そもそも武士とは何か、という定義をおさえておく必要があります。これについては、「世襲制の職業戦士」とすることに、ほぼ異論はないでしょう。とすれば、田村麻呂を武士とみなすことは難しくなります。なぜなら、確かに坂上氏からは武人が比較的多く出ていますが、かといって軍事を独占した家柄でもなく、蝦夷《えみし》（東北地方の人々）蜂起が収まると、その必要性も大きく減り、以後は文官となっていくからです。また朝廷も、乱鎮圧の大将には軍事的に優れた個人ではなく、武官に就いている点を優先させて選定していました。

＊八世紀末～九世紀初め、蝦夷地平定に大きく貢献。胆沢《いさわ》城を築き、鎮守府を同地に移した。

◆地方政治の変質と朝廷の対応

ではやはり、武士は地方で成立したのかというと、この考え方も一面的なとらえ方でしかないのです。

九世紀、律令制に基づく地方支配は実態と合わないものとなり、王臣家（藤原北家などの有

図14　坂上田村麻呂（清水寺所蔵）

力貴族）と結託した富豪層（多くは土着国司や中央の中・下級官人が浪人となって地方に居住した者）が税を納めなくなったため、国家財政は危機的状況を迎えました。

このため朝廷は九世紀末、国制改革を実行しました。これは富豪層と王臣家との結びつきを断ち、また土地の権利関係を厳しくチェックして公田（課税対象の田地）を取り戻し、受領《ずりょう》（任国に赴いた国司）に税納入を請け負わせる、といった内容でした。

このことに反発した坂東の富豪層が、蜂起します。朝廷はこれを鎮めるため、受領に強い軍事指揮権を認め、さらに国ごとに新たに押領使《おうりょうし》という軍事指揮官を置きましたが、これには中央での出世を断念し、地方で有力となった人々が任命されたものと推測されています。

以上見てきたことからも、「貴族による旧来の支配に対抗した地方の有力農民の武装化によって、武士が成立した」というような単純な図式では説明できないことがおわかりだと思います。特に、朝廷が積極的に行った国制改革の一環として、国衙（各国の役所）の軍制が整備され、これに在地の有力者が組織化されている点が注目され、いわば支配者側とむしろ結びつくことで武士が成立していった、という側面があるのです。

◆辺境軍事貴族の成立

さて、九世紀末から十世紀初めにかけての東国の内乱を鎮めた「辺境軍事貴族」と呼ばれる京下りの有力者たちは、貴種としての利点をいかして地方勢力と姻戚関係を結んだり、その紛争を調停することによって彼らを従え、勢力を拡大させていきました。

その代表的な例が、平高望《たかもち》に始まる平氏一門ですが、彼らは関東に根をはる一方で、朝廷や中央貴族との結びつきも維持しようとしました。このことは、彼らが中央の官職や国司、鎮守府将軍などに任じられた点にも示されていますが、もう一つ、**その居住形態にも関わってきます。それは、どのようなことだと思いますか。**

答えは、彼らが勢力を得た関東にずっと住み続けたわけではなく、しばしば京都にも上り、そこにも屋敷をもっていた、ということです。こうした居住のあり方を、完全な土着と区別する意味で、「留住《りゅうじゅう》」と呼んでいます。つまり、彼らを初期の武士の代表とみなした場合、その成立には京都も地方も両方関わっている、ということになるのです。

◇将門の乱の内実

ところで、常陸など北関東に勢力を拡大した平氏は、十世紀に入ると一族内での覇権争いを始めます。そしてこれに勝ち抜いたのが、平将門（図15）でした。この段階までは、朝廷も将門に対しどちらかというと好意的な態度をとっていました（この理由は後に考える）。

ところがこの後、将門は武蔵や常陸における国衙と地方勢力との対立に介入し、後者を支持して国衙を攻撃します。そして以後勢力を急速に拡大させ、天慶二年（九三九）十二月には東国の大半を占領、自ら新皇と称しました。

ここに至って、ついに朝廷も将門を謀反人と断定し、追討することとしたのです。そして、これを確実に実行するため、翌年正月には将門の従兄弟にあたる平貞盛や、かつて乱行のため朝廷から追捕を受けた藤原秀郷《ひでさと》らを押領使兼掾《じょう》（国司の三等官）に任じて政府軍に参加させました。二月、将門は彼らの攻撃を受け敗死、乱は終結したのです。

さて、**乱を起こした将門、これを鎮定した貞盛や秀郷には共通点があります。どのようなことでしょうか。**

それは、彼らがいずれも辺境軍事貴族である、という点です。独立性の高い存在ではあっても、国衙という、いわば朝廷の出先機関を攻撃しない限りは、朝廷もむしろ彼らの実力は地方の安定に必要なものと考えていました。将門が乱の前半、一族間での争いを続けていた段階までは、国衙への攻撃もなく、むしろ自らの立場を正当化するためにこれを利用していましたし、朝廷も争いを抑える上で将門の武力に期待していたものと考えられています。

図15　平将門（築土神社所蔵）

◆「兵の家」の成立

以上見てきたように、十世紀の初めから前半にかけての時期には、代々武芸を継承する、いわゆる「兵《つわもの》の家」としての武士が成立した、と考えられます。具体的には、源氏や平氏、そして秀郷流藤原氏などですが、彼らと古代以来朝廷内に存在した軍事・警察部門を担当する官人との直接的つながりは、ありませんでした。しかし、武芸の型や儀式面などに関しては、少なくとも間接的な影響は受けたものと思われます。

この時期、武士勢力は生まれたての存在であり、武力を用いた反乱では彼らの現状を打開することはできませんでした。そこで彼らは、続く摂関期においては、摂関家や朝廷に忠実に従うことによって、その政治的実力を着実に蓄えていったのです。

【参考文献】

◎高橋昌明他『朝日百科日本の歴史別冊歴史を読みなおす8武士とは何だろうか』（朝日新聞社、一九九四年）
◎元木泰雄『武士の成立』（吉川弘文館、一九九四年）
◎下向井龍彦『日本の歴史07武士の成長と院政』（講談社、二〇〇一年）

❽ 藤原道長の栄華と悩み

◆藤原道長をめぐる疑問

平安貴族の頂点をきわめた藤原道長（図16）。「この世をばわが世とぞ思ふ望月の欠けたることもなしと思へば」と詠み、望みうるすべての権力を握った彼には、実は深い悩みがありました。いったいそれは何でしょうか。

また藤原氏は、天皇の権限を代行したり、後見する立場（摂政・関白）で政権を握ったとされます（摂関政治）。ところが、表5の年表に示したように、道長が実質的な最高権力を握っていた三十三年間のうち、摂政の地位にあったのはわずか一年二ヵ月にすぎません。

それでは、彼の権力の本当の背景はどこにあったのでしょうか。

図16　『紫式部絵詞』に描かれた藤原道長
（藤田美術館所蔵）

◇議長の地位にこだわる

当時の朝廷政治において、重要事項は陣定《じんのさだめ》と呼ばれた約二十人の上級貴族たちによる会議で決められていました。そしてその議長をつとめたのは、一上《いちのかみ》と呼ばれた太政官《だじょうかん》最上位の左大臣（その上位の太政大臣は一種の名誉職で、常に置かれたわけではない）でした。

一方、摂政や関白は、確かに天皇との関係が最も密接な立場ではありましたが、道長のころにはこの陣定に参加できない決まりとなっていたのです。そのため道長は、意図的に摂政や関白にはならず、左大臣の立場にこだわり、その一方で内覧という関白に準じる

年	できごと（○数字は月を示す）
966（康保3）	摂政藤原兼家の5男として生まれる。
987（永延1）	左大臣源雅信の娘倫子と結婚。
988（ 同 2）	源高明の娘明子と結婚。権中納言。
990（正暦1）	⑤長兄藤原道隆、摂政となる。⑦父兼家死去。
995（長徳1）	④道隆死去。⑤兄道兼死去、内覧となる。⑥右大臣、氏長者。
996（ 同 2）	藤原伊周・隆家を配流。⑦左大臣。
997（ 同 3）	藤原伊周・隆家を赦免、帰京を許す。
998（ 同 4）	③病のため辞職を申し出て許されず。
1000（長保2）	②娘彰子、中宮（天皇夫人）となる。④・⑤病のため辞職を申し出て許されず。
1008（寛弘5）	⑨彰子、敦成親王（後の後一条天皇）を産む。
1009（ 同 6）	⑪彰子、敦良親王（後の後朱雀天皇）を産む。
1010（ 同 7）	⑨病む。
1011（ 同 8）	⑥一条天皇譲位、三条天皇践祚。⑧内覧、娘妍子、女御（中宮に次ぐ地位）となる。⑩病む。
1012（長和1）	③病む。⑥病再発、辞職を申し出る。
1013（ 同 2）	⑥病む。
1015（ 同 4）	①病む。⑧三条天皇に譲位迫る。⑩摂政に準じて執政となる。
1016（ 同 5）	①三条天皇譲位、後一条天皇即位。摂政。④病む。
1017（寛仁1）	③摂政を辞す。⑤病む。⑫太政大臣。
1018（ 同 2）	②太政大臣を辞す。④病む。⑩娘威子、中宮となる。望月の歌を披露。⑪眼病。
1019（ 同 3）	③出家。④病む。
1027（万寿4）	⑩病む。⑫死去。

表5　藤原道長関係年表

地位を得て、天皇との関係をも維持しました。

ただし、いくら議長とはいっても、二十人近くいる他の貴族たちをリードすることは容易ではないとも思われるのですが、この点はどうだったのでしょうか。

例えば道長が政権を握った九年後、寛弘《かんこう》元年（一〇〇四）の陣定のメンバーを見てみると、十八名のうち、道長を含めごく近い一族が九名、やや近い一族が三名、さらに義兄や父兼家の家来だった者もいて、なかには対立したり批判的な人物も含まれてはいますが、大半は道長の意のままとなる人々だったのです。

◆人事権を握った強み

道長は、最高権力者としてすべての役人の人事権を握っていました。この時代、道長に近い藤原氏（師輔流《もろすけ》）以外の貴族・役人たちには出世のチャンスはなく、①法律や経済などの専門技能をもって中・下級の役人となる、②地方の国司となって蓄財する、③秀郷流藤原氏や源氏、平氏のように地方に下って武士の棟梁《とうりょう》となる、④仏門に入る、のいずれかを選ぶしかありませんでした。

彼の日記『御堂《みどう》関白記』を見ると、国司たちから道長への贈り物は大変な量だったようで、例えば伊予守となった源頼光などは、道長の新しい邸宅（火事で全焼したため、新旧国司たちに造営を負担させた）に必要な調度品、装束をすべて揃えて献上したそうです。

また、道長の娘で後に一条天皇の皇后となる彰子《しょうし》に仕えた女性たちの中には、有名な紫式部や和泉式部などがいますが、**彼女たちの父や夫には共通点があります。それは何だと思いますか。**

彼らは位階でいうと正三位～従五位下あたり、つまり中流貴族であった、という点です（表6）。このクラスの貴族は、何もしないと出世のチャンスはありませんでした。そこで彼らは、自慢の娘（あるいは妻）を彰子に仕えさせたのです。道長としても娘を将来天皇の后に、と願っていたので、それにふさわしい最高の教養を身につけさせる必要がありました。

◆荘園の増大を放任したわけ

一方、このころ地方の有力者たちによって、公領（国家の土地）の荘園化が進められていました。しかし、国家の最高権力者ともいえる道長は、**これを抑えることはせず、放任していました。それはなぜだと思いますか。**

公領を荘園という私領に変更することを認可するのは国家です。そこで有力者たちは、最終的な寄進先（本家）を道長とすることで、荘園化を認めてもらったのです。国家としては、荘園が増えることは、公領とそれにともなう税が減るのでよいことではありませんでした。しかし道長個人とし

名　前	紫式部	赤染衛門	伊勢大輔	和泉式部
主な作品	源氏物語	栄花物語	伊勢大輔集	和泉式部日記
父（夫）	藤原為時	（大江匡衡）	大中臣輔親	大江雅致
父・夫の位階・官職	従五位下 越前守	正四位下 式部大輔	正三位 神祇伯	従五位上 越前守

表6　道長の娘彰子（一条天皇中宮）に仕えた女性たち

ては、寄進された荘園からの収益の一部が自らの収入となるので、あえてこれを抑えるようなことはしなかったのです。

◆神頼みだった外戚体制

道長は二人の娘（彰子、妍子《けんし》）を二人の天皇（一条、三条）にそれぞれ嫁がせ、彰子にできた孫二人をいずれも天皇（後一条、後朱雀）とし、さらにその二人にそれぞれ別の娘（威子、嬉子）を嫁がせて、外祖父として実権を握りました（図17）。いわゆる「望月の歌」を詠んだのは、寛仁二年（一〇一八）十月、威子が正式に後一条の后となった祝宴の際で、まさに得意の絶頂にあったのでしょう。

しかし、この外戚体制は、よくよく考えてみると**四つの偶然が重ならないと実現しませんでした。その四つとは、どんなことでしょうか。**

まず前提として娘がいなければならず、またその娘が天皇の后となること、そしてその后が皇子（男子）を生むこと、さらにはその皇子が天皇になること、が必要なのです。つ

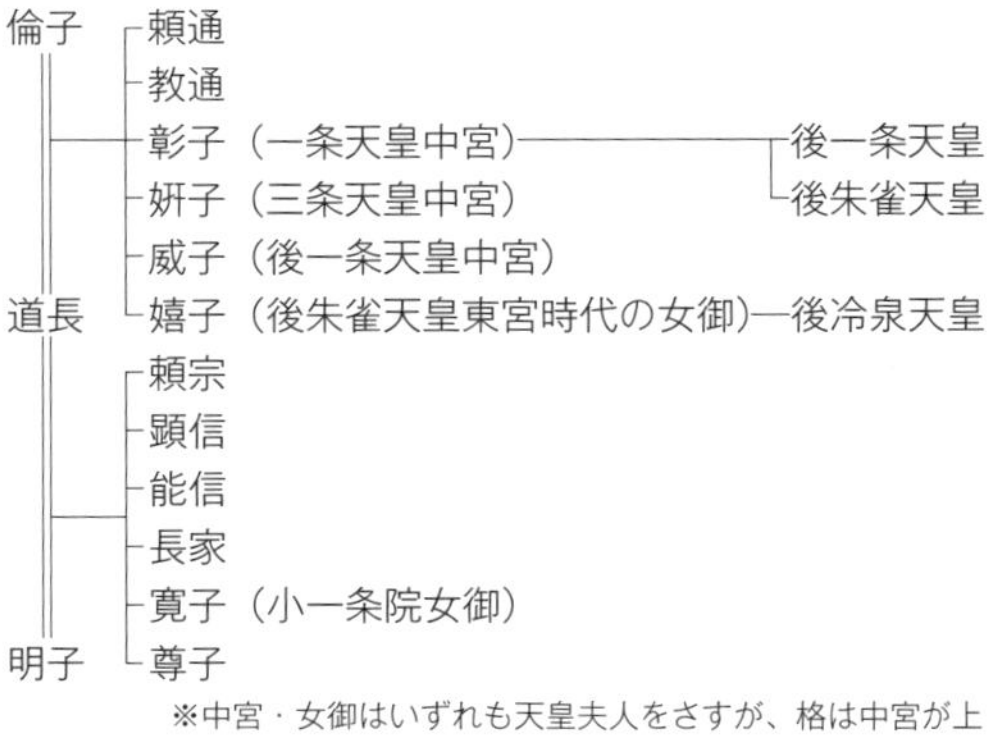

※中宮・女御はいずれも天皇夫人をさすが、格は中宮が上

図17　道長のつくりあげた外戚体制

まり多分に偶然の要素が含まれるため、決して安定した政治体制をもたらすものとはいえません。現に道長の後継者頼通は、五十年近い安定政権を保ちましたが、女子に恵まれず、養女や後にできた娘を皇后に入れても、皇子はできませんでした。こうして母親が藤原氏ではない、つまり外戚関係のない後三条天皇（荘園整理を断行）が生まれたのです。

◆道長の悩み

さて、はじめにあげた道長の悩みとは何か、ここでもう一度前掲年表を見てみましょう。

そうです、彼は三十代前半からたびたび病気になり、苦しんでいたのです。病気の種類はさまざまで、腰痛や急性胃腸炎、赤痢《せきり》、頭痛、マラリア、神経疾患《しっかん》などが日記に記されています。特に気になるのは、五十代からの「飲水病」（糖尿病）で、あわせて「胸病」「眼病」などともあるため、ある現代の医学者は、これらは糖尿病の合併症による狭心症、白内障などを示している、と診断しています。

実は道長の兄、道隆《みちたか》なども糖尿病だったと推定されており、この病気は現代人同様、平安貴族も罹《かか》りやすかったのかもしれません。食事は阿弥陀信仰で肉食が禁じられていたため、良質のタンパク質は摂れず、魚や鳥肉の乾物など消化の悪いものが多く、また極端な野菜不足でした。おまけに遅くまでの政務や儀式、それに続く連日の酒宴、移動は馬や牛車《ぎっしゃ》のため、睡眠不足、運動不足の状態だったと考えられています。

しかし道長のすごいところは、そうした病中にあっても、必要と感じた政務をきちんとこなしていたことでしょう。

【参考文献】

◎北山茂夫『藤原道長』（岩波書店、一九七〇年）
◎村井康彦他『図説日本文化の歴史4平安』（小学館、一九七九年）
◎棚橋光男『大系日本の歴史4王朝の社会』（小学館、一九八八年）
◎山中裕『菅原道真』（教育社、一九八八年）
◎橋本義彦『平安の宮廷と貴族』（吉川弘文館、一九九六年）
◎大津透『日本の歴史06道長と宮廷社会』（講談社、二〇〇一年）
◎倉本一宏『藤原道長の日常生活』（講談社、二〇一三年）

⑨平仮名・片仮名に見る国風文化の形成

◇国風文化の形成をめぐる疑問

国風文化とは、平安時代中期（十〜十一世紀）以後に発達した日本風文化のことをさし、寝殿造りの建物や大和絵、和歌集や物語、日記などの文学作品が有名です。

なぜこうした文化が形成されていったかについては、一般に遣唐使の中止（八九四年）により唐風文化の影響がうすれたため、とされています。しかし実際には、この後も唐からの民間商船が来ていましたし、唐滅亡（九〇七年）以後も宋の商船がさかんに来航し、その間中国からの文物の流入は、減るどころか、かえって増大していたのです。

だとしたら、国風文化形成のいきさつも、あらためて考え直さなければなりません。ここでは、今でも私たちが日常的に利用している平仮名と片仮名が成立したいきさつを見ていくことによって、この問題を考えていきましょう。

◇万葉仮名の成立

もともと日本には固有の文字がありませんでしたが、四世紀ごろに中国から漢字が伝わってくると、日本人はこれを利用して日本語を表記し始めました。八世紀後半に成立した最古の歌集である『万葉集』に代表されるその表記法は、大きく二とおりあります。

①「由吉能伊呂遠」→「ゆき（雪）のいろ（色）を」のように、漢字元来の音を日本語の音にあてていく（万葉仮名）。その結果、文字そのものの意味は無視される。

②「ウン」という音をもつ「雲」という文字に、日本語で同じ意味の「くも」という読みをあてはめる（訓読み）。

このうち①は、かなり窮屈な感じがしますが、②は既に日本なりの工夫が見られます。さらに、この他『万葉集』の中には、次のような面白い表記法もあります。**それぞれ何と読むかわかりますか。**

③二八十一あらなくに（可愛くてしかたない、の意味）

④色に山上復有山ば（漢字五文字が、ある漢字一字の書き方を説明）

答えは、まず③が「にくくあらなくに」です。九×九＝八十一ということで、古代の人も九九を知っていたんですね。次に④は、山の上にまた山がある、つまり「出」ということで、

「色に出《いで》ば」と読みます。

つまり、漢字が伝来して三〇〇年余りが経った八世紀後半までには、日本人は既にこうした遊び心をもった表記法をとれるほど、漢字を自分たちのものにし始めていたのです。それは、遣唐使の中止以前から始まっていたことであり、そうした流れの中で、平安時代に平仮名や片仮名が生み出されていきました。

◆豊かだった古代日本語の発音

ところで、現代日本語の発音は、「あ」から始まって「ん」まで、全部で四十六音です。**しかし、それらを「あ行」「か行」という順に並べたものが「五十音図」と呼ばれるのはなぜでしょうか。**

実は奈良時代には、例えば「や行」には「や」「ゆ」「よ」の他に「え je」、「わ行」には「わ」の他に「ゐ wi」「ゑ we」「を wo」などの発音があったのです。このうち「を」は今でも助詞として使っていますし、「ゑ」なども人名に用いられたりしています。

さらにこの他、例えば「き」「け」「こ」など十三文字にはそれぞれ二種類ずつの発音があり、五十どころか全部で六十一の清音がありました。また濁音も二十七ありました（現在は十八）が、逆に「きゃ」「きゅ」「きょ」のような拗音《ようおん》は、まだ使われていませんでした。

こうしたことは、万葉仮名の使い分け（発音によって異なる複数の漢字を使う）によっても裏づけられるのです。

◆万葉仮名から草仮名、そして平仮名へ

さて、この万葉仮名は、筆写を続けている間に自然の勢いで書き崩されるようになりました。初めは中国風の崩し方による草仮名を用いていましたが、九世紀後半になると、それらの中に日本独自の崩し方によるものが見られるようになります。そしてこれらが九世紀末から十世紀初めごろに体系化され、平仮名となったのです。

こうした平仮名の成立や普及を促したと考えられるもので、ちょうど同じころ貴族の間でさかんになった文芸があります。それは何でしょうか。

答えはもちろん和歌です。実は平安時代に入っても、初めの一〇〇年くらいは漢詩文が主流でした。代表的な作品としては、『淩雲集《りょううんしゅう》』（八一四年）や空海がまとめた『性霊集《しょうりょうしゅう》』（八二七～八三五年の間に成立）などがあげられます。

ところが九世紀末、左右に分かれて歌の優劣を競う「歌あわせ」がさかんとなり、和歌が文芸の中心になっていきました。そして十世紀以後、『古今和歌集』（九〇五年）を皮切りに、朝廷が次々と勅撰《ちょくせん》和歌集を編さんしていったことは、よく知られています。

実は「平仮名」という言葉自体は、キリシタン宣教師ジョアン＝ロドリゲスが一六〇四～一六〇八年に刊行した『日本大文典』が初見で、平安時代には「をんなで（女手）」と呼ばれ

ていました。これは、漢字が男の用いる文字だったのに対し、女が学び、用いた文字という意味からきているのですが、実際には男も女もラブレター（和歌がその役割を果たした場合がある）を書く時などに平仮名を用いたのです。

やがて平仮名は、物語や日記などにも用いられるようになり、一層広がっていきました。

◆片仮名の成立

これに対し、片仮名はまったく異なる形で成立していきました。すなわち、まず平安時代初めに学僧が仏教に関する中国の書物を訓読するために、万葉仮名（つまり漢字）の一部をとって用いるようになります。片仮名の「片」は不完全なという意味で、本来の文字の一部であることに由来します。

例えば平仮名の「り」と片仮名の「リ」は、一見すると同じようですが、実は違いがあります。どのようなことかわかりますか。

それは平仮名が「利」という漢字全体を崩してできているのに対し、片仮名の方はつくりの「刂」の部分だけをとっている、という点です。そのため平仮名の「り」の方が、本来は二本の縦線の間隔が少し広いのです。しかし「へ」は例外で、平仮名・片仮名いずれも「部」の「阝」だけをとっているので、ほとんど同じ形になっています。

さて片仮名は、初めは漢字の脇に小さく付す形で用いられていました。それが十二世紀前半に成立したとみられている『今昔物語集』では、まだ右寄せで小さい文字ではありますが、図18のように本文中に入っています。さらにこれ以後の説話集では、本文中に漢字と同じ大きさで書かれるようになりました。

◆平仮名の統一

ところで、はじめは平仮名も片仮名も、一つの音に対して複数の文字が使われていました。例えば「ひ」は「比」を崩したものですが、江戸時代の古文書を見ると、これ以外に「飛」→「〓」、「日」→「〓」、「悲」→「〓」、「非」→「〓」、「火」→「〓」、「妣」→「〓」、「避」→「〓」、「備」→「〓」と実に八種類もの「変体仮名」がありました。

こうした多くの種類があった平仮名が、現在のように一つの文字に統一されたのはいつごろだと思いますか。

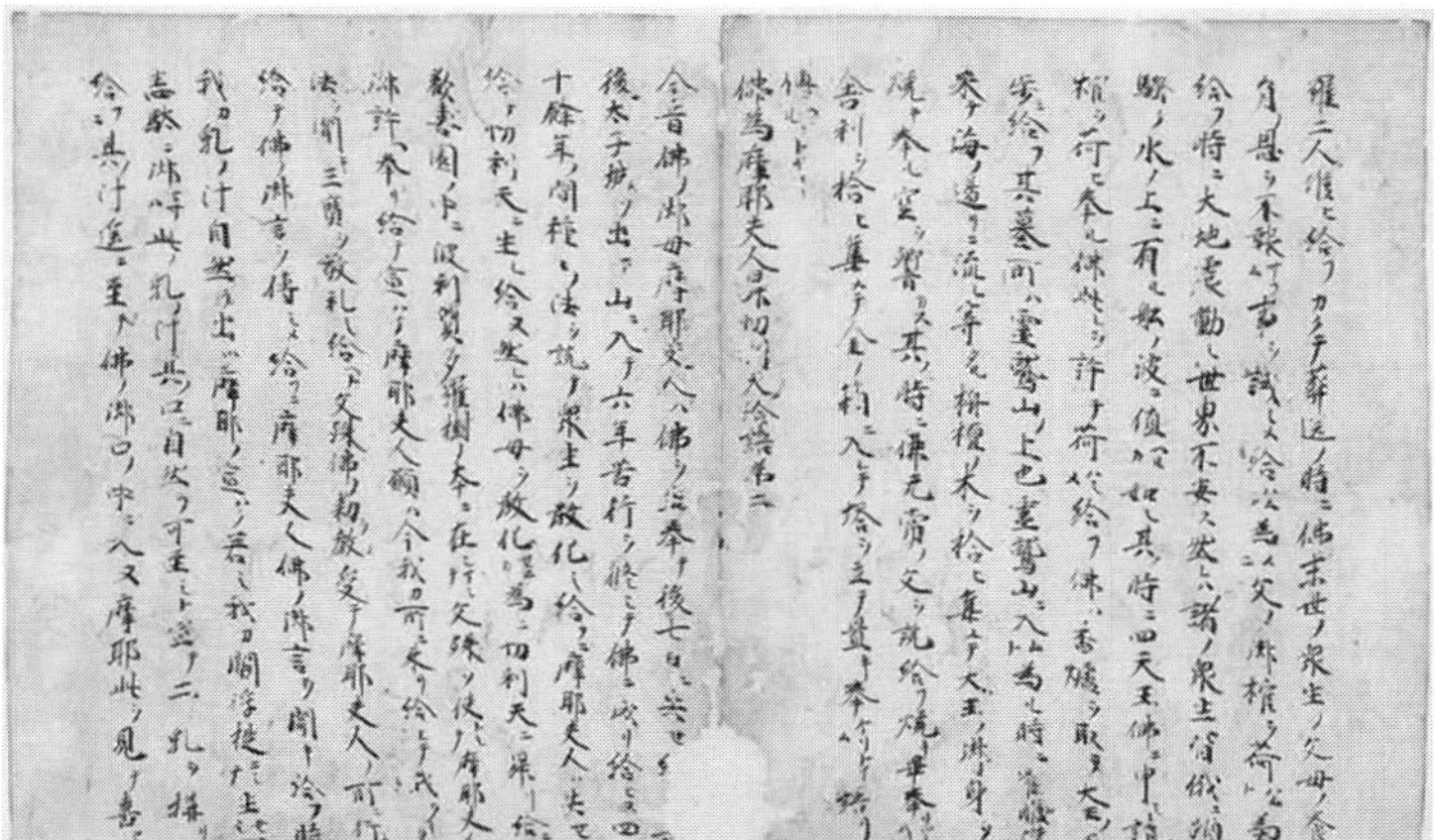

図18　鈴鹿本『今昔物語集』（京都大学附属図書館所蔵）

答えは明治時代後期です。明治三十三年（一九〇〇）に出された小学校令で統一されたのです。ただし、もちろんその後も、統一されたもの以外の文字も一部では使われており、今でも割り箸の袋に書いてある「御てもと」や、昔ながらのお店の看板などにその名残をとどめているのです。

【参考文献】
◎小松茂美『かな―その成立と変遷』（岩波書店、一九六八年）
◎村井康彦他『図説日本文化の歴史4平安』（小学館、一九七九年）
◎山口仲美『日本語の歴史』（岩波書店、二〇〇六年）

第2部◎中世

⑩ 鎌倉幕府の成立はいつか

◆鎌倉幕府の成立をめぐる疑問

現在の内閣などと違って、中世における武家政権としての幕府は、発足した年月日が決まっているわけではありません。それでは、なぜ鎌倉幕府が成立したのが建久三年（一一九二）と一般的に認識されているかというと、この年七月十二日に源頼朝が朝廷から征夷大将軍に任じられたことを以て、幕府成立とみなしているからです。

しかし、考えてみてください。そもそも征夷大将軍という役職は、頼朝が初めてではなく、それ以前にも大伴弟麻呂《おおとものおとまろ》や有名な坂上《さかのうえの》田村麻呂（いずれも平安初期）が任じられていますが、この二人はもちろん政権としての幕府は開いていません。

それに、『尊卑分脈《そんぴぶんみやく》』（室町時代に成立した系図集）には、頼朝は建久五年十月十日に征夷大将軍を辞めた、とあります。もしこれが正しく、かつ将軍と幕府が一体のものとすれば、これで幕府は消滅するはずですが、実際にはもちろんそのようなことはありませんでした。だとしたら、幕府成立の画期は、この建久三年以外の時点に求められるのでしょうか。ここでは、これまでに唱えられてきた五つの説について見ていきたいと思います（表7）。

◆治承四年（一一八〇）末説

この年八月に伊豆で挙兵した頼朝は、平氏軍に敗れていったん安房へ逃れますが、その後次第に勢力を挽回し、十月には富士川の戦いで平氏軍を敗走させました。そして同月、先祖ゆかりの地である鎌倉に入り、十一月には新居が完成、それを祝う儀式には三〇〇余名の御家人たちが参加しました。これはまさに政権誕生を内外に告げる祝典である、とする意見があります。

さらに実質的な面でも、この間の十一月に御家人集団を統括する機関としての侍所が設置されており、ここに軍事政権としての鎌倉幕府が成立した、というのです。

ただし、この説には反論も可能です。どのようなことだと思いますか。

それは、いくら軍事政権とはいっても、この時点で頼朝が実質的におさえていた地域は、南関東

年	できごと（○数字は月を示す）
1180（治承4）	④以仁王の令旨。⑤以仁王・源頼政ら挙兵、宇治で敗死。⑧源頼朝、伊豆で挙兵、石橋山の戦いに敗れ、安房へ逃げる。⑨源義仲挙兵。⑩頼朝、鎌倉入り。富士川の戦いで平氏軍敗走。⑪頼朝、侍所を設置。
1181（治承5）	閏②平清盛死去。
1183（寿永2）	⑤義仲、平氏軍を破る。⑦平氏、京を逃れ西海へ向かう。義仲入京。⑩宣旨が出され、頼朝、東国支配権を獲得。
1184（元暦1）	①義仲、源範頼・義経軍に攻められ敗死。②一ノ谷の戦いで平氏屋島に敗走。⑩頼朝、公文所と問注所を設置。
1185（文治1）	②義経、屋島の戦いで平氏軍破る。③壇ノ浦の戦いで平氏滅亡。⑩後白河法皇、源行家と義経に頼朝追討の院宣を下す。⑪法皇、行家・義経追討の院宣を下す。頼朝、諸国の守護・地頭任命権を獲得。兵粮米徴収権も認められる（一部異説あり）。
1189（ 同 5）	④頼朝、奥州藤原氏を攻める。義経自害。⑨奥州藤原氏滅亡。
1190（建久 1）	⑪頼朝上洛。権大納言・右近衛大将となる。⑫頼朝、両職を辞して鎌倉に帰る。
1192（ 同 3）	③後白河法皇死去。⑦頼朝、征夷大将軍となる。

表7　鎌倉幕府成立関係年表1

一帯にすぎないこと、それに平氏の強い影響下にあった朝廷からは、当然ながら正式に認められていない、いわば非合法の組織だったこと、などです。

◆寿永二年（一一八三）十月説

この時、後白河法皇は、次のような命令を出しました。

東海道・東山道の公領・荘園の年貢は、源平の内乱の中で武士たちが勝手に奪ったりしているが、京都にいる国司や荘園領主のもとにきちんと差し出しなさい。この命令に従わない者は、頼朝に連絡して差し出させるようにしなさい。（意訳）

これによって幕府が成立したとみなす、というのですが、なぜそのように判断できるのか、わかりますか。

この命令、全体としては国司や荘園領主の権益を保護するためのものとみなせますが、問題は後半部分です。すなわち、東海道・東山道の国衙《こくが》領・荘園の管理者で年貢を納めようとしない者に対する頼朝の指揮権を認めたということは、実質的にこれらの地域を頼朝が支配することを朝廷から正式に認められたことを意味する、というのです。

この説は、幕府成立の上で朝廷の公認を重視する立場からは有力ですが、治承四年末説と同様に、未だその支配権は東日本にとどまるという問題点を残しています。

◆元暦元年（一一八四）十月説

この時、政務・財務をつかさどる公文所《くもんじょ》と、裁判事務を行う問注所が発足していて、既に設けられている侍所とあわせて政権としての体制が整った、とみなす考え方です。しかし、表8を見てください。**これより、この説に対しても反論ができます。どのようなことでしょうか。**

答えは、頼朝による政務・裁判は公文所や問注所ができる以前から行われているから、実質的な幕府は既に成立している、ということです。ただし、侍所・公文所（後の政所）は貴族の家政機関にもあるが、独立して訴訟実務を取り扱う問注所を設けた意義は大きい、とする意見もあります。

◆文治元年（一一八五）十一月説

この時、頼朝は後白河法皇に迫って、全国に守護・地頭を置くことを認めさせ、これによって日本全体の軍事・警察面の総責任者としての立場を得て、本格的な軍事政権として出発した、という考え方です。この説は従来最も有力視されたものでしたが、近年否定的な意見も強まっています。**そ**

年月	できごと
1180（治承4） 8	伊豆国のある領地に命令を出し、知親という者の乱暴行為を止めさせる。
1181（養和1）11	新田義重に武蔵国の所領と役職を与える。
1183（寿永2） 1	下総国香取社の神官に周辺の治安の乱れを正すよう命じる。
1184（元暦1） 6	相模国のある郷の地頭に、免税地に税をかけないよう命じる。
同 7	紀伊国阿氏河荘での狼藉を禁じる。

表8　鎌倉幕府成立関係年表2

のうちのひとつを表9の年表から考えてください。

これを見ると、頼朝はこれ以前から既に地頭職の補任を行っていたことがわかります。すなわち、頼朝は挙兵直後から没収した敵方所領を配下の武士たちに与えて実効支配を進めており、このことは別段朝廷からの公認を得なくとも支障はなかった（結果的に朝廷は追認するしかなかった）、というのです。そしてこの時地頭を置くことを認められたのは、畿内以西のすべての地域ではなく、その中の敵方所領に限られていたと考えられています。

さらには、そもそもこの地頭というのは、荘園や国衙領に置かれる通常の地頭（荘郷《しょうごう》地頭）ではなく、国地頭という占領軍政官をさし、源義経・行家を追討するための臨時職だったこと、また「守護」という文言は、鎌倉後期に編さんされた『吾妻鏡《あづまかがみ》』にしか見えず、実際には頼朝方から各国守護の設置という要求はなかったこと、などの主張も有力になっているのです。

年月	できごと
1181（養和1）閏2	土肥実平に相模国内の地頭職を与える。
1182（寿永1）　3	山田重澄に上野国内の地頭職を与える。
1184（元暦1）　4	下河辺政義に常陸国内の地頭職を与える。
同　5	宇都宮朝綱に伊賀国内の地頭職を与える。
1185（元暦2）　6	島津忠久に伊勢国内の地頭職を与える。

表9　鎌倉幕府成立関係年表3

◆建久元年（一一九〇）十一月説

この年、頼朝は上洛し、朝廷から権《ごん》大納言・右近衛大将に任じられます。本来幕府とは、朝廷に常置されている武官の最高職である近衛大将が開いた役所をさすので、この時点を重視すべきとする意見があります。しかし、やはり征夷大将軍と同じような考え方から、これに否定的な学者もいるのです。

ただし最近、高橋秀樹氏は、従来源氏は朝廷の位階で四位までしか進めなかったのに、頼朝が初めてその家格の壁を破った点は重要であること、さらにこの時、頼朝は後白河法皇や朝廷内の最高実力者だった九条兼実《かねざね》と会談し、その結果内乱終結後の平時において、頼朝が朝廷の警護とその政治の一翼を担うと決まったことなどから、この建久元年の頼朝上洛が、幕府成立過程の中で最も重要な画期であると主張しています。

◆説が分かれるわけ

以上見てきたように、これらの説にはいずれも反論の余地があり、皆が納得できるような時期が特定できていないのが現状なのです。では、なぜそうなるのでしょうか。はじめに述べたように、はっきりした幕府成立の日時がもともと存在しないため、後世の歴史学者は、いろいろな個々の事実の中から成立の画期となったものを見出そうとします。ところが、そもそも何を以て幕府の成立と判断するか、という基準そのものや、国家というもののとらえ方が学者によって異なるため、結果としていくつかの説が分立してしまうことになるのです。

さらには、そもそも幕府成立の画期をどこか一つの時点に求めることに学問的な意義はなく、内乱の過程に即して段階的に成立していったと考えるべき、とする意見さえあるのです。

定説を知りたいという気持はわかりますが、より確からしい成立の基準を求めて考え方を鍛えあげていくこと自体が、歴史を学ぶ上では重要かもしれません。

【参考文献】

◎石井進『日本の歴史7鎌倉幕府』（中央公論社、一九七四年）
◎川合康『源平合戦の虚像を剝ぐ』（講談社、一九九六年）
◎山本幸司『日本の歴史09頼朝の天下草創』（講談社、二〇〇一年）
◎高橋典幸「鎌倉幕府論」（『岩波講座日本歴史第六巻中世1』岩波書店、二〇一三年）
◎高橋秀樹『三浦一族の中世』（吉川弘文館、二〇一五年）

⓫ 武士どうしの争いでもあった承久の乱

◆承久の乱をめぐる疑問

鎌倉時代の前期、承久三年（一二二一）に起こった承久の乱は、幕府と後鳥羽上皇（図19）との争いでした。同時にこれは、上皇・公家・寺社などいわゆる旧勢力と、成立後まもない武家政権との正面衝突であり、後者が勝利したことによって幕府の支配は西国にまで及び、いよいよ強固なものとなった、とされています。

しかし幕府は当初、この戦いに悲観的とさえいえるような展望しかもっていませんでした。それに詳しく乱の背景を見ていくと、決して上皇・公家・寺社勢力対武士勢力というような単純な対立の構図ではなかったことがわかります。

いったいどのような対立だったのか、そしてそのことが、以後の鎌倉時代史にいかなる影響を与えたので

図19　後鳥羽上皇（水無瀬神宮所蔵）

しょうか（表10）。

◆幕府のおそれ

私たちは、戦闘そのものがわずか一ヵ月で終わり、幕府軍が大勝した、という結果を知っているので、はじめから圧倒的な軍事力をもっていた幕府方の優位は動かぬものとみなしがちです。しかし実際には、幕府首脳の大方の意見は、箱根・足柄の関を守って徹底抗戦する、という消極策でした。結局は政所別当大江広元が主張した京都攻撃策が採用されましたが、大将北条泰時は、再び異論が出るのを警戒し、わずか十八騎で鎌倉を出発したほどでした。

また泰時は、この後いったん引き返

年	できごと（○数字は月を示す）
1199（正治 1）	①源頼朝死去。④ 2代将軍頼家の権限を制限、御家人 13人の合議制とする。
1200（ 同 2）	①梶原景時、討伐され敗死。
1203（建仁 3）	⑨北条時政、比企氏を討つ（比企氏の乱）。頼家、伊豆に幽閉され、実朝が将軍となる。
1204（元久 1）	⑦頼家、伊豆で殺される。
1205（ 同 2）	⑥時政、畠山重忠父子を殺す。閏⑦時政失脚、義時が執権となる。
1212（建暦 2）	②後鳥羽上皇、延暦寺衆徒の反園城寺の行動を制止。
1213（建保 1）	⑤義時、侍所別当和田義盛を滅ぼす（和田合戦）。⑧上皇、延暦寺衆徒の反清水寺の行動を制止。
1214（ 同 2）	④延暦寺衆徒、園城寺を焼く。⑧上皇、在京武士に命じ興福寺衆徒の上洛を防がせる。
1215（ 同 3）	③上皇、今度は延暦寺領を荒らした園城寺衆徒を捕らえる。
1218（ 同 6）	⑨延暦寺、領地をめぐって強訴。
1219（承久 1）	①将軍実朝、頼家の遺児公暁に暗殺される。③上皇、幕府に摂津国長江・倉橋両荘の地頭の罷免を要求、幕府はこれを拒否。⑥九条道家の子、頼経を鎌倉殿とする（摂家将軍）。⑦大内守護源頼茂が上皇方に殺される。
1221（承久 3）	⑤上皇、兵を集め、義時追討の宣旨を諸国に下す。幕府軍、鎌倉を出発。⑥尾張川の一戦で京方敗北。宇治・勢多の戦いで京方大敗、幕府軍入京（承久の乱）。⑦上皇を隠岐に、順徳上皇を佐渡に配流。土御門上皇も土佐にうつる。

表10　承久の乱関係年表

し、父義時に上皇自ら兵を率いてきた場合の対処方法を尋ねます。これに対し義時は「上皇には弓を引けないから直ちに降伏せよ。もし敵軍に上皇が不在なら、力の限り戦え」と指示しました。

さらに京都へ迫った六月十四日、雨で増水した宇治川を渡ろうとして急流に押し流され、幕府軍八〇〇騎以上が水死してしまいます。このため泰時は、いったん自害を覚悟したのでした。ここに至っても、まだ彼の頭の中から悲観論を消し去ることはできなかったようです。**ではなぜこれほど幕府方は、上皇方をおそれたのでしょうか。**

それはやはり、天皇（時の天皇一族の最高権力者は上皇や法皇の場合もあるが、ここでは天皇と表現）が武士たちにとってきわめて大きな存在だったからです。彼らにとって天皇の命令は絶対的なもので、武士どうしで戦う場合でも天皇を味方につける（形式上は天皇に従ってその命令を受ける）ことによって、圧倒的優位に立てました。ところがこの時の幕府は、天皇によって朝敵とされてしまったのですから、いかに軍事的に有利だったとはいえ、当時の関係者の不安とおそれは、私たちの想像をはるかに超えるものだったにちがいありません。

◆上皇方についた武士たち

それにそもそも幕府の軍事力自体、盤石なものとはいいきれませんでした。幕府方として従軍した武士たちは、当然ながら御家人という身分をもつ人々でしたが、日本中すべての武士が御家人だったわけではありません。

文治元年（一一八五）十月、義経との関係が決裂した際に頼朝のもとに集まった東国十五ヵ国の御家人の総数は、主だった者だけでも二〇九六名いました。単純に計算すると、一国あたり約一四〇人になります。**これに対し、例えば鎌倉初期、播磨国（現在の兵庫県）には何人の御家人がいたと思いますか。**

答えはわずか十六名です。武士は他にもたくさんいたはずですから、この数字は東国政権として出発した鎌倉幕府の御家人が、西日本にいかに少なかったかをよく示しています。こうした西日本の非御家人たちが、上皇方になるのはなかば当然のことで、その代表的存在が藤原秀康*でした。それだけではありません。**実は御家人の中にも、上皇方についた人々も少なくなかったのです。それはなぜだと思いますか。**

実は一口に御家人といっても、「鎌倉中」（ふだん鎌倉に住む有力御家人）、「在京」（ふだん京都に住む御家人）、「在国」（もともとの本拠地に住む中小御家人）という三つの階層に分かれていたようです。このうち在京御家人は、京都やその周辺の治安維持が主な職務でした。そもそも御家人たちがもっていた所領・所職の多くは、天皇や公家、大寺社から与えられたもので、それを頼朝が「地頭職」という形で安堵したのです。したがって彼らは、鎌倉前期の段階でも将軍と同時に天皇や公家、大寺社にも仕えており、引き続き所領や官職などの恩賞を与えられていました。そのため彼らの多くは、上皇方となったのです。

また、上皇が創設した西面《さいめん》の武士の多くも在京御家人でしたし、西日本諸国を管轄した守護たちの中にも、上皇方となった者が相当いました。

さらに、北条氏が幕府内で実権を握っていく過程で起きた乱の関係者、三代で終わった源氏将軍にゆかりの人々なども上皇方として戦っています。

このように見ていくと、承久の乱の背景は、上皇・公家・寺社と武士との対立といった単純なものではなく、「御家人対非御家人」、「東国御家人対西国御家人」、「北条氏勢力対反北条氏勢力」などといった武士勢力どうしの争い、という要素も含んでいたことがわかると思います。

＊河内・大和付近を根拠地とし、北面の武士などとして朝廷に仕えた有力武士で、承久の乱では京方の大将となる。

◆京方の内部対立と乱後の影響

ところでこうした内部対立は、京方にもありました。例えば延暦寺は、上皇から出兵を求められましたが、拒否しています。これは、延暦寺が他の有力寺院と争った際に上皇から制止されたり、荘園管理の名目で所領の一部を取り上げられたりしていて、反感を抱いていたため、と考えられています。

この他、藤原氏などの貴族たちも、やや傍観者的な態度をとっていましたし、上皇家の内部でさえ、土御門《つちみかど》（後鳥羽の子）などはほとんど積極的に動きませんでした。

つまり上皇の挙兵計画は、上皇とその近臣たちとの間で密かに進められたもので、旧勢力あげての動きとはなりえなかったのです。**しかしこのことが、逆に乱後の幕府にとってはマイナスに作用した面がありました。それはなぜか、わかりますか。**

つまり、承久の乱で失脚したのが旧勢力の一部であり、上皇と距離をおいた天皇家・貴族・大寺社は、なおも厳然として存在し続けましたから、必ずしも乱後幕府の支配が西国へ強く及ぶようになったとはいいきれないわけです。確かに乱後、幕府は京方勢力の所領三〇〇〇ヵ所を没収し、量的にはその西国支配が拡大したわけですが、質的な面での新しさはありませんでした。

このように、承久の乱後の幕府勢力の西国への拡大を過大評価することには、慎重であるべきなのです。

【参考文献】

◎石井進「鎌倉幕府論」（岩波講座『日本歴史』第五巻中世1、岩波書店、一九六二年）
　同　『日本の歴史7鎌倉幕府』（中央公論社、一九七四年）
◎上横手雅敬『日本中世政治史研究』（塙書房、一九七〇年）
◎山本幸司『日本の歴史09頼朝の天下草創』（講談社、二〇〇一年）
◎関幸彦『敗者の日本史6承久の乱と後鳥羽院』（吉川弘文館、二〇一二年）

⑫ 御家人窮乏の実態

◆御家人窮乏をめぐる疑問

鎌倉後期、御家人たちの多くは、分割相続の繰り返しによる所領の細分化や、貨幣経済の発展に巻き込まれて窮乏化し、蒙古襲来がそれに拍車をかけたとされています。しかし、その具体的な状況は、ほとんどわかっていません。ここでは、千葉県市川市にある中山法華経寺で見つかった貴重な史料を用いて、下総《しもうさ》（千葉県北部）の有力御家人千葉氏の窮乏の様子を探り、あわせてそれにどのように対応したかを見ていきましょう。

◆御家人最大の奉公である京都大番役《おおばんやく》

平時における御家人最大の義務は、京都の天皇や院の御所を警護する京都大番役で、これにかかる費用はすべて御家人自身が負担しました。

次は、鎌倉後期に下野宇都宮氏が、自らの支配地を対象に定めた法令の一部です。

宇都宮社（今の二荒山《ふたあらやま》神社）の神事がある時は、一族の者はたとえ鎌倉にいた場合でも宇都宮へ戻ること。ただし、京都大番役を勤めている場合は、この限りではない。

これを見ると、御家人は京都大番役を、自分たちの生活の中でどのように位置づけていたことがわかるでしょうか。

まずおさえておきたいのは、この中で宇都宮氏は三つの義務の重みについて順位づけをしている、という点です。宇都宮社の神官でもある宇都宮氏にとって、そのさまざまな神事は最も重要な行事で、たとえ鎌倉で幕府に仕えていても宇都宮に戻って神事を優先して行うよう定めています。しかし、京都大番役を勤めている際は除くとあり、これにより、御家人にとって京都大番役がいかに重大な義務であったかがわかります。

◆京都大番役を勤める意味

次は、有名な「御成敗式目」第三条の一部です。

各地の（御家人でない）武士たちが、「自分は御家人だ」とウソをついて国司や貴族などの命令に従わないとのことだ。そうした者たちが「京都大番役を勤めたい」と望んでも、各国守護はこれに応じてはならない。

ここで、御家人でもない武士が、なぜ負担の大きい京都大番役を勤めようとしていると思いますか。

この条文で、彼らが進んで京都大番役を勤めたいと申し出ているのは、それが御家人であることの重要な証拠となるためと考えられます。ではなぜ御家人になりたいかというと、国内最大の武力を束ねる幕府が、自らの既得権益を保護してくれるからであり（御恩の一つである本領安堵）、さらにはその権威を背景に、公文《くもん》や下司《げし》として、本来その管理地から一定量の収益を納めなければならない国司や貴族に、抵抗しやすくなることも期待したものと思われます。御家人の義務である京都大番役の負担よりも、国司や貴族の命令に従わないことによって得られる利益の方が大きいと判断したのでしょう。

◆千葉氏の垸飯《おうばん》役負担

鎌倉幕府の重要行事の一つに垸飯というものがあります。もともと朝廷の儀式でしたが、幕府が引き継いだもので、年頭などに御家人が将軍に祝いの御膳を用意してもてなします。

この垸飯に関して、鎌倉中期の建長五年（一二五三）以前の正月六日、千葉氏側近で鎌倉に常駐していたとみられる長専《ちょうせん》から、下総にいた千葉氏の家臣富木《とき》五郎宛てに次のような書状が送られています。

垸飯について、今年は問注所での分もわが千葉家で担当するよう、昨年末に幕府から命令がありました。これは以前にはなかったもので、このための費用負担は昨年の垸飯を上回るものになるでしょうから、よく皆様にお伝えください。昨年と同じような対応では、一大事になってしまいます。

（「中山法華経寺文書」、以下同じ）

これより、千葉氏の垸飯役負担についてどのようなことがわかりますか。

まず長専が、このことに非常に神経を使っていることがわかります。特にこの年は、新たな負担が加わったようですが、それについて昨年同様の対応だと一大事になるといっているので、費用負担は大変でもこれに応じないと、幕府からどのようなお咎めを受けるかわからない、と心配している様子がうかがえます。

◆千葉氏の造営役負担

この他、御家人には幕府や朝廷関係のさまざまな建物を造営するための費用負担がありました。次は建長元年、千葉家当主平亀若丸《かめわかまる》（後の頼胤《よりたね》）が幕府に提出した文書の一部です。

閑院内裏《かんいんだいり》（皇居の一つ）造営を命ぜられましたが、つい数年前にも造営負担をいたしました。今回は、私が当主とは申しても、所領を一族に分け与えてしまったため、彼らに負担を求めても応じる者はほとんどいません。以前の負担部分だけでも難しいのに、今回のような大きな場所の負担にはとても応じられません。しかも今年、当家は京都大番役にあたっておりますので、せめて以前に負担した場所をつくることをお命じください。

この中で亀若丸は、一族たちが造営負担に応じない理由について何と述べていますか。

答えは、やはり所領の分与、すなわち分割相続のためと述べており、これにより庶子たちは独立性を高め、しかも惣領が元服前で幼少ということもあって、そのいうことを聞こうとしない状況が読み取れます。

惣領を通じて一族全体を支配しようとする幕府のあり方は、早くも鎌倉中期の段階で相当行き詰まっていたようです。

◆懸命のやりくり

それでは千葉氏は、こうした費用をどのようにして捻出していたのでしょうか。

一般に、有力御家人は本領の他、全国各地に散在所領をもっていました。千葉氏の場合、本国下総の他、伊賀(三重県西部)や肥前小城《おぎ》(佐賀県小城市)などにも所領があり、このことを利用して費用を工面していました。**どのような方法だと思いますか。**

それは、本国で足りない分を他の所領からの収入でまかなうやり方でした。そしてその際に活躍したのが、借上《かしあげ》と呼ばれる金融業者です。借上は、まず下総の千葉氏に不足分を替為《かわせ》の形で貸し付け、その後証文をもらって肥前小城の千葉一族のもとに使者を遣わし、貸した分の返済を（おそらく利子も含めて）求めています。

このように全国に散在した所領は、実際には借上業者などの頻繁な移動により、今日私たちが想像する以上に、一つのまとまった経営体になっていたのかもしれません。

しかしそれでも費用が足りない場合があったようです。このため千葉氏は、ついには自らの所領だけでなく家臣に与えた所領まで取り上げ、それらを担保に借金をしたのです。前に紹介した長専も、別の文書の中で自分の力の及ぶところでないとしながらも、そうした土地が質流れになることを心配したり、所領を取り上げられた家臣たちの不満が高まり、不穏な状況になっている様子を述べています。

以上見てきたように、遅くとも鎌倉時代の中ごろには、千葉氏のような全国でもトップクラスの有力御家人でさえ、経済的に相当厳しい状況にあったことがわかります。ましてや、千葉氏より経済基盤の弱い中小御家人が一層苦しい状況に追い込まれていたことは、容易に推測できます。蒙古襲来後の矛盾の激化や倒幕運動も、こうした背景からあらためてとらえ直す必要がありそうです。

【参考文献】

◎石井進「『日蓮遺文紙背文書』の世界」（小川信編『中世古文書の世界』、吉川弘文館、一九九一年）
同　「鎌倉時代中期の千葉氏」（『千葉県史研究』1、一九九三年）
◎井上聡「御家人と荘園公領制」（五味文彦編『日本の時代史8京・鎌倉の王権』、吉川弘文館、二〇〇三年）

⑬ミミヲキリ、ハナヲソギ—阿氏河荘《あてがわのしょう》百姓申状を読み直す

◆阿氏河荘百姓申状をめぐる疑問

鎌倉時代の地頭の横暴を最もよく示す史料として有名な、建治元年（一二七五）十月二十八日付けの阿氏河荘百姓申状（図20）。なかでもその第四条に見える「ミミヲキリ、ハナヲソギ」の部分は衝撃的です。しかし、この史料から「この時代の地頭は大変悪辣《あくらつ》で、百姓は苦しめられる一方だった」と理解するだけでよいのでしょうか。

また、この申状はほとんどがたどたどしい片仮名を使い、百姓たちの生々しい怒りや苦しみが感じられるものとなっていますが、実は同じ年の五月にも彼らは訴状を出しており、そちらはすべて漢字を用い、決まった形式に基づいたものでした（図21）。いったい、この違いが意味するところは何なのでしょうか。

◆阿氏河荘の位置と支配関係

阿氏河荘は、現在の和歌山県有田川町付近、有田川の上流域に位置していました。当時、本家は京都の円満院、領家は同じく寂楽寺《じゃくらくじ》であり、円満院から任命された預所《あずかりどころ》が荘園を管理

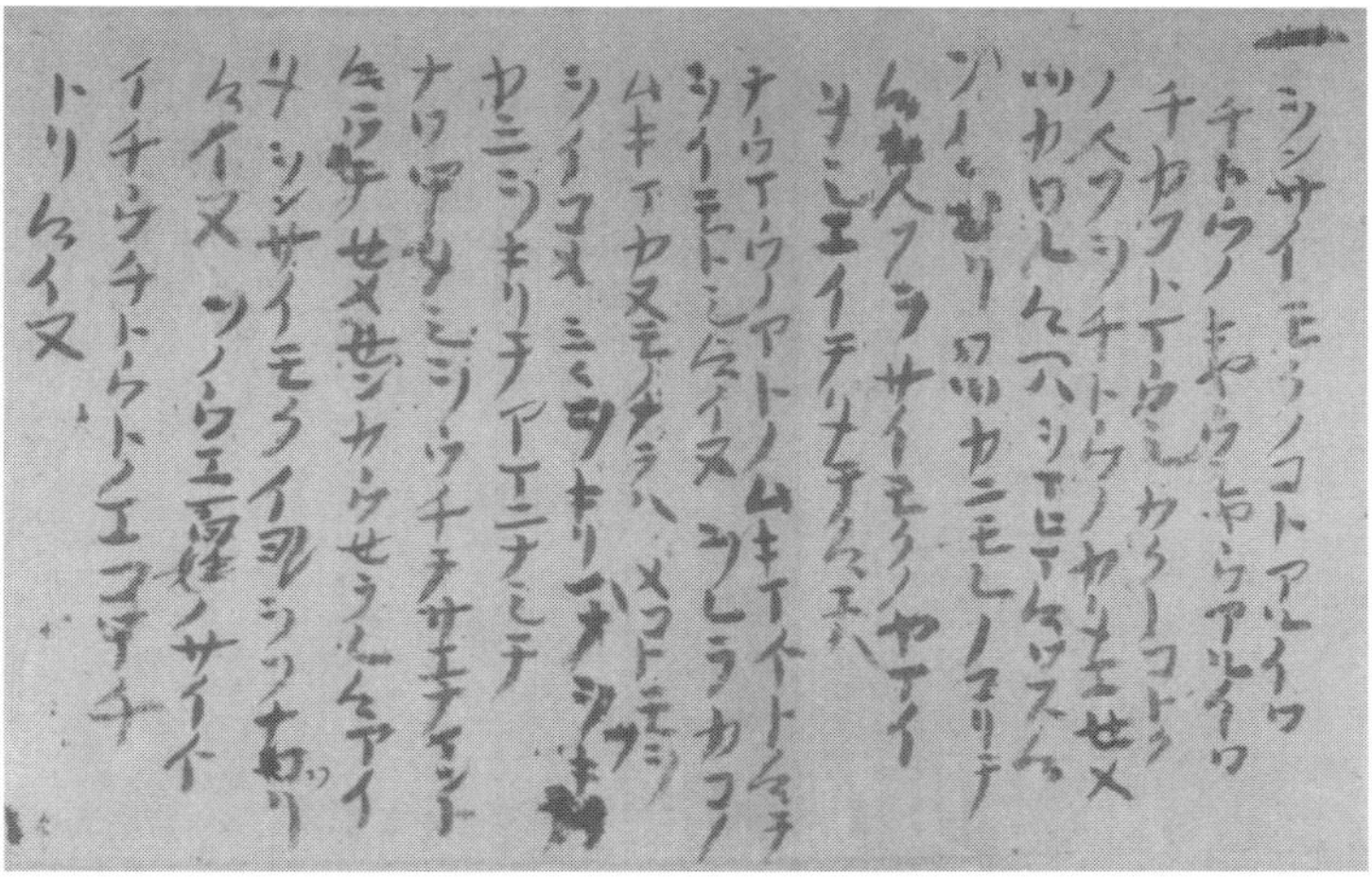

図20　建治元年10月阿氏河荘百姓申状
（一部、高野山金剛峯寺霊宝館所蔵）

していました。一方、現在の和歌山県有田郡湯浅町付近を根拠地とする有力武士の湯浅氏が、鎌倉初期から阿氏河荘地頭となり、支配を強めていました。

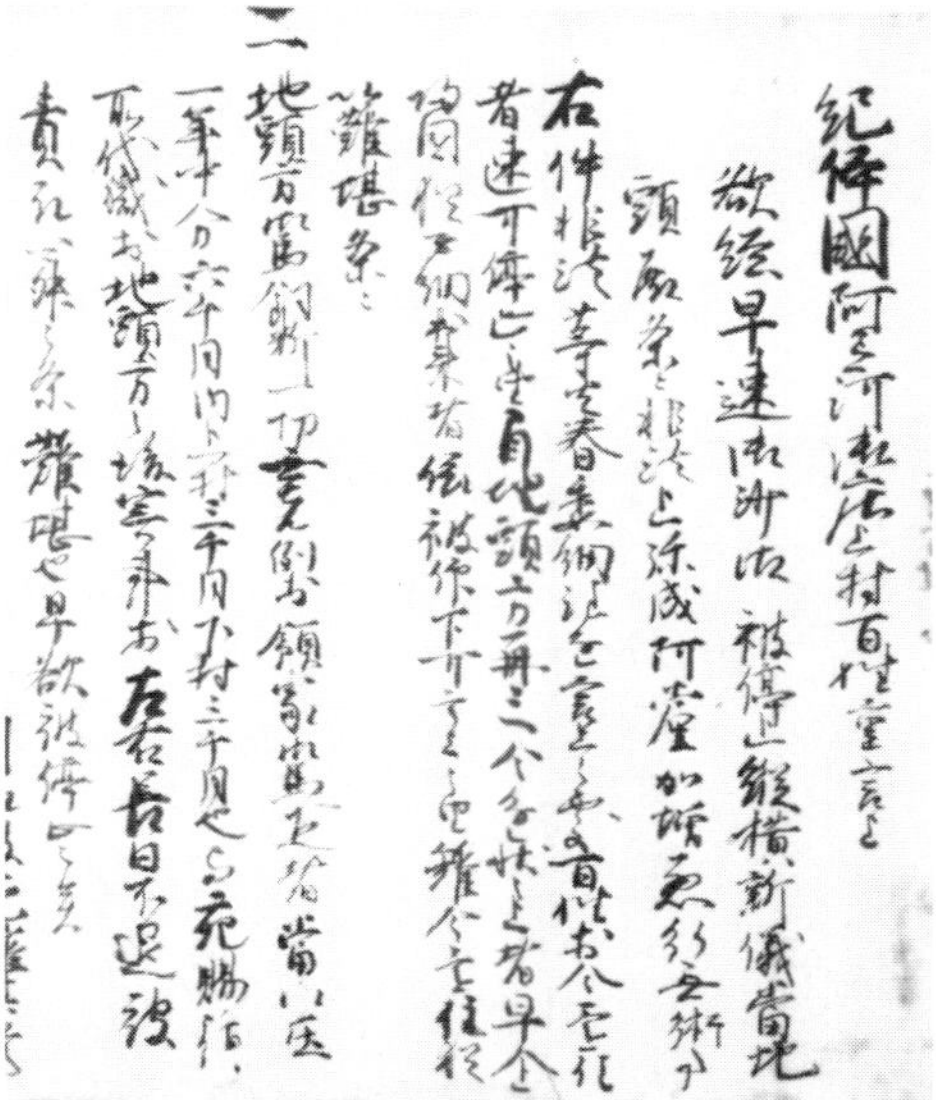

図21　建治元年5月阿氏河荘百姓申状
（一部、高野山金剛峯寺霊宝館所蔵）

◆対立の経過

①百姓の逃散と地頭の弁明

正嘉《しょうか》元年（一二五七）以前、阿氏河荘は地頭湯浅氏が預所も兼ねていて、支配は比較的安定していました。ところがこの年、円満院門跡《もんぜき》が突如湯浅氏から預所職を取り上げ、これ以降荘園領主と地頭との対立が続くようになります。

そして文永十一年（一二七四）十一月と翌年三月には、阿氏河上荘（当時上荘と下荘に分かれていた）の百姓たちが、円満院に対し地頭（この時は預所を兼任）の非法を訴えて逃散《ちょうさん》（自分たちの耕作する田畑からよそへ立ち退いてしまう、一種のサボタージュ）しました。

円満院は地頭湯浅宗親《むねちか》に悪行《あくぎょう》を止めるよう命じますが、これに対し宗親は三月九日と十日に、次のような内容の回答書を作成しています。

A　百姓の訴えには事実無根のものがある。悪行とされることには、一つとして預所の職務に関わるものはない。今回の訴えの裏には、私の預所の地位を狙う人物が存在する。

B　その人物がいろいろと百姓たちを集めてそそのかし、私を追い出そうとしている。

C　逃散した百姓たちは、地頭と荘園領主の両方に属しているのだから、大罪を犯したとはいえ、大目に見て荘園に戻って耕作させたいと思う。

右のAの中で、湯浅氏はなぜ傍線（直線）部分の内容を堂々と主張できるのでしょうか。

それは、地頭の任免権を握っているのは幕府であり、「預所としては違法なことはしていない」と主張すれば、円満院としてはどうすることもできなかったためです。実にしたたかな態度であり、在地の武士が御家人となることのメリットは、こうした点にありました。

一方Cで、本来なら地頭は逃散という罪を犯した百姓たちを厳しく処罰してもよいはずなのに、なぜここでは許しているのでしょうか。

それは、三月初めという一年の農作業が始まる大切な時期に、百姓たちに逃散されてしまい、さすがに地頭としても、自らの得分を含む作物ができなくなれば元も子もないため、一日も早く彼らを復帰させようとしたのだと考えられます。

さらに宗親は、三月中にAの主張の一部を撤回し（すなわち悪行とされる行為の一部に預所の職務があったことを認めた）、また百姓側の要求に多少妥協した回答書も作成しています。これらを受け、逃散した百姓たちは同月中に元の土地に戻りました。

②もう一通の百姓訴状を提出

一方、訴えを受けた円満院は、荘園経営に熟達した東寺関係者や六波羅探題*の法律専門家などに相談し、百姓たちの戻った後も地頭が非法を止めない（地頭の馬の餌《えさ》代を新たに負担させ、逃亡したり死亡した百姓の土地をおさえる、収穫期の麦や放し飼いにしている牛馬を取り上げる、など）ため、五月に訴状を作成、これを六波羅探題の法廷に提出しました。

そうです、冒頭で紹介した五月の訴状（図21）というのは、「百姓重ねて言上す」とはありますが、実際には円満院が専門家の手を借りて作成したものだったのです。それゆえ、漢字のみの決まった形式が用いられたのでした。

＊鎌倉幕府が京都においた機関。京都の守護、公家政権の監督、西国の政務・裁判・軍事を担当した。

③地頭の逆襲と片仮名書き百姓申状の作成

さて六月中旬には六波羅探題で裁判が始まりましたが、早くも同月十七日、地頭は阿氏河上荘の百姓二十八人（うち女性が四人）と牛馬八頭を捕らえるという行動に出ました。そのため円満院は七月、地頭に兼任させていた預所職を取り上げ、従蓮《じゅうれん》という人物に与えました。従蓮は九月初めに地頭の悪行を六波羅に訴え、同月中旬には代官を阿氏河荘に入れようとしますが、現地を強くおさえている地頭により追い出されてしまいます。

十月初め、六波羅で裁判が始まりますが、地頭は同月中四回にわたり荘内の百姓宅へ二十名余り、あるいは三十五名の手勢を率いて押し寄せ、いろいろなものを責め取りました。

片仮名書きの百姓申状の日付けは十月二十八日です。つまり、百姓たちは地頭方による厳しい弾圧が続く最中に、この申状を作成していたのです。

片仮名書き百姓申状（全十三ヵ条）の主な内容

〔第四条〕円満院に納めるための材木を山からとることを地頭が妨げた。その上、わずかに残った人夫たちを山に行かせようとすると、*地頭は「逃げた者の田畑を耕作しろ。もし麦をまかないのなら、おまえらの妻子どもを牢に入れ、耳を切り、鼻をそぎ、髪を切って尼のようにして縄で縛り、痛めつけるぞ」とひどく責める。

〔第五条〕十月二十一日、百姓が数人やむなく地頭に年貢を納めるため出かけたが、日が暮れてしまったため、仲間の家に泊まった。そこを地頭勢が攻めてきた。

〔第七条〕地頭は四人の百姓を元の土地に戻すよう、円満院から命令されているのに、それを妨害している。この四人が安心して帰れるようにならなければ、どうして私たちは喜んで税を納められようか。

＊なおこの部分から、この申状の作成者が、一般百姓に指令できる上層百姓だったと推測できる。

◆地頭の言い分を考える

このうち、第四条に見える「ミミヲキリ、ハナヲソギ」の印象があまりにも強すぎるため、地頭が特別に百姓たちへひどい仕打ちをしようとしているように受け取られがちです。しかし中世においては庶民に対し、こうした刑罰が実際に広く行われていたのです。

とすれば、この脅し文句は、地頭の立場で見ると、百姓たちが決まりを守らないから使った、ということも考えられるのです。**それはどのような行為か、わかりますか。**

キーワードは「逃げた者の田畑（原史料ではテウマウノアト〔逃亡の跡〕）」です。つまり、自らの都合で田畑を放棄して逃げてしまうことは、荘園を管理する地頭から見れば犯罪行為にあたり、その跡地を残った百姓たちが耕作するのは当然のことで、それをやらないというのであれば、その妻子たちに刑罰を科すぞ、といっているのです。

そして同じように考えれば、他の地頭の行為も、百姓たちのたび重なる逃散や、円満院に訴えるなどという（地頭から見た）非法行為に対する警察権の行使、と解釈できるでしょう。

もちろん百姓側は、地頭の警察権・裁判権自体は認めるとしても、実際の行動がそれらをあまりにも逸脱していると判断したからこそ、抗争を続けたのです。

◇百姓申状にも偽りがないか

一方、百姓側の主張も、そのすべてを事実と認めてしまってよいのでしょうか。例えば**片仮名書き百姓申状の第五条には、若干怪しい部分があります。それはどこだと思いますか。**

まず、この前後で地頭が百姓たちの家をたびたび襲っているのに、百姓たちが自主的に年貢を納めようとしている点が疑問です。

また、荘内の村々はかなり近接しているのに「日が暮れたため」仲間の家に泊まった、というのも考えにくいことです。この点について黒田弘子氏は、中世では夜の集会が禁じられているにもかかわらず、夜に百姓たちが逃散などのための密議を開いたため、地頭が警察権を行使してそれを取り押さえようとしたのではないか、と推測しています。

◆百姓たちの連帯

なお、第七条に見える四人の百姓は、おそらく抵抗する百姓たちの代表者で、地頭からすれば、張本人として荘内から追放すべき犯罪人ということになります。一方、百姓たちから見れば、彼らは自分たちの代表として危険を覚悟で行動したわけですから、彼らの身の安全が保障されなければ、絶対に納得できないわけです。戦国期の例ですが、村の身代わりとして処罰された犠牲者に対し、村は彼らの家の税を永久に免除し、苗字を与える、などの手厚い補償をしていたことがわかっています。この場合でも、四人の張本《ちょうほん》百姓とその他の百姓たちとの間に、強い連帯感があったことが推測できます。

◆百姓たちは本当に経済的に苦しかったのか

鎌倉初期の建久四年（一一九三）、阿氏河上荘の田地総面積は、課税のための荘園領主側の土地調査によれば五十町で、そのうち課税対象は二十八・五町でした。ところがそれから八十年後の文永十年（一二七三）には、総面積三十七町、課税対象は十一・三町となっていました。**これより、どのようなことが考えられますか。**

これらの数字をそのまま信じれば、百姓たちの田地は減り、鎌倉後期の方が苦しくなっているように思えます。しかし一般論として、鎌倉後期の方が田畑の開発は進んでいました。それにもかかわらず、かえって減少しているのは、実際にはこの八十年間に自分たちの取り分を増やしていったのに、それを隠しているためと考えられるのです。これに関し、片仮名書き百姓申状の第一条の中に「臥田《ふせた》」がありますが、これは領主による土地調査の際に、「臥料」を払って帳面に記載するのを見逃してもらった田地のことなのです。また、この他第十三条にも「ウスクマリタ」（蹲《うずくまり》田《た》）があり、これも一種の隠し田とみられています。

これらのことをふまえると、一概に百姓たちは経済的に苦しかったとはいいきれないようにも思われるのです。

◇三つどもえの争い

以上いろいろ見てきましたが、既にお気づきのように、この阿氐河荘をめぐる争いには、地頭対百姓という単純な構図には収まりきらない部分がありました。**前に紹介した文永十二年三月九・十日付けの地頭回答書A・Bの傍線（波線）部分から考えてください。**

地頭宗親は、ここで荘園領主の支配下にある預所の地位を狙う人物が、百姓たちをそそのかしている、と主張しています。つまり、この争いは荘園領主（直接的にはその現地代官である預所）も加わった三つどもえのものだったのです。そして、これも既にあげましたが、この年五月に作成された百姓訴状が、実は百姓たちの訴えを受けて円満院が作成したものだったことからもわかるように、百姓たちは荘園領主側と結んで戦った部分があったのは、まちがいないでしょう。しかしその一方で、預所側も地頭と同じような実力行使をしていたので、百姓たちは自分たちの利害を考え、状況に応じて態度を決めていたのかもしれません。

さらにいえば、百姓たちは常に一枚岩ではなく、もともと親地頭派の人たちもいたのです。

【参考文献】

◎石井進『中世を読み解く—古文書入門』（東京大学出版会、一九九〇年）
◎黒田弘子『ミミヲキリ、ハナヲソギ—片仮名書百姓申状論』（吉川弘文館、一九九五年）
◎高橋修『中世武士団と地域社会』（清文堂出版、二〇〇〇年）

⑭ 東アジア史から見た蒙古襲来

◆蒙古襲来をめぐる疑問

外国の大軍が侵攻してきた日本史上唯一のできごとである蒙古襲来については、史料上の制約もあって未解明の部分が多く残されています。例えば撤退した理由にしても、暴風雨との関係は有名ですが、はたしてそれだけだったのでしょうか。ここでは近年の研究成果を紹介し、元やその周辺地域の情勢などもあわせみながら考えていくことにしましょう。

◆文永の役（文永十一・一二七四年）

通説によれば、十月三日、三万余人・九〇〇艘の軍団が合浦《がっぽ》を出発し、対馬・壱岐を攻めた後博多湾に入り、二十日に上陸しました。海岸沿いの何ヵ所かで合戦となり、元軍が優勢でしたが軍船に引き上げました。そして夜半の嵐で大損害を受け撤退した、とされています。

①撤退と暴風雨の関係

元軍が北九州に来襲したのは十月二十日、西暦では十一月二十六日です。この時期に台風が北九州へ上陸した気象記録はなく、考えられるのは発達した低気圧や寒冷前線の通過にともなう突風です。しかも、広橋兼仲という貴族の日記『勘仲記《かんちゅうき》』によると、十月二十日から十一月六日までの京都の天気はほとんど晴れで、嵐の記録は見られません。**このことは何を意味しているのでしょうか。**

日本の天候は西から東へ移行しますから、十月二十日の時点で北九州に嵐があった可能性はきわめて低いということになります。しかしその一方で、高麗の史書には「元軍が撤退を決めた後、たまたま夜に大風雨となった」とあるので、撤退の日に嵐があったことはまちがいありません。嵐のために撤退したわけではないようですが、いったいこれをどう考えればよいのでしょうか。

②一日で撤退したのか

①で見たように、十月二十日に北九州で嵐は起きていませんでした。そこで再び『勘仲記』を見ると、十一月六日条に「先ごろ敵の船数万艘が海上にいたところ、急に逆風が吹いて本国に帰った」と記されています。**ここから、どのようなことが推測できるでしょうか。**

当時北九州の情勢は、早飛脚により九～十日後に京都へ届いたことがわかっています。ということは、実際に北九州で嵐があったのは十月二十七日ごろと判断でき、これにより元軍は一日ではなく、一週間ほど日本にとどまっていたことが推測されるのです。

そもそも上陸するだけでも、近代戦でしかも敵攻撃がない場合でさえ、一日で一万人が限度であることは（もちろん元軍全員が上陸したわけではないにしても）、明治後期のある陸軍少佐も気づいていました。

③三別抄《さんべつしょう》の乱との関係

一二三一年以来、モンゴルは高麗を侵略し、一二五四年の第六次侵攻では、「蒙古兵に捕らえられた者二十万余り、殺された者数知れず」という惨状となりました。一二七〇年には完全にモンゴルに服属しましたが、この高麗政府の弱腰に対し、江華島を守っていた三別抄と呼ばれる軍が農民と結び、反モンゴルの反乱を起こします。モンゴル（一二七一年からは元）は、この乱の鎮圧に三年余りを要していますが、結果的にはこのことが元の日本遠征を遅らせ、日本に防衛のための準備期間を与えることとなりました。しかしその一方で、**元にとってこの乱鎮圧が、日本遠征にプラスとなった面があることも指摘されています。それはどういうことだと思いますか。**

答えは、最後済州島に後退した三別抄を壊滅させるために、元・高麗連合軍一万二〇〇〇が三〇〇艘の軍船で渡海しており、これが事実上初の元海軍となったこと、そしてこれが日本遠征軍のもととなった、ということです。したがって撤退の理由の一つとして従来あげられていた、モンゴル人が海に不慣れだったという指摘はあたらない、とする説もあるのです。

④元軍の目的

表11の年表をごらんください。**文永の役について、元の大陸での版図拡大との関係で気になる点はないでしょうか。**

それは、この一二七四年という時点では、元は最大の敵である南宋を攻めてはいましたが、まだ滅ぼしてはいない、ということです。

このことから、文永の役は元による南宋接収作戦の一環であり、経済的・文化的にも強いつながりをもっていた日宋間を遮断し、南宋の退路を断てれば十分だったこと、そもそも元軍はユーラシア大陸での拡大戦争でも、未経験の土地に

年	アジア	高麗	日本
1206	モンゴル帝国の成立		
1254		モンゴルの第6次侵攻	
1260	フビライ（世祖）の即位		
1268	モンゴル、南宋を攻略		モンゴル・高麗の国書来るも返事与えず。
		元宗、モンゴルに服属	北条時宗執権となる
1270		三別抄の乱（～1273）	
1271	モンゴル、国号を元とする		
1273	日本遠征の方針決定		
1274	日本遠征	①元より造船命令来る ⑤元の日本遠征軍到着	⑩元軍襲来（文永の役）
1275		元の命令で武器・軍船をつくる	元よりの使者を斬る
1276	元、南宋の都（臨安）をおとす		
1279	南宋滅ぶ		南宋より僧無学祖元来日
1281	日本再遠征	⑤東路軍、合浦より出発	⑥元軍襲来（弘安の役）
1283	江南の中国人反乱。元、日本への遠征を中止	日本遠征用の食糧・兵士を江南鎮圧のために徴発される	
1284	ベトナム（占城）で反乱（この間日本遠征の準備進む）		北条時宗死去
1287	元で内乱続く（～92）		
1294	フビライ死去		

表11　元寇前後のアジアの動き（丸数字は月を示す）

ついては、まず軽くたたいてその感触を得た後に、本格的侵攻か別の方策をとる場合が多かったこと、などが指摘されています。

また日本との関係においては、外交上手詰まりとなった状態を打開すべく、日本の支配層を交渉のテーブルに引きずり出すために必要な軍事的脅威を与えさえすればよく、さらには手に入れたばかりの海軍が失われるのをおそれたため撤退した、という意見もあります。

しかしこれらの意見は、元軍が一日で撤退したという従来説に影響されたものと思われ、②で紹介したように七日間ほど戦いが続いたのが事実とすれば、やや弱い印象を受けます。それに『高麗史』によれば、将軍たちの間で継戦か撤退かで議論があったようです。日本側に衝撃を与えたとはいえ、陸上戦ではかなりの損害を受けた元軍側が、このまま博多湾地区の占領を維持することは困難で、糧食も尽き、また補給もないまま本格的な冬を迎え、風向きの関係でますます帰還が困難になる前に撤退を決めた、そこへたまたま初冬の嵐が吹いた、というのが実情に近いのではないでしょうか。

◆弘安の役（弘安四・一二八一年）

通説では、五月三日、東路軍（高麗兵中心の四万余人・九〇〇艘）は合浦を出発、対馬・壱岐を経て六月六日博多沖の志賀島を占領し、十三日まで日本軍と海陸で戦闘を続けます。同日、東路軍は鷹島に退きました。一方、江南軍（十万人・三五〇〇艘）は六月十八日に慶元（今の寧《ニン》波《ポー》）及びその近辺から出発、同月末には平戸島・五島列島付近に達し、二十九日と七月二日には東路軍の一部と壱岐を襲います。その後平戸島で東路軍の一部と合流、二十七日には鷹島に移動しました。そこへ閏七月一日、台風が襲来し大損害を受けました。その後逃げずに残された元軍に対し日本軍が掃討戦を行いました（図22）。

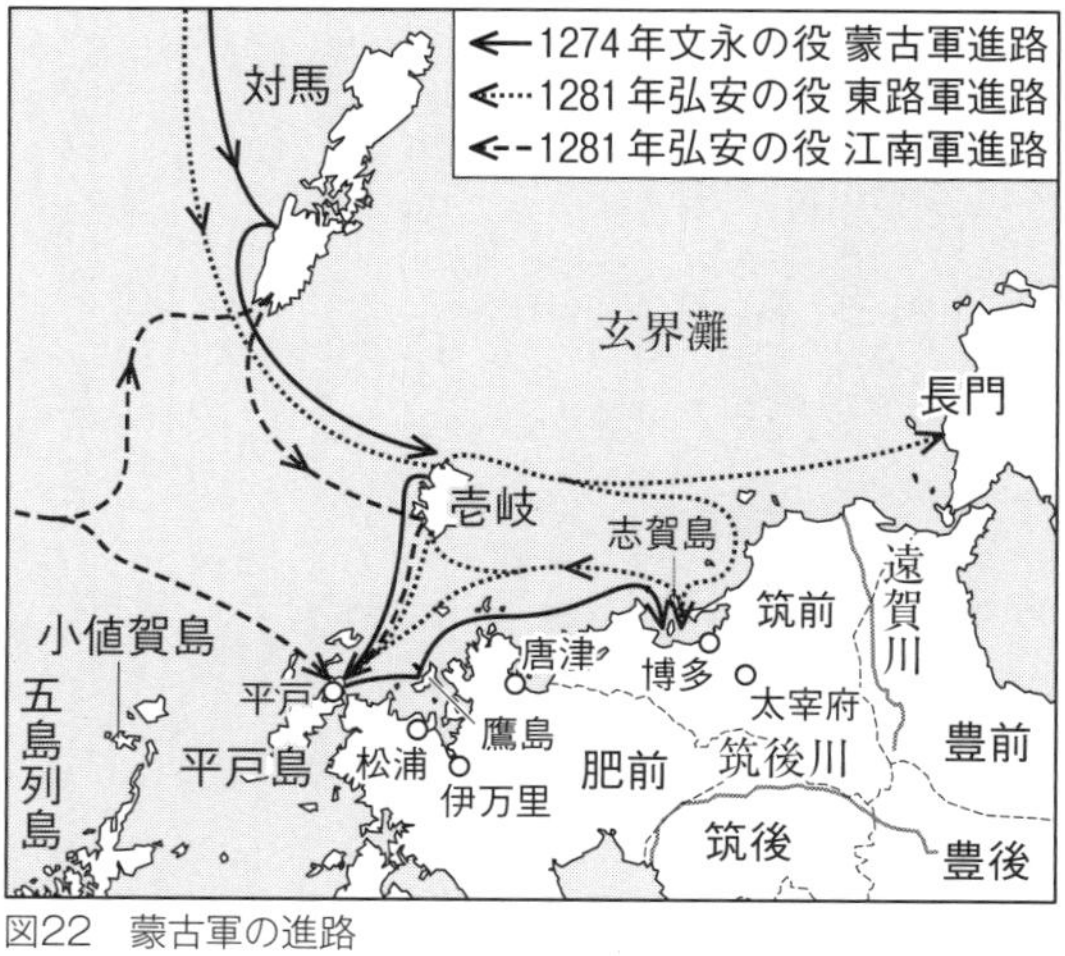

図22　蒙古軍の進路

①混成軍という問題

一二八一年一月、フビライは江南軍出発にあたり、諸将たちに訓示を行っています。その中で、**「私はこのことを特に心配している」として話した内容は、どのようなことだったと思いますか。**

それは「諸将間で不和が起きること」です。文永の役でも同様ですが、日本遠征軍は諸民族による混成部隊でした*。しかも、モンゴル人以外はすべてこれに服属した人々なので、一般論としてはこうした人々の戦意は低かったといえるでしょうが、このことが戦闘の中ではっきり示された証拠はありません。ただ、同じ高麗人の将軍でありながら、元に忠勤を励んだ洪茶丘と、高麗国王の信頼が厚かった金方慶との間に根深い対立があったのは事実です。

＊例えば『蒙古襲来絵詞』を見ると、元軍兵の中に肌の色が浅黒い人たちがいるが、これは中国南部の泉州にいたアラブ・イラン系の人々であろうと推測されている。

②江南軍の性格

江南軍は、ほぼすべてが二年前に滅亡した南宋の兵たちによって構成されていました。このことから、**同軍の編成には日本攻略の他にもう一つのねらいがあったとされています。それはどのようなことだと思いますか。**

答えは失業対策です。南宋は意外にあっけなく滅び、数十万の職業軍人が生き残ってしまいました。そこで元としては、これをこのまま残すのは経費がかかるし、かといってリストラすれば盗賊となって治安を乱すことが心配されたため、日本遠征に用いたのではないか、と考えられているのです。

③暴風雨と船

『勘仲記』には、京都が閏七月一日（西暦八月二十三日）夜から二日夜まで、激しい暴風雨（台風）に襲われたとあるので、一日未明ごろには北九州付近も暴風雨だったことはまちがいありません。これにより元軍のほとんどの船が沈んだこと、その背景として服属させた高麗に短期間で無理矢理つくらせたため、多くの船が暴風雨に耐えられなかったこと、などが従来指摘されていました。

しかし近年行われた鷹島周辺の海底調査によって発見された蒙古船とみられる沈没船は、わずかに二隻のみであり、あとは船の断片が数百点見つかっているだけです。それらの中には、無用にたくさんの釘が打たれていて、修理を繰り返したとみられるものもありますが、全体から見れば一部であろうとの意見もあります。

◆三度目の遠征が中止となったわけ

ところでフビライは、二度の失敗にもかかわらず日本侵攻をあきらめきれませんでした。そのため、以後中断を挟みながらも繰り返し三度目の遠征を行おうとしましたが、結局実現しませんでした。**その理由は何か、関連すると思われるできごとを年表から探してください。**

答えは一二八三年の江南、翌年の占城（ベトナム）でそれぞれ反乱が起きたことです。その都度フビライは、日本遠征用に準備していた軍隊を投入しなければなりませんでした。* さらに一二八七年には、フビライ政権最大の後ろ盾となっていた一族（東方三王家）が反乱を起こし（ナヤンの乱、カダアンの乱）、フビライはこれに対しても日本遠征用の軍隊・船団を転用して鎮圧せざるをえませんでした。

しかし、フビライは死ぬまで日本遠征の意思を捨てませんでした。彼の後継者も、その遺志を継ごうとしましたが、相次ぐ内乱などで、いつのまにかうやむやになってしまった、というのが実情のようです。

鎌倉幕府も、元の三度目の襲来に対する警戒は、その滅亡まで続けたのです。

＊この点については、江南や占城の鎮圧は、日本遠征用とは違う軍団が担当した、とする杉山正明氏の意見もある。

【参考文献】

◎旗田巍『元寇―蒙古帝国の内部事情』（中央公論社、一九六五年）
◎黒田俊雄『日本の歴史8蒙古襲来』（中央公論社、一九七四年）
◎杉山正明「モンゴル時代のアフロ・ユーラシアと日本」（近藤成一編著『日本の時代史9モンゴルの襲来』吉川弘文館、二〇〇三年）
◎新井孝重『戦争の日本史7蒙古襲来』（吉川弘文館、二〇〇七年）
◎服部英雄『蒙古襲来』（山川出版社、二〇一四年）

⑮ 南北朝動乱期の一地方武士の苦難

◆南北朝期の中下級武士をめぐる疑問

約六十年に及ぶ全国的な戦乱が続いた南北朝時代を、日本各地の名もなき武士たちは、どのように生き抜いていったのでしょうか。足利尊氏や楠木正成などの総大将や、守護級の武将については、ある程度のことはわかっていますが、こうした人々から命令を受けて、戦闘の最前線に立った国人《こくじん》とか地侍《じざむらい》と呼ばれる人たちの実態については、史料が乏しく、ほとんどわかっていません。

ここでは、東京都日野市にある有名な高幡《たかはた》不動（高幡山金剛寺）の本尊の胎内《たいない》から見つかった貴重な古文書群から、このあたりに本拠をもっていた山内経之《つねゆき》という一地方武士の動向を見ていきたいと

年月	できごと
1338（暦応 1） 9	南朝方の北畠親房、伊勢より常陸に到着（以後、関東の南朝軍の勢力増大）
1339（ 同 2） 4	高師冬、関東の南朝軍討伐のため京都を出発
8	師冬、鎌倉から常陸へ向け出陣し、山内経之これに従軍する
9	師冬軍、武蔵国府（東京都府中市）を経て村岡宿（埼玉県熊谷市）に到着、ここに20日余り滞在
10	下総・常陸国境付近（茨城県結城市）で戦闘開始
12	常陸国駒城（茨城県下妻市）をめぐって激戦続く。この後、経之の消息途絶える
1340（ 同 3） 5	師冬軍、駒城をおとす
11	師冬軍、小田城（茨城県つくば市）をおとす
1343（康永 2）11	師冬軍、関・大宝城（茨城県筑西市・下妻市）をおとす。以後、関東での南朝軍の組織的抵抗なくなる

表12　山内経之の従軍前後の関東

思います（表12）。

◆武士どうしの近所づきあい

この高幡不動胎内文書の中には、日野近辺の地名を苗字とした「高幡殿」・「新井殿」・「青柳殿」などと経之が交流していたことを示すものがいくつか見られます。彼らは、おそらく国人一揆《いっき》＊のメンバーで、これらはその日常的なつながりを示しているのかもしれません。

このうち特に新井氏に関し経之は、妻宛てとみられる書状の中で「田地のことは新井殿に任せておくべきで、それ以外の人に心を許してはならない」と述べ、厚い信頼を寄せていたことがわかります。

＊中級武士である国人どうしが、守護の支配からなかば独立して自主的に紛争を解決したり、農民支配に関する契約（例えば逃亡した農民をもとの領地に戻すこと）を結んだ地縁的な組織。

◆領内農民への対応

①百姓たちが本日、税を納めることを拒否したと聞いたので、二人の家臣に命じ作物に札を挿《さ》させた。

②（合戦が続き従者や馬・馬具が不足したため）百姓を説得して馬具を馬に乗せてこちら（陣所）に来させるように。

右の二点の経之書状によると、当時領内の農民たちがどのような行動をとり、それに対し経之はいかなる処置をしたとわかるでしょうか。

まず①からは、農民が税を納めようとしないことがわかります。この時代、農業生産力の向上などにともない、領主支配に対する集団としての農民の抵抗が強まっていました。一方経之は、家臣に対して農作物に札を挿して差し押さえるよう命じています。

ところが②では、一転して領主側の弱気ともとれる発言が見られます。合戦に際しては家臣だけでは足りずに、農民をも動員せざるをえなかったようですが、その際彼らを「説得して」（原文では「いかやうにも候へ、おほせ候て」）という表現を用いている点が注目されます。このあたりにも、農民の地位向上がうかがえるのではないでしょうか。

◆合戦への参加

南北朝初期、常陸（茨城県）を中心とした南朝軍の勢いがさかんで、北朝・足利方は重臣高《こうの》師《もろ》冬《ふゆ》を派遣してこれを討とうとしました。師冬は関東の武士たちに出兵を命じ、経之もこれに応じて複数の家臣とともに従軍したのです（図23）。

中世武士は合戦に参加する場合、その費用は原則として自弁でした（ただし戦国大名北条氏は、配下の武士に食糧を支給した例がある）。経之は、「新井殿」などの近隣領主や親交のある寺院などから借金をしましたが、それでも足りず、ついには領内の農家を土地とともに一軒売り払ったり、さらには高利貸しにも頼ったりして、何とか費用を工面したようです。

では陣中で毎日必要な食糧は、どうやって調達していたと思いますか。

暦応《りゃくおう》二年（一三三九）と推測される十月十三日付けの、子息「又けさ」宛てとみられる経之書状に、「お茶と干し柿、搗栗《かちぐり》を調達してこちらへ送り届けるように」という記述が見られます。その他いくつかの書状を見ても、経之の場合、こうした陣中での携行食糧は現地調達ではなく、留守宅から取り寄せていたことがわかり、大変注目されます。

もちろん現地で稲を強引に刈り取ったり、商人から購入するようなことも多かったと思われますが、この経之書状に見られる内容は、貴重な実例といえましょう。

ところで経之は高師冬軍に参陣中、まるで現代のサラリーマンのようなあることを許可されています。それは何だと思いますか。

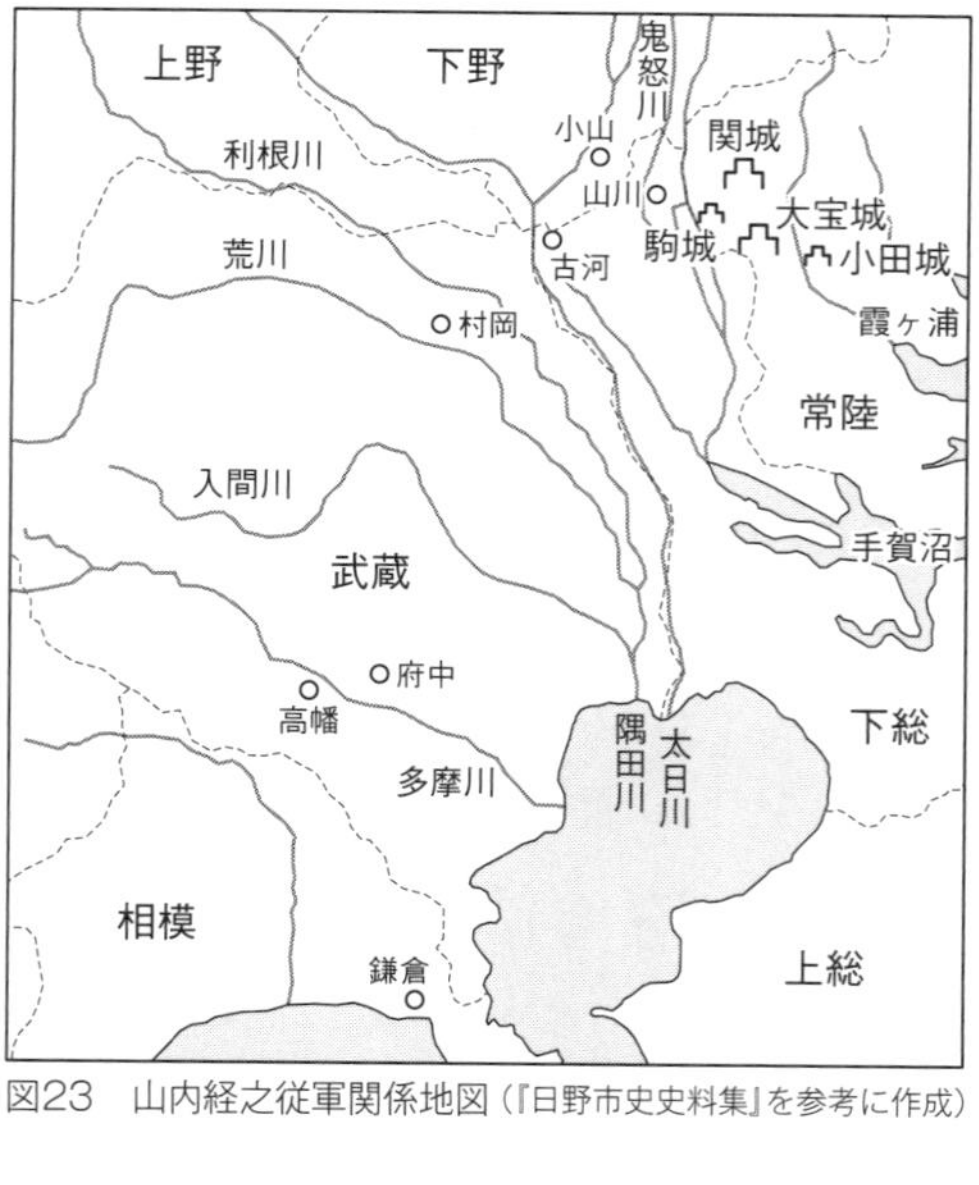

図23　山内経之従軍関係地図（『日野市史史料集』を参考に作成）

答えは「休暇」です。同じ暦応二年と推測される九月二十五日付けの経之書状に、「昨日まで二、三日の暇を申し出て、帰郷していた」という記述があるのです。このころ経之は村岡（埼玉県熊谷市）に在陣中で、まだ敵軍とは離れており、高師冬はここで諸方からの兵の参集を待っていたと考えられます。そのような比較的余裕のある状態であれば、休暇が認められたようです。

しかし、この後激戦地の駒城（茨城県下妻市）付近に進んだ段階での書状には、「休暇をもらって帰郷したいが、敵の城も近いのでそれもできない」とあり、緊迫した様子がうかがえます。

◆激戦の末に

戦いは日に日に激しさを増してきました。このころの経之の又けさ宛て書状には、「戦場から逃げてしまった家臣の家来たちの名簿を書いて送るから、この者たちを一人も漏らさず捕らえて、またこちらに送り返すように。もし少しでも手抜かりがあれば、もうお前は私の子ではないと思え」とあり、経之が率いてきた兵のうちの多数が脱走していたこと、それを経之は必死に食い止めようとしていたことがわかります。実はこうした兵の脱走は、軍全体の問題だったらしく、師冬は「戦場に向かわない者の所領は没収する」という触れを出していました。

しかしこれを逆に考えると、師冬軍のどのような事情を物語っているといえるでしょうか。

それは、師冬がそうした厳しい触れを出さなければならないほど、軍全体の士気が著しく低かった、ということです。

さて、経之自身は大将師冬からその戦いぶりを褒められたりしていますが、一方で又けさ宛てと思われる書状に「今度の合戦では、たぶん生きては戻れないだろう」と、死を覚悟した悲壮な言葉を残しています。

そしておそらくはその言葉どおり、暦応二年末か翌年初めの戦闘で討ち死にを遂げてしまったようです。

◆なぜ従軍したか

このように見てくると、高師冬軍には多数の離脱者がいる中で、なぜ経之は最後まで従軍したのか不思議に思えてきます。

しかし実は、この理由を考えるためのヒントが、胎内文書の中に残されていました。それは、又けさ宛てとみられる経之書状の中の「私の訴訟について、担当奉行が京都へ使者として出張してしまい、交替となってしまった」という部分です。**ここからどのようなことが推測されるでしょうか。**

まず経之が何らかの訴訟問題を抱えていたことがわかります。次に京都へ出張してしまった担当奉行とは、おそらく室町幕府の出先機関で、関東一帯を統括する鎌倉府の奉行人と考えられます。そして、常陸の南朝軍討伐のために下向してきた大将高師冬は、この鎌倉府の首脳となり、陣中においても訴訟を受けつけていました。

つまり鎌倉府に訴訟をもち込んでいた経之としては、ここで軍事的な奉仕をしておかなければ、自分に有利な裁定を下してもらうことが難しくなると考えていたようなのです。

本来独立性の高い南北朝期の武士が、自らの利害に直接関わりのない戦いに参加せざるをえなかった事情の一端がうかがえる、まことに貴重な一事例といえましょう。

【参考文献】

◎日野市『日野市史史料集』高幡不動胎内文書編（一九九三年）
◎小川信「南北朝期における在地領主の実態と合戦の一断面」（『國學院大學大學院紀要文学研究科』22、一九九一年）

⑯ 室町将軍と守護大名の「大人の関係」とは

◇室町将軍と守護大名の関係をめぐる疑問

室町幕府は、守護大名の連合政権といわれる場合があります。では、将軍の権威・権力は三代義満以降、常に弱いものだったのでしょうか。また六代義教は、「万人恐怖」とも呼ばれた専制政治を行い、その結果、嘉吉の乱（嘉吉元・一四四一年）で守護大名赤松氏により暗殺されますが、将軍と守護大名は、政治の実権をめぐって常に対立していたのでしょうか。

◇守護から守護大名へ

まずおさえておきたいのは、室町幕府が成立して数十年間は、断続的な内乱状態の中で政権運営が行われていた、ということです。南朝方や幕府内の反対勢力との激しい戦いにうち勝つため、幕府は各国守護の軍事力に頼らざるをえませんでした。そしてその見返りとして、彼らにさまざまな特権*を認めたため、守護はそれを用いて中小武士たちの被官化を進めるなど、管轄国の支配を強めていきました。

また内乱の過程で有力武家の淘汰《とうた》も進んで、交替制が原則だった守護の世襲化が一般的となり、その結果彼らは軍事・警察面ばかりでなく、政治・経済面でも管轄国における最高権力者（守護大名）になったのです。

＊例えば所有権を主張して勝手に稲を刈り取ることを取り締まったり、幕府の判決を強制執行する権限、あるいは国内の荘園・公領の年貢の半分を徴発できる権利など。

◆守護大名の弱み＝将軍の強み

しかし、だからといって国内すべての武士が守護大名の被官となったわけではありませんでした。特に一郡程度の所領をもつ比較的有力な武士（国人《こくじん》）は、守護大名による支配を嫌い、独立性を維持しようとしたのです。**このことが、結果として将軍権力を強化することにつながるのですが、それはなぜでしょうか。**

答えは、まず一国内にそうした国人たちがいることによって、守護大名の力が抑えられるということもありますが、もう一つ、国人たちが自らの立場を保障してもらうために将軍と直接結びつき、これに仕えたからです。こうした存在を奉公衆＊といい、将軍は彼らを幕府の直接的軍事力として用いることができたため、大きな権力基盤となったのです。

＊奉公衆には京都に住んで常に将軍に仕える者と、在国する者とがいた。

◆有力大名が幕政に参画したわけ

　南北朝の合一を実現させ、歴代将軍の中でも最高の権力者となった義満によって、独立性の高い大勢力となっていた土岐氏・山名氏・大内氏などの有力守護大名は、次々と制圧されました。そして十五世紀初めには、大名の家格秩序も定まっていき、「三管領」（斯波氏・細川氏・畠山氏）・「四《し》職《しき》」（山名氏・一色氏・京極氏・赤松氏）に代表されるような、足利一門、あるいは非一門ながら初期から足利氏に従ってきた人々が、在京して幕政に参画する体制が整っていきました（図24）。

　しかし、彼らにとって最も大切なのは自らの支配地の維持・発展であって、幕政に参画するというのは、ある意味余計な仕事だったのではないでしょうか。**何かそうしなければならない理由や利点があったのでしょうか。**

　まず一つは、彼らの権威・権力の根拠である守

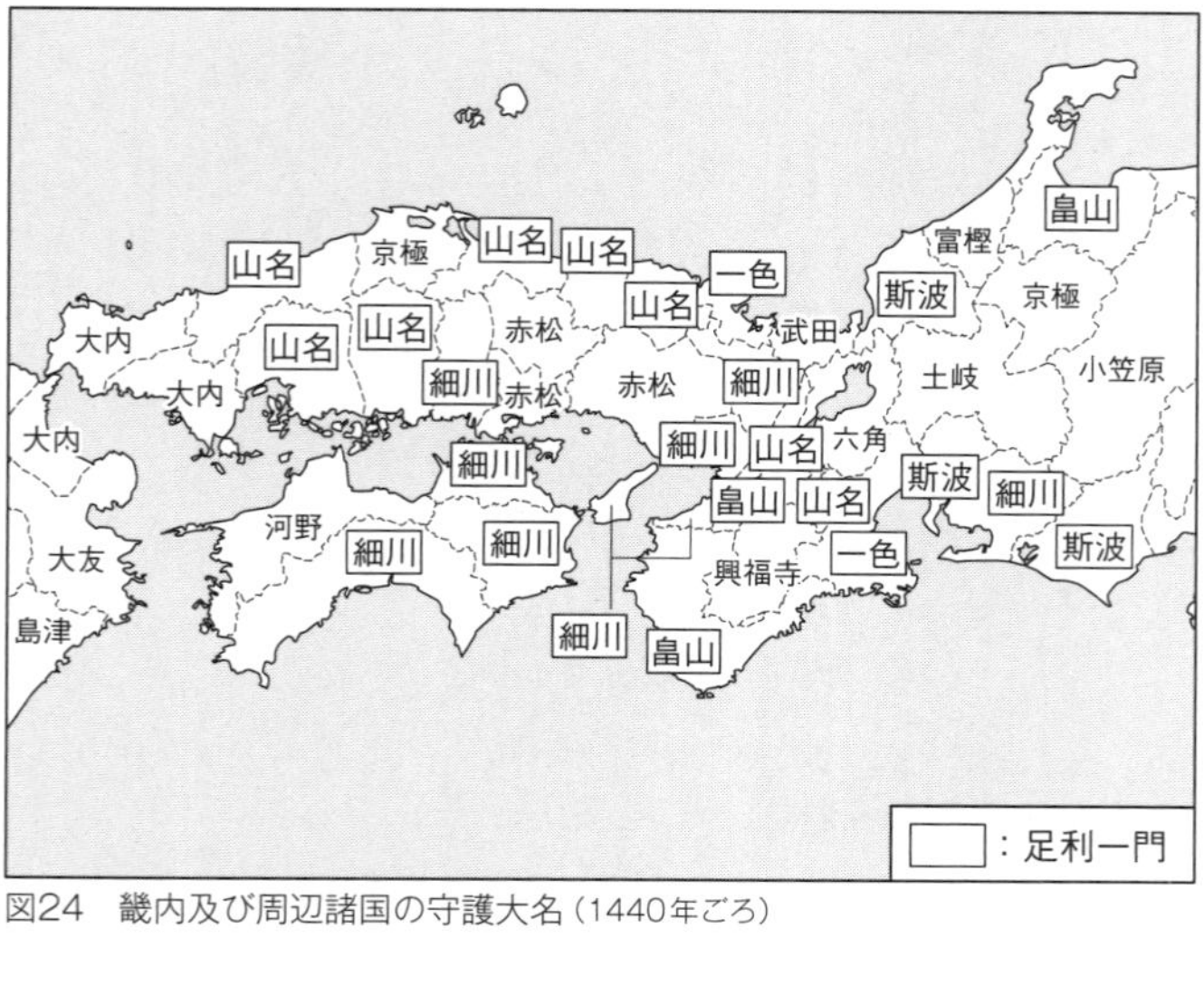

図24　畿内及び周辺諸国の守護大名（1440年ごろ）

護の任免権を握っているのが将軍なので、側近くでこれを補佐し、関係を損ねないようにする必要があった、という点があげられます。

それではもう一つの理由を、次の事例から考えてください。

丹波守護代だった香西元資《こうざいもとすけ》は、六代義教の咎《とが》めを受け、守護代を解任された。元資は清水坂神護寺の寺領代官も兼ねていたが、その横暴ぶりに苦しめられていた神護寺は、この機をとらえ義教に代官罷免を求めて訴え出たのである。義教はこれを認め、代官には寺の関係者が任命されることとなった。ところがその約二ヵ月後、元資の主君細川持之が、義教の政治顧問であった三宝院満済《まんさい》を仲介者として義教に判決の取り消しを求めた結果、これが通り、結局代官は持之の別の被官が任命されてしまった。

この時代、守護大名やその被官たちが、自らの権益を拡大させていく上で最も容易な相手は、ほとんど武力をもたない公家や寺社でした。権利を侵害された彼らは、幕府に訴訟を起こすわけですが、たとえそこで勝訴となっても、それを実行するのは他ならぬ守護とその被官たちだったのです。敗訴側が自分たちに不利な処置を実行することは、およそ期待できません。

すなわち有力大名としては、自らの所領問題をなるべく有利に処理するためにも、幕閣の一員となってその政治に参画した方が得策だった、というわけです。

◆大名どうしの関係

ところで、幕政に参画する大名たちも、必ずしも一枚岩ではありませんでした。例えば義持は晩年、赤松氏の家督相続に介入し、これに反抗した赤松満祐《みつすけ》を討伐するよう、独断で命令を出しました。諸大名の多くはこれに反発して、なかなか討伐軍を起こそうとしませんでしたが、そのような中、山名時熙《ときひろ》のみは積極的に動きました。時熙は但馬守護であり、満祐の分国播磨とは境を接していたため、領土的な野心があったのでしょう。

このように大名間で利害が一致しない場合があり、それが相互牽制の役割を果たしました。このことは、将軍権力にとってプラスに作用したと考えられています。

◆将軍と有力大名の「大人の関係」

義持（図25）のころは、将軍から諮問《しもん》を受けた数名の有力大名が一堂に会して議論を行い、最終的には全会一致の形にして答申しました。ここで注意していただきたいのは、この会議が大名たちからの要求ではなく、将軍の方からの求めで開催されている、という点です。**諮問の内容によっては、大名たちの意見が割れることも十分予想されるにもかかわらず、なぜ義持はわざわざそうしたのでしょうか。**

それは、反対はあっても、彼らに議論を尽くさせた上で最終的な統一意見を出させるようにしなければ、一部に不満が残り、将来に禍根《かこん》を残すと考えたからです。

また、例えば次のようなこともありました。上杉禅《ぜん》秀《しゅう》の乱*の際、義持の弟、義嗣《よしつぐ》が禅秀と結んでいたとの疑いをかけられ、関係者が捕らえられました。ところが、その詮議の過程で、斯波義教・細川満元ら多くの幕閣関係者が義嗣と内通していた、との自白が得られたのです。このため、義持と大名たちは一次険悪な関係になりましたが、最終的には義持の命令で、その近習富樫満成《とがしみつなり》が義嗣をそそのかしたとして謀殺され、それ以上の追及はなされませんでした。大名たちは限りなくクロに近かったにもかかわらず、義持はこれをうやむやのうちに闇に葬ることで、その権力を維持する道を選んだのです。この背後には、義持と大名たちの間に「お互い様」という高度な政治的取り引きがあったものと推測されています。

図25　足利義持（神護寺所蔵）

＊応永二十三年（一四一六）、前関東管領上杉禅秀（氏憲《うじのり》）が、鎌倉公方足利持氏に対して起こした乱。いったんは持氏を駿河に追放したが、幕府が持氏を支持し、翌年禅秀は敗れて自殺した。

◆籤引き将軍の誕生

義持は、将軍職を譲った嫡男義量《よしかず》が応永三十二年（一四二五）に十九歳で早世してしまうと、亡くなるまで後継者について明言しませんでした。その理由について、「たとえ私が後継者を定めても、幕閣の大名たちが認めなければ意味がない」と述べたと伝えられています。この時代、武家の家督相続においては、当主（父親）の指名権はもはや絶対的なものではなく、家臣たちの支持が不可欠となっており、それは将軍家も例外ではありませんでした。

結局、新将軍は籤《くじ》引きにより義持の弟、青蓮院《しょうれんいん》義円《ぎえん》に決まり、還俗《げんぞく》して義宣《よしのぶ》、後に義教（図26）と名乗りました。

◆当初の義教と諸大名の関係

義持や幕閣の大名たちに望まれて将軍となったわけではない義教には、是が非でも政治的成果をあげたい、という強い思いがあったと推測されています。そこで彼は将軍権力を強化すべく、有力大名による評定会議をほとんど行わせず、**個々の大名に諮問して意見を求める形とし**

図26　足利義教（妙興寺所蔵）

ました。なぜかわかりますか。

それは、このやり方だと、大名間の意思疎通ができないため、連携して反対することが困難になったからです。手順としては、ひととおり意見を聞いた後、義教の原案に反対する者だけに再諮問がなされ、多くの場合は結局賛意を得られることとなりました。

それでも義教は、当初から諸大名の意見を聞かず、専制的にふるまったわけではありませんでした。例えば永享三年（一四三一）、幕府に反抗的な態度をとり続けた鎌倉公方足利持氏が、許しを乞うために京都へ派遣した使者に、義教は何と三ヵ月近くも会おうとはしませんでした。しかし、関東との穏便な関係を望む諸大名が一致して使者と対面するよう求めたため、渋々これに応じています。

また幕閣の中でも義教が特別に重用した大名の一人、畠山満家は、特にその晩年、義教とさまざまな問題で衝突し、ときにはあからさまな反抗的態度を示しましたが、それでも義教は最後まで満家を重臣として処遇し続けました。

◆嘉吉の乱への道程

ところが永享五～七年の間に、その満家をはじめ、斯波義淳《よしあつ》・一色持信・三宝院満済・山名常熙《じょうき》など、幕閣の重鎮として義教の政治をある程度制御していた人々が次々と没しています。義教の専制がきわだつようになるのは、だいたいこれ以降のことでした。

以上見てきたように、将軍と守護大名は決して単純な対立関係にあったわけではなく、将軍と大名、あるいは大名間相互に補完・規制しあうことにより、絶妙なバランスが保たれ、それによって幕政が維持されていたのです。

義教は、専制化を進めることによって自らこのバランスを崩し、それが嘉吉の乱へとつながっていったのでした。

【参考文献】

◎桜井英治『日本の歴史12室町人の精神』（講談社、二〇〇一年）
◎川岡勉『室町幕府と守護権力』（吉川弘文館、二〇〇二年）
◎森茂暁『室町幕府崩壊』（角川書店、二〇一一年）

⑰室町幕府「財政」の実態

◆室町幕府をめぐる疑問

応永二十七年（一四二〇）、朝鮮からの使節の通訳として来日した尹仁甫《いんじんほ》は、「室町幕府には正式な国庫がなく、財政は富豪たちに支えられている」と評しています。実際、幕府の財政はどのような状況だったのでしょうか。ここでは、特に時代の後半に濫発した徳政令をめぐる動きを追いながら、室町幕府の本質の一端に迫ってみたいと思います。

◆幕府「財政」のとらえ方

律令国家や江戸幕府とは異なり、中央集権の構造をもたない中世日本では、幕府や院、摂関家や大寺社などがそれぞれ独立し、一面では補いあいながら国家が運営されていました。したがって、幕府の経済活動を現在の意味のような財政と呼んでもよいのか疑問も残りますが、ここでは一応かぎかっこ付きでの「財政」ということで話を進めます。

まず、幕府の主な支出としては、将軍の日常生活費、諸儀礼・行事費、朝廷出仕や寺社参詣費、山荘・御所・別邸などの造営・修理費、寺社造営・修理・祈願の費用などがありました。一方で、幕府諸機関費や官僚の人件費、軍事費、農業を勧めるための土木工事費などはありませんでした。

次に主な収入としては、①御料所（幕府直轄領）からの年貢・公事、②酒屋・土倉役《どそうやく》（京都市内外の金融業者に対する税）、③守護・地頭からの税、④日明貿易による利潤、⑤五山（幕府により格づけされた禅宗寺院）からの収入、⑥分一《ぶいち》徳政令にともなう分一銭収入（後述）などがあげられます。

このうち、④はある時期に限られたものであり、また①や③は守護・国人の自立化により先細りとなりました。そこで重視されてきたのが②です。*

*実際には⑤の占める割合が大きいという指摘もあるが、具体的な割合は不明。

◆土倉の成長

室町時代、諸産業はいよいよさかんとなり、農村にも貨幣経済が浸透してきました。こうした状況の中で、土倉はさまざまな階層の人々に金を貸して、膨大な利潤を蓄えました。その業務は、質屋の他、財宝・権利書の保管、預金管理などで、今日の銀行に近い内容であり、さらには酒屋を兼業する場合も多かったようです。

では、例えば絹布や書籍、家具類を質とした場合の年利は、どれほどだったと思いますか。

答えは六十％でした。ちなみに今日の消費者金融の場合は、法律により十万円未満で年利二十%までに制限されており、まさに土倉は高利貸しだったといえましょう。

ところで土倉は、荘園の代官に任ぜられることが多かったわけですが、その理由は既に気づかれたことと思います。すなわち、借金のため、もう預ける質物がなくなった公家や武家は、自らのもつ荘園の管理権を土倉に譲ってしまいました。したがってこれは、彼らの債務取り立ての一つの形だったというわけです。それに実際、土倉はこうした金銭の取り立てのプロですから、荘園の管理も得意だったと考えられます。

幕府は、こうして財力をもった酒屋・土倉に対する課税権を南北朝後期(十四世紀末)に朝廷から認められ、その財源の一つとしたのです。初期の土倉からの徴収額は年六〇〇〇貫(一貫=米一石として今の約二億七〇〇〇万円)でした。

◆幕府「財務官僚」の正体

ところで室町幕府の財務機関としては政所がありました。そしてその下で実際に財務を担当していたのが「納銭方一衆《のうせんかたいっしゅう》」という十人ほどの役人たちでしたが、実はこれは土倉の中から任じられていたのです。今でいえば、民間金融業者が財務省の役人を兼ねているようなものでした。

そのため幕府財産を納めておく、今でいう国庫も、こうした人々のもつ施設が「公方御倉《くぼうおくら》」として指定されました。この御倉には、将軍家の印章・鎧・太刀・衣類の他、御料所からの税、守護からの献納品、段銭《たんせん》（必要に応じ諸国に田地面積を基準に課せられた臨時税）、酒屋・土倉役などが納められました。**こうした土倉業者の倉を国庫にした利点は何でしょうか。**

それは、金融業者の倉ですから、これらを運用して利子をつけ増やすこと、すなわち財テクが可能だった点です。幕府は、御倉に指定した土倉にそうした運用を認める（当然ながら土倉にも、儲けが入る）代わりに、必要な金銭を立て替えさせたりしました。

◆徳政令のメリット・デメリット

さて、土倉などの高利貸しにより疲弊した農民たちは、自治的な惣村を母体として、幕府に対し徳政（債務を帳消しにして質物を取り返すこと）を認めるよう求めて一揆を起こしました（徳政一揆）。

これに対し幕府は、徳政をなかなか認めようとしませんでしたが、嘉吉《かきつ》の土一揆の時（嘉吉元・一四四一年）に、とうとう徳政令を出したのです。

徳政令が出されて最も被害を受けるのは、いうまでもなく債権者である土倉業者でした。**しかし実はそれは当座のことで、結局は債務者、あるいは幕府も困ることになるのですが、その理由は何だと思いますか。**

それは、いったんちゃらにしてもらった人がまた借金しようとすると、今度は土倉業者が貸し渋ったり、利率を上げたり、質流れの期間を早めたりするなどの対抗措置をとったからです。また幕府も、大きな被害を受けた土倉からの税が入ってこなくなるため、これも困った状況になりました。

そこで幕府は、債務者が借りた額の十分の一を納めれば、徳政を認めることとしました（分《ぶ》一《いち》徳政令）。**しかし実際には、分一銭は幕府の思惑どおりには集まりませんでした。それはなぜだと思いますか。**

実は債務者と土倉との間で、示談が予想以上に多く成立していたのではないかと考えられているのです。債務者としては、土倉との関係を少しでも悪化させないために、借金解消のためのお金を、直接関係のない幕府に分一銭として納めるのではなく、土倉に示談金として渡した方がいいと考えました。一方土倉側も、たとえ十分の一にせよ、お金が戻ってきた方がよいので、示談に応じたのでしょう。

◆幕府に経済政策はあったのか

すると幕府は、さらに新しい方策をうち出しました。すなわち、今度は土倉側に期限を設け、貸した額の五分の一を幕府に納めれば、土倉の権利を保証することとし、期限後は従来どおり債務者からの徳政申請を受け付けるようにしたのです。こうすれば、どちらに転んでも幕府としては税収を得る可能性が高まるという、実にしたたかなやり方です。

しかしこれによって幕府が債務者、土倉のいずれかを保護するというような政策意図をもっていなかったこと、しかも期限を設けて反対の立場の人を保護しようというわけですから、経済を安定化させるなどという意思もなかったこと、などがわかります。幕府としては税収さえ得られればよい、というのが本音のようです。

また、こうした法令の出されたタイミングを見てみると、必ずしも土一揆の最盛期ではなく、沈静化した後や、風聞はあっても被害は出ていない時などによく出されているのです。**このことは何を意味しているでしょうか。**

それは、幕府にとってはまず増収が第一義のことで、土一揆はそのための口実にすぎなかった、ということです。

◆室町的「徳政」の本質

ところで徳政令自体は、鎌倉時代にも出されていました。有名な永仁の徳政令（永仁五・一二九七年）がそれです。内容は次のようなものでした。

一　御家人所領の売買、質入れを禁じる。また本法令発布以前に売られたり質入れになった御家人所領は無償でもとの御家人に返却せよ。ただし手に入れた者が御家人で、それが二十年経過していれば返さなくてもよいが、庶民の場合は何年経過していても返すこと

これと室町幕府が出した徳政令との大きな違いはどこでしょうか。

それは、永仁の徳政令の場合は、幕府の保護対象が御家人に限られていたのに対し、室町幕府の徳政令は農民にまで拡大している点です。農村にまで貨幣経済が浸透した室町時代には、土一揆の圧力もさることながら、農民も含めた惣徳政令を出さなければ、農村を荒廃から守り、領主への年貢納入を確保することが難しくなっていたのです。

【参考文献】

◎永原慶二『日本の歴史10 下剋上の時代』（中央公論社、一九七四年）
◎今谷明『戦国期の室町幕府』（角川書店、一九七五年）
◎脇田晴子『室町時代』（中央公論社、一九八五年）
◎桑山浩然『室町幕府の政治と経済』（吉川弘文館、二〇〇六年）

⑱戦国大名の権力を支えていたものとは

◆戦国大名の権力をめぐる疑問

戦国大名といえば、強いリーダーシップで家臣団を統率し、あくなき征服欲をもって領国拡大をめざす権力者、ととらえている方々も多いでしょう。

しかし、彼らははじめから強大な権力をもっていたわけではありませんでした。いったい、どのようないきさつで、戦国大名と呼ばれるような地位に上り詰めたのでしょうか。それに、彼らの家臣たちは、本当に主君に絶対的に服従する存在だったのでしょうか。さらに、そもそも戦国大名は、自らの征服欲のみによって戦さを起こし、領国を拡大しようとしたのでしょうか。以下、こうした点に絞って考えていきたいと思います。

◆心が折れた上杉謙信、ぼやき倒す毛利元就

天文十七年（一五四八）に越後の盟主となった長尾景虎（後の上杉謙信、以下謙信と表記）は、その八年後の弘治二年（一五五六）、突如隠退を表明し、越後を出て行ってしまいました。その際、師の林泉寺住職、天室光育《てんしつこういく》に託した書状には、「私は今までいろいろ努力してきたのに、

家臣たちの覚悟がまちまちなので、どうにもなりません。そこで遠国へ赴くつもりです。幸い長尾の家《か》中《ちゅう》には譜代の重臣たちが揃っているので、皆で談合すればきっとうまくいくでしょう」などと皮肉まじりに記されていました*。

また西国の雄、毛利元就（図27）は弘治三年（この年、周防・長門両国を制圧）十一月、嫡男隆元へ宛てた書状の中で、「毛利家をよかれと思う者は、他国はいうまでもなく、本国安芸にも一人もいないだろう。わが家中でさえ、人により、あるいは時によっては、そうはよく思っていない者もいるだろう」とぼやいています。

いかがでしょう。**これらの事例から、戦国大名と家臣たちの関係について、これまでもっていたイメージとはだいぶ異なることが読み取れないでしょうか。**

実は家臣とはいっても、自らの領地をもち、そこを武力を背景に主体的に治めていたという点では、戦国大名と何ら変わりのない存在だったのです。もちろん、それまでの歴史的経緯から、大名への従属の度合いに差はありましたが、基本的に独立した領主であったという

図27　毛利元就（豊栄神社所蔵）

点では、彼らは皆いっしょでした。そして、謙信や元就が既に戦国大名としての権力を握っていた時期にもかかわらず、彼らは謙信や元就のいうことをなかなか聞こうとはしなかったのです。いったいなぜこのような関係となっているのか、さらに見ていきましょう。

＊この後、家臣たちが謙信を説得して引き留めたため、隠退は取り止められた。

◆戦国大名権力の確立過程（毛利氏の場合）

安芸国はもともと守護大名の力が弱く、国人《こくじん》と呼ばれる中規模の領主たちが多く存在していて、毛利氏もはじめはその一家にすぎませんでした。やがて彼らは、お互いに協力して事に当たることで、それぞれの領地を守っていこうと、一揆契状《いっきけいじょう》を取り交わしました。応永十一年（一四〇四）と永正九年（一五一二）のことであり、これにはもちろん毛利氏もその一員として参加しています。

ところが十六世紀前半、元就が当主となったころから、毛利氏は大内氏や尼子《あまご》氏といった大勢力に従う形で安芸国内において敵対する国人を討ったり、姻戚関係を結んで取り込んだりして、ひときわ抜きんでたリーダー的存在となりました。この間に福原・坂氏などの毛利一族や井上・秋山・井原氏など近隣の国人たちが、その家臣となっていきます。

享禄五年（一五三二）、そうした人々を含む三十二名が、三ヵ条（用水の改修、家臣の従者が負債を返せなかったり、主人と仲違《なかたが》いをして同僚の領地に逃げ込んだ場合の対応）の起請文《きしょうもん》（違反した場合は神仏の罰を受ける旨を記した誓書）を元就に提出しますが、その中で自分たちのことを「（毛利）家中」・「傍輩《ほうばい》」などと呼び、「以上のことで今後違反する者があれば、堅く罰してください」と述べています。

これにより、毛利氏家臣団の組織化が進んでいることがわかります。**しかしその一方で、未だに一揆的な性格を残している部分もあります。それはどのようなことでしょうか。**

答えは、彼らがこうした問題に違反した場合のみ元就に処断を求め、そうでない時は基本的に家臣間で解決しようとしている点です。

その後も毛利氏の勢力は拡大していきますが、そうした中で天文十九年（一五五〇）七月、元就は毛利家の重臣（かつては独立した国人）でありながら、長年わがままな振るまいの多かった井上一族を粛清しました。そしてその直後、家臣二三八名が連署して起請文を提出し、今回の措置を了解するとともに、今後は主君毛利氏の命令にはいっさい背かず、きちんと実行することを誓いました。

ここに毛利氏は、ようやく家臣団に対する統制権を握ることに成功したのです。*

＊なお戦国大名の中には、今川氏や武田氏、大内氏のように守護大名から転化したケースもあったが、そうした場合でも国内に独立性の高い領主が存在していた状況は同じであった。

◆領国拡大の内実

ただし、それでも安芸国内には未だ毛利氏の家臣団に属さない、独立した国人たち（宍戸氏・熊谷氏・平賀氏など）がいました。もちろん彼らは毛利氏をリーダーとみなし、軍事的にはこれに従って行動していましたが、毛利氏は彼らの領地内の支配には、ほとんど関与できなかったのです（図28）。

こうした人々は外様国衆などとも呼ばれ、隣接する戦国大名領国の境界付近に根拠地をもつ場合が少なくありませんでした。そのため、例えばAという大名に属していた国衆が、政治情勢の変化などにより隣の大名Bに寝返る、というようなこともしばしば起こりました。

このように見てくると、戦国大名の領国拡大は、必ずしも自らの征服欲から戦争を起こし、相手を無理矢理従えることによって実現するわけではないことにお気づきだと思います。すなわち、敵方であった国衆が自らの意思により（もちろん戦国大名が勧誘する場合もあった）味方につくことによってその領地が自らの領国内に組み込まれ、全体として領国が広がる、ということになるのです。

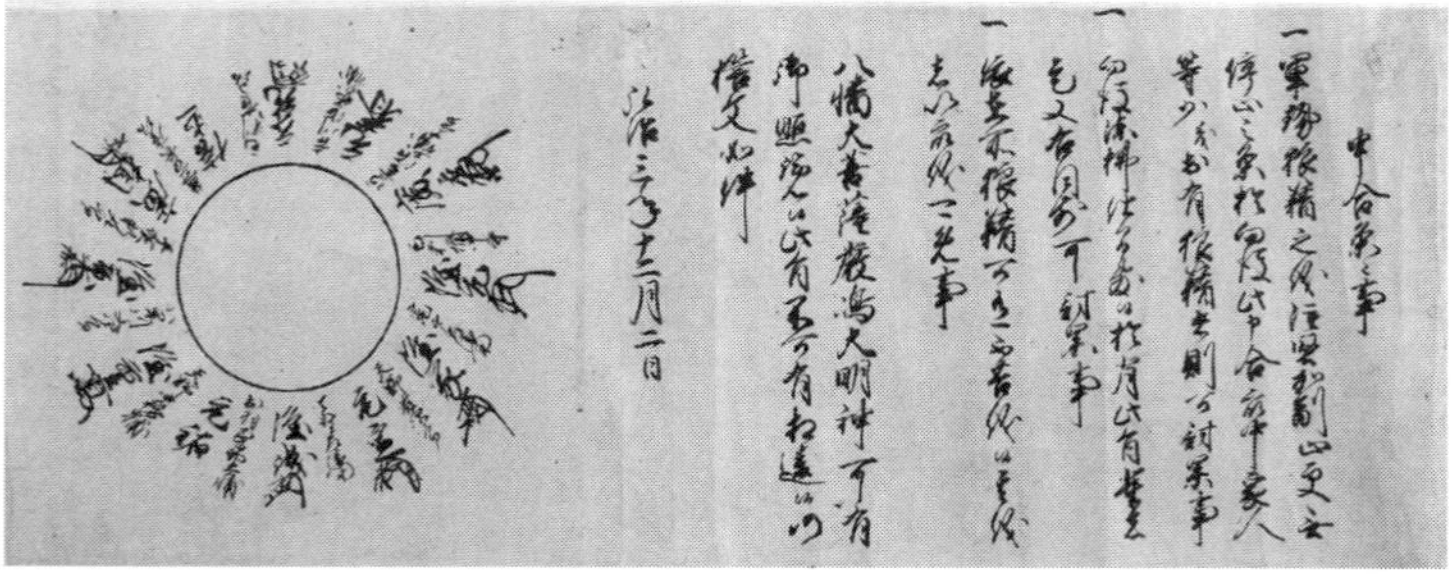

図28　弘治3年毛利元就外十一名契状（毛利博物館所蔵）
署名している11名は安芸国衆として同格なため、傘連判の形をとった

◆「戦国大名はつらいよ」

しかし、こうした事態は、**頼られてきた大名にとっては、ある意味ピンチにもなりうるのです。なぜかわかりますか。**

それは、頼られた国衆からは軍事的支援を要請される場合が多く、もし諸般の事情により援軍が出せなかったり、出しても敗れてしまったら、その国衆が寝返りを止めてしまうばかりでなく、周辺の国衆たちからの信頼をも失いかねないからです。現に、例えば小田原北条氏などは、ある国衆に対し、事後になぜ援軍を出せなかったかを弁解する内容の書状を送ったりしています。

◆家臣どうしのもめごとの背景

ところで、既に紹介した天文十九年の毛利氏家臣団による起請文の中には、家臣どうしの「喧嘩《けんか》」についての規定の他、牛馬の放牧や山・川・「井手《いで》」（川の水をせきとめたところ）などの問題があげられています。**このことより、家臣どうしのもめごとは、結局どのようなことを原因として起きるといえるでしょうか。**

それは、家臣たちが治める村々の生産に関わる対立です。彼らは村々を治める領主でもあり、問題を抱える村の要求に応えなければ、村から領主として認められず、ついには納税も拒否されてしまいます。それゆえ家臣（領主）は、自らの治める村側の主張に基づいて行動するのです。

◆戦国大名権力の実態

しかし、彼らは頻発するこうしたもめごとを領主どうしで解決することに限界を感じ、やがて最有力の領主（安芸の場合は毛利氏）のもとに結集して「家中」を形成し、その裁定に委ねるようになっていったと考えられています。つまり家臣団とは、主君の力によってのみ組織化されたのではなく、家臣たちの意思に基づく部分もあったわけで、だからこそ一揆の時代の特質が完全には解消されず、それゆえ「家臣たちが主君のいうことをなかなか聞こうとしない」状態が続いたのです。そしてさらに領国内には、家臣団に入らず、軍事的にのみ従属する外様国衆が存在していましたから、戦国大名の権力は、一般的に思われているほど強大なものではなかった、ということになります。

【参考文献】

◎矢田俊文『上杉謙信』（ミネルヴァ書房、二〇〇五年）
◎黒田基樹『戦国大名の危機管理』（吉川弘文館、二〇〇五年）
　同　『戦国大名』（平凡社、二〇一四年）
◎池享『知将毛利元就』（新日本出版社、二〇〇九年）
◎長谷川裕子『中近世移行期における村の生存と土豪』（校倉書房、二〇〇九年）

⑲戦国期農民の危機管理

◆戦国期の農民をめぐる疑問

戦国時代についての主な関心は、戦国大名どうしの攻防や領国支配の特質に向けられ、農民の暮らしぶりについては、例えば高校日本史の教科書でも室町時代の惣村のところでまとめて紹介されているためか、ほとんど触れられていません。

しかし、こうした戦争の絶えない時代にも、農民たちは生活していたのです。もし戦争のたびにこれに巻き込まれ、命を落としたり、家財や作物を荒らされていたら、ほとんどの農民は絶えてしまったはずです。実際にはそうならなかったわけですから、彼らはただおびえ、逃げまどっていたのではなく、何らかの対応策をとっていたにちがいありません。それはいったいどのようなものだったのか、見ていくことにしましょう。

◆雑兵が戦場でめざしたもの

戦国兵士の大半を占める、身分の低い、いわゆる雑兵《ぞうひょう》（図29）たちは、合戦に参加しても主君から必ず恩賞がもらえる保証はなかったので、目先の利益を確保することに汲々としていました。

では、この目先の利益とは、具体的にはどのようなものだったと思いますか。

答えは戦利品で、具体的には武具や牛馬の他、人間、それも捕虜にした兵士の他に女性や子どもなどが多く含まれていました。彼らを奴隷として売ったり、帰す代わりに身代金をとったりしたのです。

こうして雑兵たちが、手に入れた戦利品を少しでも早く持ち帰ろうとして、敵軍に決定的な打撃を与える前に戦場を離脱してしまう、などということもありました。

図29　雑兵
（国立公文書館所蔵『雑兵物語』より）

◆農民たちが逃げ込んだ場所

これでは農民たちも、家や田畑の前にまず自分自身を守らなくてはなりません。そこで村の近くで戦いがあると聞くと、彼らはとりあえず村から逃げるわけですが、その際あてもなく逃げるのではなく、だいたい決まったところに行きました。**いったいどこだと思いますか。**

それは、意外に思われるかもしれませんが、その村が属している領主の城です。史料の中では「あがり城」とか「城あがり」などと表現されています（「山あがり」といって山に逃げる場合もあった）。

領主にとって農民は、年貢確保のための貴重な労働力ですから、こうした保護措置をとったものと思われます。**しかし、これには大きな問題もあります。どのようなことでしょうか。**

天正九年（一五八一）、織田軍による因幡《いなば》鳥取城攻めが行われた際、一郡の男女全員が城へ逃げてたて籠もりましたが、彼らは戦いが長期間に及ぶとは思っておらず、まもなく餓死者が続出した、と『信長公記《しんちょうこうき》』に記されています。つまり籠城が長期間に及ぶと、城の食糧が大量に消費され、その結果多くの餓死者が出る危険性があったのです。

◆家財道具はどうしたか

これも村に雑兵たちが来襲するたびに奪われてしまったら、たまったものではありません。**いったいどのような対策をとっていたのでしょうか。**

天正十年ごろに北条氏が出した命令書に、下野小山領四ヵ郷の農民たちが、自分たちの「俵《たわら》子《ご》」（食糧など？）を古河《こが》の宿に入れおいた、という記述があります（「池沢清家文書」）。すなわちこの場合、彼らの村があった小山南部から十数キロ離れた下総古河宿（茨城県古河市）に家財を預けていたことがわかるのです。藤木久志氏によれば、中世の民衆の間には、戦禍を避けるために家財道具などを周辺の村や町に預け入れる習わしがありました。

◆村の安全保障

ところで戦国大名は、戦闘地域周辺の村や寺社に対し、自分の軍兵がそこで「乱妨狼藉《らんぼうろうぜき》」をしてはならない、とする治安維持命令（禁制《きんぜい》、制札《せいさつ》）を出すことがよくありました。これに関して、永禄十年（一五六七）三月七日、現在の群馬県高崎市にある長明寺の僧侶が記した覚書の一部を次に紹介しましょう。

この制札は永禄四年十一月二十四日、上野国の国峰城攻略のために武田晴信（信玄）が小幡までやって来た時に、直接会って申し請けたものである。その後七年の間に何度も寺に軍兵が押し寄せたが、私一人だけが寺にとどまり、もらった制札を見せて押し問答を繰り返した。この間、寺が直接戦いに巻き込まれたり、（掲げた制札が？）はぎ取られたり、人や馬、いろいろなものが奪われたりしたが、私の努力によりこの寺だけは昔のままで残ったのである。

（「長明寺文書」）

これより、長明寺を対象とした制札は、どのようにして出されたとわかりますか。また実際、その効果はあったのでしょうか。

まず、この制札は戦国大名（この場合は武田信玄）が主体的に出したわけではなく、長明寺の僧侶が寺から約十八キロ離れた信玄の陣所小幡（群馬県甘楽町）まで出向き、申請して出してもらっていたことがわかります。その際、僧侶は礼金を支払ったことでしょう。
次に制札の効果については、かなり苦しい状況もあったようですが、僧侶が寺に押し寄せた兵士たちにこの制札を掲げたことによって、何とか寺自体が荒らされることは避けられたようです。当事者自身が書いたものなので、多少オーバーな表現があるかもしれませんが、もしこの内容がある程度事実を伝えているとすれば、この覚書はきわめて貴重な史料といえるでしょう。

◆境界付近に住む農民たちの工夫

例えば領地が接し、かつ対立する二人の戦国大名がいたとします。その境目付近にある村などは、当然ながら戦場となる危険性が、他の村に比べて非常に高かったと考えられます。**こうした村の農民たちは、どのような工夫をして安全を維持しようとしたのでしょうか。**

中久喜城に対し、上生井《かみなまい》・下《しも》生井の地が半手《はんて》と決まったからには、当方からのこれらの地域への軍事行動を禁止する。もし違反した者は、処罰する。
（結城氏*黒印）甲《きのえ》さる（天正十二・一五八四年ヵ）八月二十一日
（「池沢清家文書」）

*結城氏は下総の戦国大名。当時、常陸の大名佐竹氏の支援を受け、北条氏の支配下にあった下野小山氏と対立、中久喜城を

おさえて軍事的緊張状態にあった（図30）。

この結城氏制札に見える「半手」とは、何を意味するのでしょうか。

まず、「半」はもちろん半分の意味です。次に「手」は、「手先」「相手」「手下」などの熟語と同じように、人間どうしの関係、つまり誰がどこに属しているか、誰が誰を支配しているかを示しています。もうおわかりでしょうか。

そうです。結局半手は、境を接して対立する二人の大名双方に所属している、という意味なのです。そしてそのため村では、年貢を半分ずつ双方に納めていたこともわかっています。

半手という状態には、農民側が主体的に望んでそうなる場合と、大名側からの働きかけによって実現する場合とがありました。大名側から考えると、それまで大名Aだけに属していた村が半手になれば、対立する大名Bは半分の年貢が新たに入ってくるからプラス、逆にAは入ってくる年貢が半分に減るからマイナスとなります。しかしそれでもAは、Bに攻めら

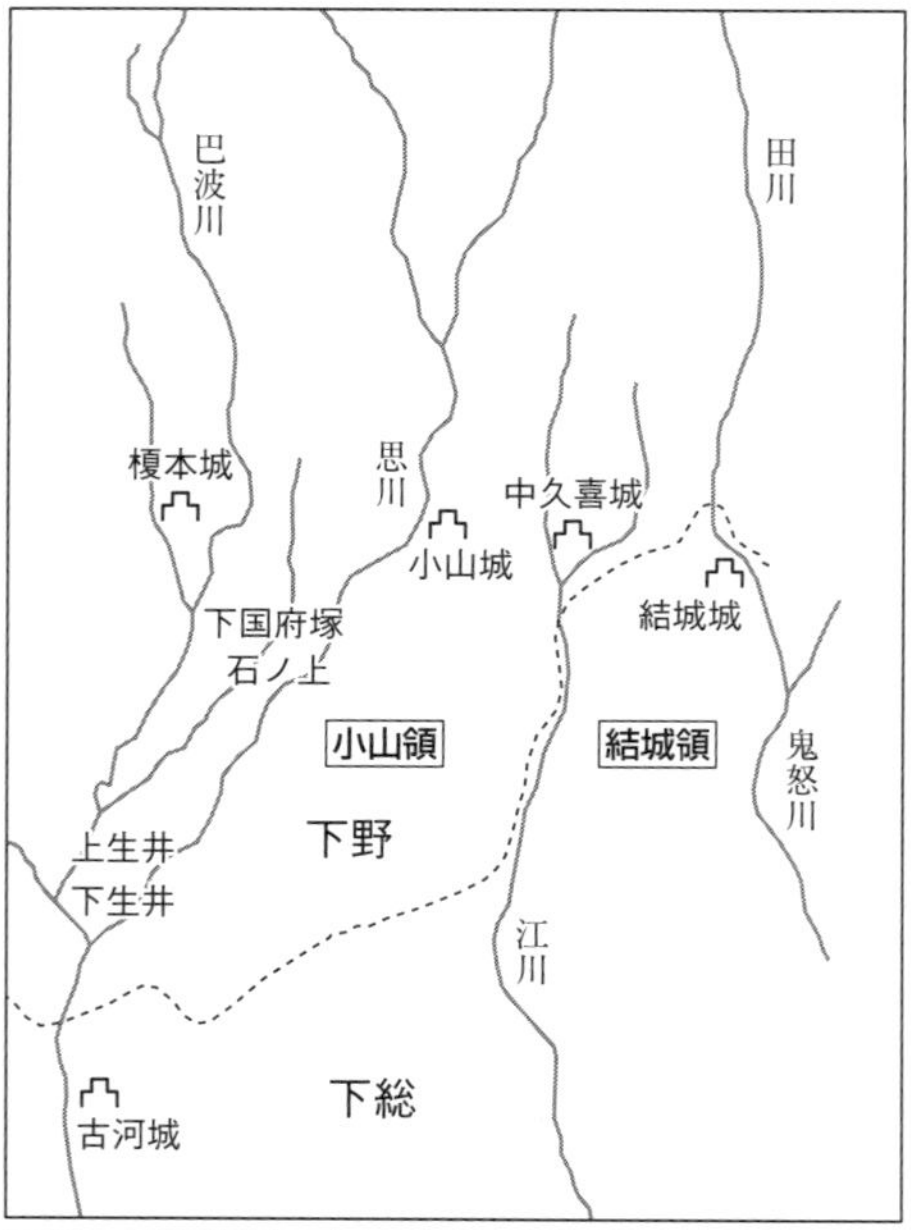

図30　天正12年ごろの小山・結城領
（峰岸純夫『中世災害・戦乱の社会史』を参考に作成）

れて村全体を奪われるよりはまし、と判断すれば、戦いを起こす可能性は少なくなります。
なお滝川恒昭氏の研究によれば、半手は必ずしも両方に属するのではなく、どちらにも属さない場合もありえたし、また年貢の量も半分ずつではなく、双方にそれぞれ今までと同じ量を納める場合（つまり総量としては二倍の負担）もあったようです。農民たちとしても、あえて厳しい条件をのんでも、村の安全を維持しようとしたのかもしれません。

【参考文献】

◎藤木久志『雑兵たちの戦場』（朝日新聞社、一九九五年）
同　『戦国の村を行く』（朝日新聞社、一九九七年）
◎峰岸純夫『中世災害・戦乱の社会史』（吉川弘文館、二〇〇一年）
◎滝川恒昭「「半手」と「半済」」（『千葉県史研究』11別冊、二〇〇三年）

第3部◉近世

⑳織田信長は本当に天下統一をめざしたのか

◆信長による天下統一をめぐる疑問

一般に信長は、早くから天下統一の野望を抱き、その実現に向けてひた走りに走ったにもかかわらず、その中途において重臣明智光秀の謀反により倒れた、とみなされています。

しかしあらためて考えてみてください。名だたる有力な戦国大名たちが各地に割拠していたばかりでなく、尾張国内でさえ諸勢力が乱立していた若い時期から、本当に信長は天下統一をめざしていたのでしょうか。私たちは信長のその後の経歴を知っているために、そのようにとらえている、ということはないでしょうか。

◆「天下布武」の本当の意味

永禄十年（一五六七）九月、美濃を平定した信長は、同年十一月には「天下布武」の印文（図31）をもつ朱印状を出しています（史料上の初見）。つまり、このころから信長は天下を武力統一する野望を抱いていたとみられる、というわけですが、**これがもし本当なら少し**

図31 「天下布武」の印判

不思議、もっといえば信長にとって危険なことではないでしょうか。

なぜなら、もしそうであれば、まだ尾張と美濃の二ヵ国を領したにすぎない段階で、そうした野望を公言したことになり、これによって周りの有力大名たちの反感を買い、へたをすれば反信長同盟が結ばれ、討たれてしまうようなことにもなりかねないからです。

実はこの時代の「天下」とは、ほとんどの場合日本全体ではなく、室町将軍が管轄する京都を中心とした五畿内（大和・山城・河内・和泉・摂津）をさしていたのです（他に将軍自身やその政治、あるいは五畿内の世論などを意味する場合もあった）。したがって「天下布武」も日本全体の武力統一ではなく、武家政権である室町幕府が、その管轄地域である五畿内及びその周辺地域を安定的に治めること（当時の史料では「天下静謐」ともいった）を意味したのであり、信長はその実現をめざす将軍を補佐したい、という願いを込めて「天下布武」の印判を使い始めたと考えられるのです。

◆周辺諸大名の反応

永禄十一年九月、信長は上洛して足利義昭（図32）を十五代将軍としますが、**このことを周辺の諸大名はどのようにとらえていたと思いますか。**

もちろん、近江の六角氏や畿内をおさえていた三好三人衆など、軍事的に抵抗した勢力もありましたが、それは一部にすぎませんでした。例えば信長と激しく対立していた美濃斎藤氏の家臣氏家氏らが、上洛実現の二年前にあたる永禄九年閏八月に出した書状の中で、「もし本当に信長が義昭様の上洛を供奉するのであれば、公儀のためにけっこうなことですので、御下知に従います」と述べているように、多くの大名たちはこれに対して表立った反対はしていないのです。

というのも、臣下である大名が将軍を支えて幕政に関与した事例は、信長以前にも何度かあり*、そうした点からも、諸大名が信長の上洛と将軍の補佐という行動自体を批判することはありませんでした。

*例えば十代将軍足利義稙《よしたね》を支えた大内義興や細川高国、十二代将軍義晴を補佐した六角定頼など。

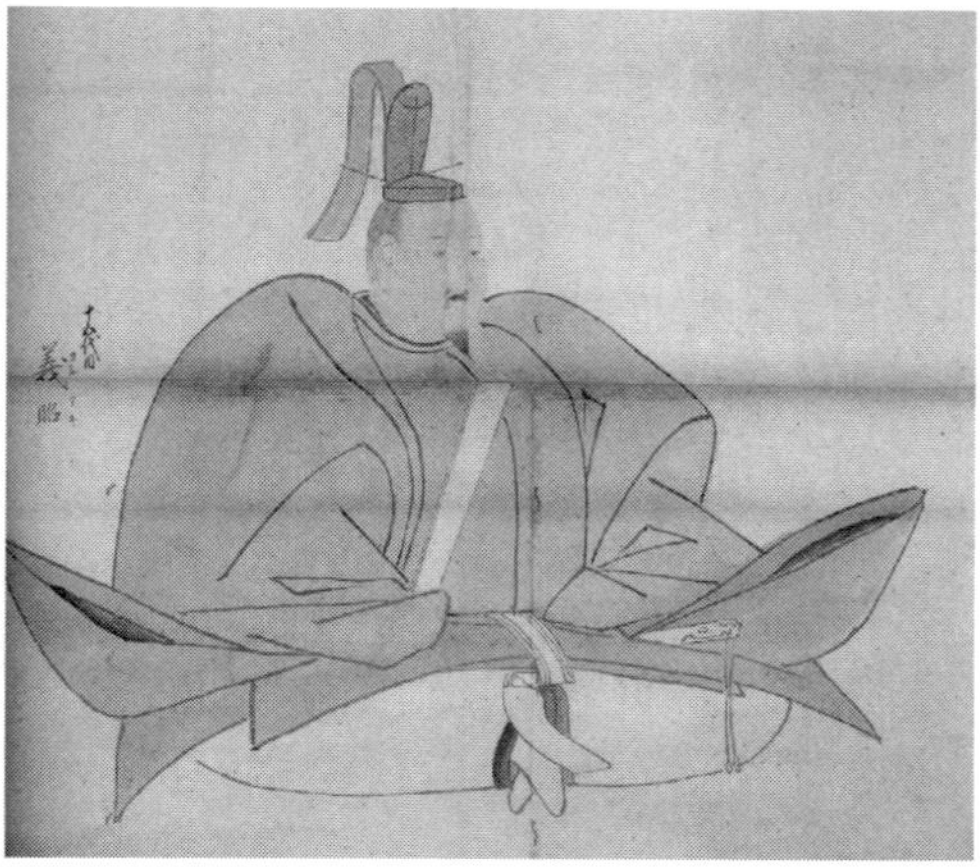

図32　足利義昭（東京大学史料編纂所所蔵）

◆将軍義昭との関係

しかし皆さんの中には、信長は当初から義昭を傀儡《かいらい》として、中央政治の実権を握ろうとしていたのではないか、と考える方もいると思います。確かに信長は永禄十三年一月、義昭と五ヵ条の契約（「義昭が諸国へ命令書を送る場合は信長に連絡し、その書状を添えること」、「天下が静謐となったので、義昭はぬかりなく朝廷に対する職務にあたること」など）を結び、その二年半余り後の元亀三年（一五七二）九月には十七ヵ条にも及ぶ諫言書を作成し、「天皇への奉仕を怠っている」、「諸国に命令を出す場合は、信長が添状を出すという約束が守られていない」、「城に備蓄した米を金銀に換えているとのことだが、公方様が商売をするなど聞いたことがない」など痛烈に義昭を批判しています。**これらは一見、信長の専横の振るまいのように解釈できそうですが、それとは異なる見方はできないでしょうか。**

それは、元亀三年の諫言書が、永禄十三年の契約を義昭が守っていない、すなわち信長は義昭に守らせることができなかったために出されたものとみなせば、義昭の政治的実権は、この時点では決して弱いものではなかったことになる、ということです。

◆義昭のころの室町幕府

このことに関し近年の研究により、この時期の幕府は、いったん停止していた裁判権や所領・所職の安堵権、財政権、守護補任権、軍事動員権などの諸権能を復活させており、信長の軍事力を背景としながらも、政権として一定の力があったことがわかってきました。そして信長は、あくまでも義昭の臣下としての立場を維持しようとしました。元亀元年（一五七〇）の朝倉攻めや三好三人衆攻めも、信長軍はあくまでも将軍の軍隊として行動しましたし、同年末、敗勢の中での浅井・朝倉両氏との和睦も、義昭の裁定により実現したことなのです。

◆室町幕府滅亡の実相

ところで、一般的には天正元年（一五七三）七月、敵対した義昭が信長によって追放され、これにより室町幕府は滅亡した、とされています。しかし実は信長は、この後毛利氏との間で行われた義昭の受け入れに関する交渉の中で、希望があれば義昭を復帰させてもいいし、それがなくても預かったその子（後の義尋《よしひろ》）を将軍にする意向を表明していました。可能性のある限り、信長は将軍の臣下として振るまおうとしていたのです。

◆信長は本当に征服欲によって領国を拡大したのか

この点につき、毛利氏との戦いがいかにして始まったかを見てみましょう。当初、織田氏と毛利氏は良好な関係にありました。信長・義昭が上洛したころ、備前の浦上・宇喜多の二大勢力が毛利氏と対立、毛利氏から支援を求められた信長は、これに応じて永禄十二年（一五六九）に木下秀吉らを但馬・播磨へ派遣しています。

元亀三年（一五七二）十月、義昭・信長の調停により毛利・浦上・宇喜多の三者はいったん和睦しますが、天正二年（一五七四）になると、今度は宇喜多と浦上が対立を始めます。そして浦上は織田、宇喜多は毛利にそれぞれ支援を求め、その結果ついに同四年には織田・毛利が直接激突するに至ったのです（図33）。**この事例から、信長が領土を拡大する、ということの実態をどのようにとらえればよいでしょうか。**

それは、既にＰ・１４４「⑱戦国大名の権力を支えていたものとは」で述べたように、二大勢力の境界付近にいる中小勢力の対立がまず起こり、それらがそれぞれ異なる大勢力に支援を求めるため、結局大勢力どうしの戦いになる、ということです（「境目」紛争）。

◆「戦闘」は「戦争」の一部にすぎない

そして、これによりいきなり戦闘が始まるわけではありません。まず双方は、部将や関係者を遣わして、そうした境目にいる少しでも多くの領主たちを説得・勧誘し、味方につけようとします。その際、交渉を有利にするため、局地的に軍事力を行使する場合もありますが、それはあくまでも情報操作の一環でした。すなわち、戦争の大半はそうした情報戦であり、実際の戦闘はその一部にすぎないのです。

こうして領主たちが味方につくことによって、大勢力の領国は拡大していきました。

◆信長と秀吉の外交上の「対立」

天正五年（一五七七）、毛利攻めの大将として羽柴秀吉が任

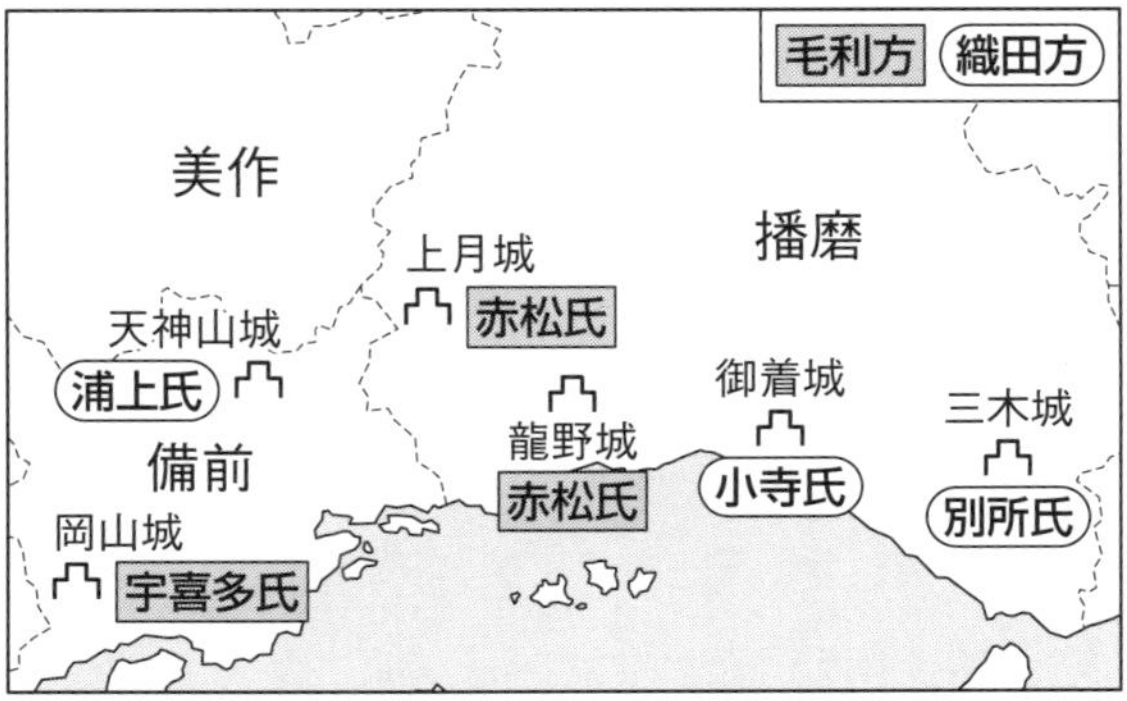

図33　播磨・備前勢力図　天正4年(1576)ごろ

命され、播磨・但馬などでの政治工作を進めますが、同七年九月には、宇喜多直家に織田方への寝返りを約束させます。これは秀吉が独断で行ったため、事後報告を受けた信長は怒りますが、結局は直家の帰参を認めました。

ところが神田千里氏の研究により、その後天正八年五月の段階においても、信長は毛利氏に和睦を打診していたことがわかりました。この点からも、信長がはじめから毛利氏を征服しようとして動いていたわけではないことは明らかです。

◆信長が描いた理想の国家体制とは

これまでいろいろ見てきたように、信長は畿内とその周辺を制圧した時点においても、なお各地に残る戦国大名を討ち果たし、全国統一をめざしていたわけではありませんでした。では信長は、どのような国家体制を理想としていたのでしょうか。近年、このことをうかがい知ることができそうな史料が金子拓氏によって紹介されました。

有名な長篠合戦で武田氏を破った半年後の天正三年十一月、信長は東国大名たちとの連絡役をさせていた信濃の武将小笠原貞慶に、次のような内容の書状を出しています。

「奥州の伊達氏とは絶えず連絡を取りあっており、心配ない」「五畿内は問題ない」「大坂本願寺は、むこうからいろいろ望んできたので、寺を囲む堀や塀などを取り壊した上で赦免した」「中国の毛利・小早川氏は分国の家人と同様である」「北九州は、大友をはじめ支配下に入った」「この上、関東の諸勢力と友好関係を結べば、『天下安治』（原文のまま）は歴然である」

（「小笠原系図所収文書」）

これより、信長はこの時点において全国の諸勢力に対し、どのような認識をもっていたことがわかりますか。

ここで注目していただきたいのは、五畿内を直接支配下に置くのは当然として、それ以外の奥羽・関東・中国・九州の大名たちに対しては、自らに有利な形ではあるものの、友好関係さえ結べれば、その存立自体を否定していない、という点です。これは、室町時代の基本的なあり方、すなわち将軍とこれに緩やかに従う大名たちが併存する国家体制と大きく異なるところのないものでした。

これこそが、信長の求めた「天下静謐」だったのかもしれません。

【参考文献】

◎池上裕子『織田信長』（吉川弘文館、二〇一二年）
◎金子拓『織田信長〈天下人〉の実像』（講談社、二〇一四年）
◎神田千里『織田信長』（筑摩書房、二〇一四年）

㉑ 豊臣秀吉の情報戦略

◆豊臣秀吉をめぐる疑問

日本史上、最もあざやかな大出世を遂げた人物といえば、豊臣秀吉をおいて他にはいないでしょう。低い身分から織田家トップクラスの重臣となり、信長が築き上げたものによっている部分が少なくないとはいえ、その死後わずか八年で天下を統一できたのはなぜでしょうか。もちろんこれにはさまざまな理由が考えられるでしょうが、ここではその一つ、秀吉と情報との関係を見ていくことにしましょう。

◆秀吉は本能寺の変を予知していた?

よく知られているように、天正十年（一五八二）六月二日未明、織田信長は重臣明智光秀の急襲を受け、京都本能寺で自害します。そして、翌三日の夜には、備中高松城を包囲していた（図34）秀吉のもとに、本能寺の変の知らせが届きました。秀吉は四日にこの事実を隠して毛利氏と講和し、六日には高松を出発（「中国大返し」）、十三日に山崎の戦いで光秀を討ちました。

しかしあらためて考えてみると、こうした流れの中に何か不思議なことはないでしょうか。

それは、事変から実質二日足らずで秀吉がこの情報を入手している点です。この時代、大名間などの文書によるやりとりは、もちろん距離にもよりますが、数ヵ国離れていると長い場合は四ヵ月もかかる場合がありました。それは、たとえ交通路は整備されていたとしても、その途中に対立する大名が存在したりすると遮断されてしまい、そのため使者にわざわざ山越えなどをさせたからでした。

そして仮に実質二日以内の情報入手が事実だったとしても、なお疑問な点が残ります。それはどのようなことだと思いますか。

この時代の情報伝達は、ふつうまず風聞、つまり未確認情報としての第一報が入り、その後、信頼する使者などによる確定情報が届く、という形をとっていました。秀吉の場合、六月三日夜に入手した情報は、その早さから見てまちがいなく第一報であり、通常この段階で京都に戻ろうとすることはありえません。なぜなら、もしこれが誤報だった場合、秀吉は勝手に持ち

図34　備中高松城水攻め築堤跡

場を放棄したこととなり、信長から厳罰に処せられたはずだからです。

つまりこの時秀吉は、きわめて異例な早さで、しかも確実な情報を得ていたことになります。おそらく彼は、ふだんから早く確かな情報を入手することに気を配っていたのであって、それが彼のスピード出世を可能にした理由の一つとみられるのです。

◇若いころからもっていた情報ネットワーク

そもそも秀吉の出自は、尾張中村の農民とされていますが、一方で諸国を廻って針を売っていたという話もあり、もしそれが真実の一面を伝えているとすれば、商人としての情報の大切さを、幼い時から身にしみて理解していたのかもしれません。

それからもっと確実な話として、後にその重臣となった蜂須賀正勝は、もともと木曽川筋で活躍した川並《かわなみ》衆と呼ばれる山賊的な土豪で、秀吉の若いころからつながりがあったとされています。正勝らのもつ広範な（裏の？）ネットワークを利用して、自分に有利な情報をいち早くつかみ、出世の階段をあがっていったことは十分に考えられるでしょう。

◇信長葬儀の際の情報操作

山崎の戦いから二週間後の天正十年六月二十七日、いわゆる清洲会議が開かれ、その結果、信長の嫡孫三法師（後の秀信）を織田家継嗣とし、その遺領が一族や家臣たちに分配されました。

この後、秀吉が主催し京都大徳寺において信長の葬儀を行ったのは、同年十月十五日のことでした。清洲会議から四ヵ月近くもかかっていることについて、秀吉は多くの武将に出した書状の中で、「事前に信雄（信長二男）や信孝（同三男）に（葬儀について）相談しましたが返事がなく、また他の宿老たちも（葬儀を）行おうとしません。これでは世間体が悪いので、自分のような者を引き立ててくれた信長様の大恩に報いるためにも、あえて挙行したのです。私は葬儀が終われば、信長様の後を追って腹を切っても何の恨みもありません」などと述べています。

しかしこの弁明、どうも怪しいのです。実際秀吉はこの四ヵ月間、懸命にあることを行っていたことが別の史料からわかります。**それはどのようなことだと思いますか。**

答えは、関係が悪化している柴田勝家らの動きを封じるための措置です。七月十七日付けの毛利氏宛て書状には、「山崎で城を修築しているため、（信長の）葬儀は延期しました」とあります。

秀吉としては、弔《とむら》い合戦を成し遂げて清洲会議を有利な形で終わらせ、さらに早く自らが主催して旧主の葬儀を挙行し、後継者としての地位を固めたかったはずで、それが遅れたことは決して本意ではなかったと思います。そこで世間向きには、そうしたきな臭い事情を隠し、事実とは異なる弁明をしていたのです。

◇地方遠征の本当の目的

秀吉は徳川家康との関係を安定させると、天正十三年（一五八五）三月の紀州攻めを皮切りに、地方遠征を繰り返します（表13）。

ふつう遠征の主な目的は、当然ながら敵を軍事的に倒すことにあるわけですが、これら一連の遠征には、次のような特徴が見られるのです。

①美しく着飾らせた大軍を、目的地までゆっくりと行軍させる。

②相手が既に降伏しているのに、遠征軍をわざわざ起こす（佐々成政攻め）。

③実際には激しい戦闘をほとんど行わず、引きつけておいた敵に圧倒的な軍事力を見せつけ、降伏させる（九州攻め）。

④源頼朝が奥州藤原氏を攻めるために出発した七月十九日にあやかり、同じ日に鎌倉を出発した可能性がある（北条氏降伏の直後）。

年月		できごと
1584（天正12）	3	小牧・長久手の戦い（秀吉対家康・信雄）
	12	秀吉、家康と和睦
1585（天正13）	3	紀州攻め。根来・雑賀一揆を鎮圧
	7	関白に就任。四国を平定
	8	北陸の佐々成政を攻める
1586（天正14）	10	家康が臣従する
	12	太政大臣となり、豊臣姓を賜る
1587（天正15）	3	九州平定に出発
	5	島津軍が降伏
	9	大坂から京都聚楽第に移る
1588（天正16）	4	後陽成天皇、聚楽第に行幸
1590（天正18）	3	小田原北条氏を攻めるため出発
	7	北条氏降伏、遺領を家康に与える
	8	奥州を平定（全国統一）

表13　秀吉の地方遠征

こうして見ると、**秀吉の地方遠征には軍事面以外の目的があったようです。それはどのようなことでしょうか。**

答えは、いずれも一般民衆向けに、いかに秀吉が強大な権力をもっているかを見せつける、ということです。ご存知のように秀吉の家臣団はにわかづくりで、一応従っている家臣たちの多くも、かつては先輩か同僚だったため、その政権基盤を安定させるためには、民衆の支持が不可欠でした。

◆積極的な情報発信

そして秀吉はさらに、より多くの人々の支持を取り付けるため、積極的な情報発信を行いました。**具体的にはどのようなことをしたと思いますか。**

実は大村由己《ゆうこ》という側近に、自らの功績をほぼリアルタイムで記録させ、それをもとに『天正記』などをはじめとした多くの軍記や伝記をつくらせたのです。さらに、自らを主人公にした『明智討』などの新作能をやはり由己につくらせ、実際に上演もさせました。今なら、さしずめ生前に伝記を出版し、また自らを主人公にした映画をつくって公開した、というところでしょうか。もっとも能の方はあまり成功しなかったらしく、今日その内容を知ることはできません。

【参考文献】

◎山室恭子『黄金太閤』(中央公論社、一九九二年)
◎藤田達生『秀吉神話をくつがえす』(講談社、二〇〇七年)
◎山田邦明『戦国のコミュニケーション』(吉川弘文館、二〇〇二年)

㉒「鎖国」は一種の「開国」

◆鎖国をめぐる疑問

江戸時代前期、幕府がとった鎖国政策により、日本はオランダ・中国・朝鮮との交渉を除いては対外的に孤立し、固有の文化を形成する一方で世界の進展から取り残されてしまった、というのが一般的な見方でしょう。

しかし、はたしてこうした理解は正しいのでしょうか。オランダを中心としたヨーロッパのアジア進出が急速に進行していた、十七世紀なかばの世界史的視野の中でとらえ直してみたいと思います。

◆鎖国の完成と貿易量の変化

幕府は寛永十年（一六三三）、奉書船（貿易を認める老中奉書を与えられた渡航船）以外の海外渡航を禁止し、同十二年には日本人の海外渡航・帰国が厳禁となりました。さらに同十六年にポルトガル船の来航と同国人の居住を禁じ、同十八年にはオランダ人を長崎出島に隔離することにより、鎖国を完成させま

年	できごと
寛永 10(1633)	奉書船以外の海外渡航禁止
12(1635)	日本人の海外渡航・帰国を禁止
16(1639)	ポルトガル船の来航・居住禁止
18(1641)	オランダ人を長崎出島に隔離

表14　鎖国関係略年表

した（表14）。

ところが表15を見るとわかるように、鎖国体制が整っていく中で、オランダ産生糸の輸入量はかえって増大していたのです。実は幕府は、一連の鎖国令によって貿易一般を強く管理・統制しましたが、当初は貿易量については いっさい制限しませんでした。さらに鎖国の完成によって、それまでオランダ・中国以外の外国からも輸入してきた物資、特に主要な生糸の輸入量が減少したため、幕府は糸割符仲間《いとわっぷ》*に値上がりに注意させつつ、かえってこの二国からの生糸輸入を確保しようとしたほどなのです。

年	輸入量（トン）
1634（寛永11）	38.4
1635（ 同 12）	55.2
1636（ 同 13）	110.4
1637（ 同 14）	115.2
1640（ 同 17）	163.2

表15　オランダ産生糸輸入量の変化

＊輸入生糸に関する特権商人らをさし、彼らに一括購入権と価格決定権を与えた。

◆幕府がオランダを選んだのか

「外国との交渉を閉ざす中で、幕府はヨーロッパで唯一、オランダのみをキリスト教を広めないという理由で貿易相手国とした」

こうした一般的な説明では、日本が並み居るヨーロッパの国々の中から主体的にオランダを選んだ、という印象をもってしまいます。**しかし、他に何か事情はなかったのでしょうか。**

ここで、アジアをめぐるヨーロッパ諸国の動きに目を向けてみましょう。十六世紀、ヨーロッパ諸国で積極的に海外進出を行ったのは、ポルトガルとスペインの二国でした。やがて十七世紀に入ると、これにイギリスも加わりますが、最もさかんにアジア進出を果たしたのはオランダだったのです。

すなわち、オランダはイギリスに二年遅れて一六〇二年に東インド会社を設立すると、一六一九年にはジャワ・バタビア（今のジャカルタ）を確保します。また一六二三年にはアンボイナ事件*でインドネシアからイギリスを締め出し、一六四一年にはマラッカを占領、さらに翌年には台湾からスペイン人を追放しています。

この間オランダは日本に対し、スペインやポルトガルなど旧教国がキリスト教を利用して植民地政策をとる、と繰り返し警告しました。

一方のスペインは、秀吉のキリシタン弾圧やメキシコ銀山開発の本格化などにより、日本進出への意欲を失っており、イギリスも東南アジアでのオランダとの争いに敗れ、一六二三年には平戸の商館も閉鎖するなど、アジア経営からいったん後退してしまいます。つまり、日本とオランダとの貿易は、十七世紀前半におけるアジア進出が、オランダの一人勝ちのような状況のもとで行われたことなのです。

*インドネシア東部のアンボイナ島で、オランダ守備隊がイギリス商館員を殺害した事件。当時、両国は香料貿易で激しく争っており、これによりオランダの優位が確立した。

◆貿易衰退は自然のなりゆき？

江戸初期、いわゆる朱印船貿易がさかんだったころに、幕府や諸大名が特に欲しがっていた輸入品は武器でした。しかし元和元年（一六一五）の大坂夏の陣を最後に、国内での戦争はなくなったので、武器の需要はめっきり減ってしまったのです。

一方、貿易には輸出と輸入がありますが、この時代日本からの主な輸出品は何だったかご存知でしょうか。

答えは銀です。日本の銀は、十六世紀なかばから戦国大名によって採掘されるようになり、最盛期の江戸時代初めには、その輸出量が世界全体の産出量の三分の一を占めたといわれています。しかし海外への流出が激しかったため、幕府は寛文八年（一六六八）にその輸出を禁じ、これによって朱印船貿易も衰退していきました。

また銀の産出自体にも限りがあります。これがなくなれば日本には輸出すべきものがあまりなくなり、したがって貿易も自然に停滞することとなります。

つまり、幕府が意図的に朱印船貿易を禁止しなかったとしても、やがては衰退していったものと考えられるのです。

◆キリスト教の神にかわるもの

さて、一連の鎖国令を幕府が出した大きな理由は、やはりキリスト教が日本に入ってくる

料金受取人払郵便

牛込局承認

8501

差出有効期限
平成30年11月
3日まで

(切手不要)

郵便はがき

162-8790

東京都新宿区
岩戸町12レベッカビル
ベレ出版

読者カード係　行

お名前	年齢

ご住所　〒

電話番号	性別	ご職業

メールアドレス

個人情報は小社の読者サービス向上のために活用させていただきます。

ご購読ありがとうございました。ご意見、ご感想をお聞かせください。

● ご購入された書籍

● ご意見、ご感想

● 図書目録の送付を　□ 希望する　□ 希望しない

ご協力ありがとうございました。
小社の新刊などの情報が届くメールマガジンをご希望される方は、
小社ホームページ（https://www.beret.co.jp/）からご登録くださいませ。

ことによって、その支配基盤が崩れることをおそれたからでした。

既に豊臣秀吉も、天正十五年（一五八七）に発したバテレン追放令の中で、「日本は神国であるから、キリスト教国から社会秩序を乱す教えを受けるのは、けしからんことである」と述べています。

江戸幕府も、日本の最高権力者である将軍を国内のあらゆる人々に崇拝させる必要性を強く感じるようになりました。**このため、ちょうど鎖国政策を進めている時期に幕府が完成させたものがあるのですが、それは何でしょうか。**

答えは寛永十三年（一六三六）に完成させた日光東照宮です。すなわち、キリスト教の神に対抗し、幕府を開いた初代将軍家康を東照大権現という神にまつりあげることで、これを崇拝させようとしたわけです。

なおオランダは、この東照宮のために灯籠を鋳造して贈っており、今も陽明門の手前下の段の左手、鼓楼《ころう》の脇に見るこ

図35　オランダ灯籠（日光東照宮）

とができます（図35）。

◆「鎖国」が一種の「開国」であるわけ

そもそも幕府自身が一連の法令を「鎖国令」と銘打って出したわけではありません。実は「鎖国」という言葉は、江戸後期の享和元年（一八〇一）に蘭学者の志筑《しづき》忠雄が、その訳書『鎖国論』で初めて用いたものです。

また、同じような意味で用いられる「海禁」も、幕末の嘉永二年（一八四九）に成立した『徳川実紀』に初めて見られる言葉なのです。**これらのことは、いったい何を意味するのでしょうか。**

それは、一連の法令を出した時期においては、国を閉ざすという意識はなく、江戸後期、欧米諸国が日本へ頻繁に接触してきた時期になって、あらためてそれ以前の日本の状態をとらえようとして用いた、ということです。

国家というのはどんな時代でも程度の差はありますが、必ず鎖国体制（＝対外管理体制）でした。ヨーロッパでも近代初期（十六世紀末ごろから）には鎖国の傾向があったのです。

つまり鎖国とは、戦国末期に一度本格的に国際関係の中に入った日本が、そこから離脱することではなく、圧倒的なヨーロッパ諸国との軍事力を含む文明の差の中で、日本なりに世界と接触するための手段だったのです。すなわち「鎖国」という手段による日本の、世界への第一次「開国」だった、というわけです。

【参考文献】

◎大石慎三郎『江戸時代』（中央公論社、一九七七年）
◎信夫清三郎『江戸時代―鎖国の構造』（新地書房、一九八七年）
◎青木美智男・保坂智編『争点日本の歴史5近世編』（新人物往来社、一九九一年）

㉓島原の乱の実像

◆島原の乱をめぐる疑問

寛永十四年（一六三七）から翌年にかけて、九州の島原・天草地方（図36）で起こった島原の乱。その原因は、幕府によるキリシタン弾圧と領主による重税賦課などの悪政だとされています。

しかし、はたして蜂起したすべての人々が熱心なキリシタンだったのでしょうか。乱の二つの原因がどのように関係するのかを探りながら、この問題について考えていきましょう。

◆乱の発生

図36　島原の乱関係地図（大橋幸泰『検証 島原天草一揆』より）

慶長十七年（一六一二）、幕府はキリスト教を禁止し、各地で激しい弾圧を始めました。その結果、寛永十年には島原・天草地方でも表面上の棄教《ききょう》（信者がキリスト教を棄てること）が完了します。

ところが同十四年十月なかばごろ、「かつさじゅわん（加津佐寿庵）」の名でキリスト教の信仰を促す廻文が同地方に出回ります。そして小西行長（旧天草領主・キリシタン大名）の旧臣益田甚兵衛の子、四郎を「天人」として、キリシタンへの「立帰り」（一度棄教した者が再び信仰に戻ること）を促す活動が展開されていきました。

十月二十五日には、島原半島南部の有馬地方で、立帰り百姓がキリシタンを取り締まろうとした島原藩代官を殺害、武力蜂起へ発展します。一揆勢は島原城を攻めた他、藩領全体へ勢力を拡大させました。

同じころ、天草でも立帰り百姓が蜂起して各地をおさえ、十一月十四日には一揆勢が天草下島にある富岡城の城代三宅藤兵衛《とうべえ》（天草統治の責任者）を敗死させました。

◆周辺諸藩の対応

こうした事態を熊本藩など周辺諸藩はいち早く察知し、積極的に情報を収集していましたが、領外への軍事行動はせず、静観していました。**なぜこうした態度をとったのでしょうか。**

それは、武家諸法度（寛永令）で「江戸や諸国で有事の際、在国の者たちは自重し、幕府からの下知を待つこと」と定められ、彼らがそれを忠実に守っていたからです。幕府の西国統制を担う豊後目付にも彼らへの軍事指揮権はなく、諸藩から受けた報告を大坂城代に伝えただけでした。まことに皮肉な形で、幕府の命令系統が決まりどおりに機能したことを示したわけです。

◆板倉重昌の戦死

大坂城代から江戸へキリシタン蜂起の急報が届いた十一月九日、幕府は周辺諸藩に鎮圧のため援兵を出すよう命じ、あわせて上使として板倉重昌（三河国深溝《ふこうず》藩主）の派遣を決定します。わずか一万五〇〇〇石にすぎない人物を指名していることから、幕府は当初この乱を簡単に鎮められるものと楽観視していたことがうかがえます。

一方、一揆勢は、十二月三日までに原城へたて籠もりました。これに対し同月五日に島原城へ入った重昌は、周辺諸藩軍とともに十日から三度にわたって原城を攻撃しましたが、思ったような戦果はあげられませんでした。この間幕府は老中松平信綱をあらためて上使として派遣することを決め、信綱は十二月三日に江戸を発っています。この情報を知った重昌は、焦りを感じていたようで、翌寛永十五年一月一日に総攻撃をかけました。

ところが幕府軍は一揆勢に敗れて四〇〇〇人近い死傷者を出し（一揆勢は一〇〇人足らず）、重昌も鉄砲で撃たれ戦死してしまったのです。**いわば戦いのプロであるはずの幕府軍が、なぜ**

それほどの大敗を喫してしまったのでしょうか。

それは板倉重昌がわずか一万五〇〇〇石の領主で、九州の外様藩の兵たちを指揮するには荷が重すぎたためです。しかも、この時藩主たちの何人かは江戸滞在中で攻城軍は統制のとれない状態にあり、実際の戦闘でも各藩兵は重昌の命令を聞かず、独断行動が多かったのです。

◆松平信綱による鎮圧

この三日後に松平信綱が原城近くに着陣しました。一月十二日に重昌戦死の報告を聞いた幕府は事の重大さを感じ、江戸滞在中だった細川・鍋島・有馬・立花らの諸藩主に対し、原城攻めに赴くよう命じた他、兵力を増強させ総勢十二万余りの陣容を整えました（一揆勢は約三万人）。

総指揮をとる信綱は、まず兵粮攻めを行い、この間原城へ矢文（矢に文書をつけたもの）を放ち投降を促す一方、平戸のオランダ商館長に命じて一月後半、計十五日間もオランダ船で原城を砲撃させました。**この砲撃により、信綱は一揆勢に対し心理的にも大きな打撃を与えようとしたのですが、それはどういうことだと思いますか。**

実は一揆の指導者たちが参加者に対し、「南蛮国からやがて援軍がやってくる」と話していたので、その異国人たちに砲撃させれば一揆勢は絶望するだろうと考えたのです。ただこれについては、熊本藩主細川忠利も「日本の恥」などと批判したため、中止されました。

さて二月になると、一揆勢の食糧が尽きてきました。この様子を見た信綱は、同月二十七・二十八の両日に総攻撃を行い、益田四郎をはじめとした一揆勢の多くを惨殺して乱をようやく鎮圧させたのです（図37）。

◇一揆勢は全員熱心なキリシタンだったのか

籠城戦中だった寛永十五年一月二十一日に、幕府軍から一揆勢へ放った矢文には、「籠城者の中に、一揆勢に加わる意思がなかったのに、焼き討ちされたり妻子を人質にとられたりして無理にキリシタンとされ、迷惑に思いつつも城中にいる者も多いと聞く」とあります。これは幕府方が作成したものですから、取り扱いには注意を要しますが、実際原城から逃げ

図37　『島原陣図屏風』（一部、秋月郷土館所蔵）

出す人々もいて、彼らがこの矢文と同様の内容を証言していたことは、別の記録からも明らかなのです。

当時、農民は村単位で行動していましたから、村の方針でキリシタンへの立帰りと決まると、個人としてこれに反する行動は原則としてとれませんでした。

◆領主による悪政とキリシタン弾圧の関係

乱が起きてまもない寛永十四年十月三十日、佐賀藩家老は江戸藩邸に送った書状で「乱の原因は、ここ二・三年の不作のため年貢未進が増え、それに対する領主松倉氏の催促が激しく、生活が成り立たなくなったからだ」と伝え、また同年十一月六日に熊本藩士が家老へあてた書状では、「島原藩では年貢を納められない者に対し、家族内の女子に水攻めなどの拷問《ごうもん》をかけたりした」と述べています。やはり悪政はあったのです。

松倉氏は実際は四万石なのに、幕府への忠勤を示すため、普請などの際に十万石の役を勤めたいと申し出ていました。それでもはじめは、貿易による収入もあったのですが、鎖国政策の強化にともなってそれも減ったため、ますます年貢増徴を厳しくしていったのです。

一方、キリシタン弾圧の結果、多くの人々がいったん棄教しましたが、一度は本気で信仰したわけですから、彼らの多くには後悔の気持ちがあったようです。**そして乱の直前に、その気持ちを強めるできごとが起こったのですが、それを前にあげた佐賀藩家老の書状から見**

つけてください。

答えは「ここ二・三年」すなわち寛永十一年（一六三四）から同十三年にかけ、全国的な天候不順により起こった不作と、それにともなう飢饉のことです。すなわち農民たちは、棄教によってこうしたことが起きてしまったのだから、再び信仰することによって現世的な利益（生活の保障）を求めようとしたのではないでしょうか。彼らにとって信仰と経済は、必ずしも別物ではなかったのです。

しかし、かといってすべての者がキリスト教をそのよりどころにしたわけではなかった点に、信徒による非信徒への改宗の強制が行われた理由があると思われます。

◆幕府側のねらい

ところで松平信綱は、投降を促す矢文の中で、そうした無理やり参加させられた者については助命する、と述べています。**なぜこうした寛大な措置をとろうとしたのでしょうか。**

それは、幕府にとって禁圧すべきはあくまでもキリシタンであって、無理やり改宗させられた人々まで討ち果たすような無慈悲なことは、天下を治める将軍として行うべきではない、との判断があったためです。

しかし一揆方はこうした信綱の勧告を拒否し続けたため、幕府軍はついには非キリシタンも含めた多くの人々を殺すことになりました。

◆乱後の処置

島原藩主松倉勝家は、寛永十五年四月に改易となり、七月に切腹を命じられました（武士としては異例の斬首だったとする説もある）。また唐津藩主寺沢堅高《かたたか》は、同年四月に天草領四万石を召し上げられましたが、後に正保四年（一六四七）十一月、これを不服として江戸藩邸において自害しています。

実は、乱直後の信頼できる史料には、二人の悪政を問題にしたものはあまり見られず、時間が経つほど幕府はこのことを強調するようになっていきました。それは、この乱を純粋なキリシタン一揆として終わらせることに失敗したため、と考えられています。

【参考文献】

◎煎本増夫『島原の乱』（教育社、一九八〇年）
◎神田千里『島原の乱　キリシタン信仰と武装蜂起』（中央公論新社、二〇〇五年）
◎大橋幸泰『検証島原天草一揆』（吉川弘文館、二〇〇八年）
◎五野井隆史『敗者の日本史14島原の乱とキリシタン』（吉川弘文館、二〇一四年）

㉔大名にとっての参勤交代のメリット・デメリット

◆参勤交代をめぐる疑問

参勤交代とは、江戸幕府が大名統制のために一定期間、諸大名を江戸に参勤させた制度をいいます。これによって幕府は、大名に大きな財政負担をさせて反乱を起こせないように図ったという説明もありますが、実際のところはどうだったのでしょうか。

また、ともかくもこの制度が幕末まで続いたということは、大名たちにとっても何らかのメリットがあったものと思われます。それはいったいどのようなものだったのでしょうか。

◆成立のいきさつ

「参勤」は本来「参覲」と書き、「覲」は「まみえる」、つまり拝謁することを意味します。一種の服属儀礼で、参勤しないと幕府への反逆とみなされました。

江戸幕府が成立すると、諸大名は徳川氏へ人質を提出したり、あるいは本人が江戸へ出頭するようになります。そしてこの傾向は、元和元年（一六一五）に大坂夏の陣で豊臣氏が滅亡すると、一層強まりました。幕府も彼らに江戸での邸地を与えたため、これが参勤定例化への道を開いたのです。

同三・四年ごろには参勤が毎年から隔年へ変化し、寛永十二年（一六三五）に改定された武家諸法度の第二条として明文化されました。これによって、西国大名は三月末～四月初めに江戸へ行き、東国大名は同時期に国許へ帰る形（翌年はその逆）が決まりました。

さらに同十九年には、それまで外様だけだったのが譜代大名も参勤を命じられるようになったのです。

◆参勤しなくてよい大名

文化元年（一八〇四）には、全大名二六四家のうち隔年参勤が一七五家、半年交代（関八州の大名）二十七家、定府（常に江戸詰め）二十六家、要地警固などのため大半を国許で過ごす大名十二家（例えば対馬の宗氏は三年一勤、蝦夷地の松前氏は六年一勤）、不明三家という状況でした。**この他、参勤しない大名が二十一家ありましたが、なぜしなくてよかったのでしょうか。**

それは、老中など幕府の要職に就任しているために、常に江戸にいるからです。

◆大名行列の人数

これはもちろん藩の石高により差はありますが、一般的には一五〇～三〇〇〇人くらいが最も多かったようです。最大の藩である加賀藩（前田氏、一〇〇万石）では、五代綱紀の時が最大で実に四〇〇〇〇人、その後は減少して約半数となりました。

なお、これらの人数すべてが大名の家臣というわけではありません。**どれくらいの割合だと思いますか。**

例えば加賀藩の文政十年（一八二七）の行列は、一九六九人でしたが、そのうち純然たる藩士の割合は何と九％にすぎず、藩士の奉公人を加えても半分程度でした。残りは臨時雇いの奉公人や宿継人足だったのです（図38）。

◆江戸までの日数

これももちろん藩によってさまざまですが、やはり加賀藩の場合を見ると、金沢～江戸間約一二〇里（約四八〇キロ）を十二泊十三日で移動したのが、参勤・交代あわせて全一九〇回のうち、六十四回と最も一般的でした。ところが四代光高の時、

図38　『加賀藩大名行列図屛風』（一部、石川県立歴史博物館所蔵）

寛永二十年（一六四三）にわずか六泊七日ということがありました。これは飛脚並みの速さで、一日七十キロ近くも進んだことになり（十二泊十三日だと一日約三十七キロ）、小走りの連続だったのではないでしょうか。なぜ光高が急いだかというと、江戸にいた妻が産気づいたためだそうです。

◆コースの選択

これも加賀藩の場合ですが、三つのコースがありました。一番目は金沢から東へ進み、越後高田あたりから南下して中山道に出るルート、二番目は逆に西に進み、越前府中を経て美濃垂井《たるい》から中山道に入るルート、三番目は垂井までは二番目と同じで、そこから南下して東海道の尾張宮に出るルートです。

ただ実際には、一九〇回のうち一八一回が一番目のコースをとっています。確かにこのコースが距離的には約四八〇キロで最も短いのです（二番目が約六六〇キロ、三番目は約六〇〇キロ）が、途中越後の親不知《おやしらず》・子不知《こしらず》という難所があったりして決して楽なルートではありませんでした。**ではなぜ他の二コースはほとんど用いられなかったのでしょうか。**

それは、二番目・三番目とも距離が長いこと以外に他藩領、それも親藩の福井藩や御三家筆頭の尾張藩の領地を通らなければならなかったからです。

一般に参勤交代で他藩領を通る場合、使いを立てて領内通行の礼を述べ、一方通す方も道や橋の整備を行い、通行する大名には贈り物をするなどして、お互いに気の遣いっこをしていたのです。そうした中でもしトラブルを起こし、それが幕府の知るところとなったら、どんなお咎《とが》めを受けるかわかりませんでした。ましてや相手が将軍家に近い家だとしたらなおさらのことです。その点一番目のコースは、全行程の約四分の一が加賀・越中という自己の領内であるため、そうした気遣いが最も少なくて済んだのです（図39）。

◇大名行列の費用

大名行列の経費の内訳としては、宿泊費、予約解消時の補償金、幕府要人への土産代などがありました。**この他に交通関係で多額な費用がかかったのですが、何だと思いますか。**

それは、川を渡る際の「川越賃」です。加

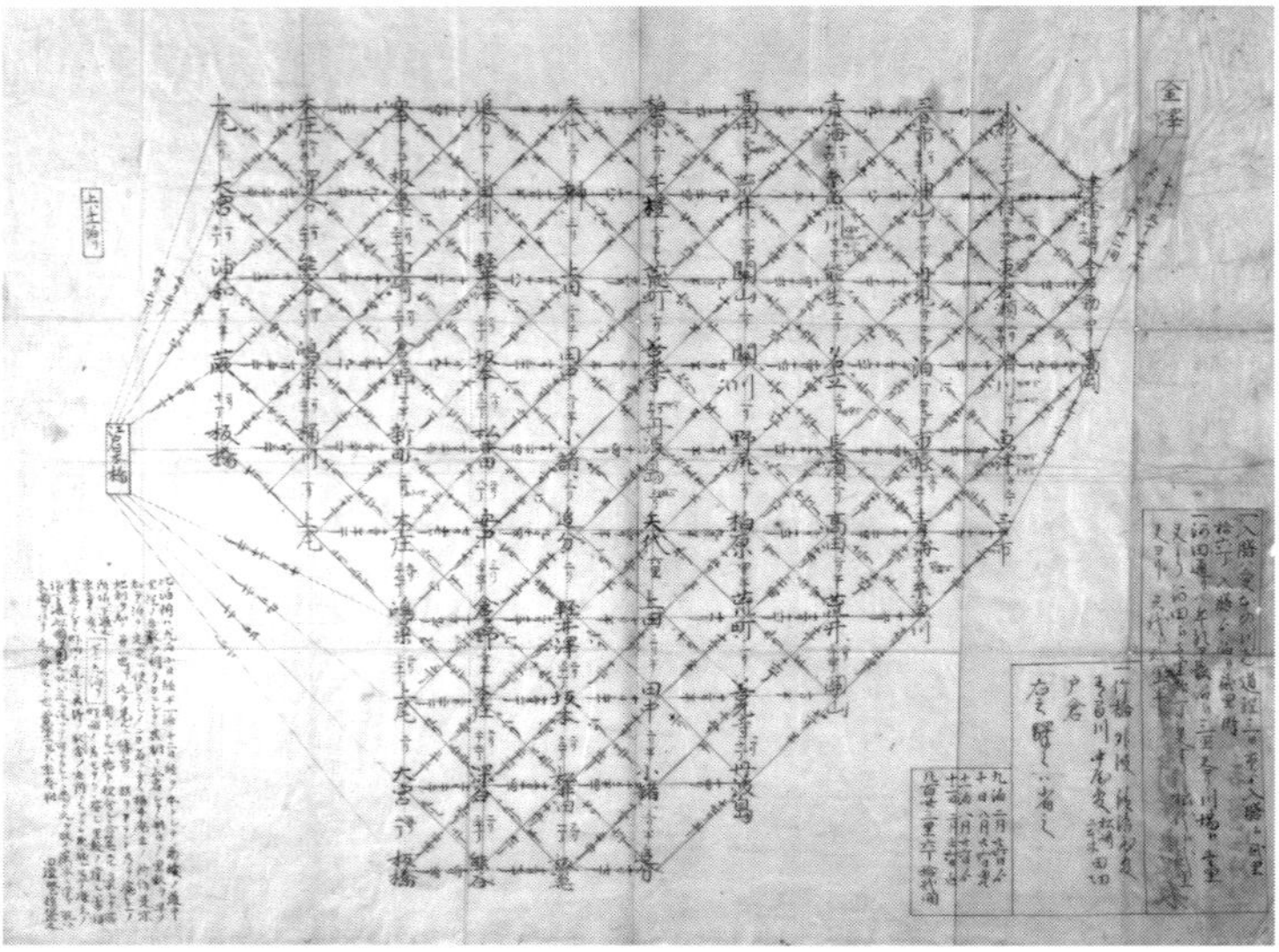

図39　加賀藩参勤交代のダイヤグラム（金沢市立玉川図書館近世史料館所蔵「金沢板橋間駅々里程表」）　どの宿場からも自在に旅程が組めるしくみになっている

賀藩の場合、先ほどあげた一番目のコースをとると、幅五メートル以上の川が八十四あり、そのうちの四割強にあたる三十八の川には橋が架かっていませんでした。例えば、信濃善光寺の南を流れる犀川を渡る場合、江戸中期で推定される費用は、忠田敏男氏の研究によると現在のお金で約二四〇万円です。一つの河川でこれですから、全体では膨大な額となったことは容易に想像できます。

ちなみに、忠田氏によると、加賀藩の文化五年（一八〇八）の総経費は、米価換算で約四億七〇〇〇万円でした。

◆参勤交代と藩財政

これまで見てきたように、確かに大名行列にかかる経費は膨大なものでしたが、それでも例えば松江藩の場合、藩全体の財政から見ると、その割合は約五％にすぎませんでした（文化元・一八〇四年から文政元・一八一八年の平均、ただし藩士への給与は除く）。**それよりも参勤交代に関して財政の相当な部分を占める経費があったのですが、それは何でしょうか。**

答えは、藩主あるいはその家族、それと藩士たちの江戸滞在費です。同じく松江藩の場合、藩財政の五十五％にも達しました。逆に国許での費用は三十六％にすぎなかったのです。

よく参勤交代制は、幕府が諸大名の経済力を弱めるために行ったという説明がなされます。確かに結果を見れば、そうしたことがいえるかもしれませんが、藩の財政窮乏はもっと根の深い問題だと考えられます。そもそも参勤交代の義務のない幕府自体が、三度の改革を行っても財政を立て直すことができなかったではないか、とする指摘もあるのです。

◇参勤交代のメリット

財政負担の大きな参勤交代ですが、大名にとってはいくつかのメリットもありました。例えば中央の政局をじかに観察し、藩に有用な情報を送れたこと（逆にこれがないと危機に陥る可能性もあった）、最先端の文化に触れ、それを国許に伝えられたこと、などです。

ところで幕府は、既に寛永十二年の武家諸法度の中で、経済的負担が大きくなるから、大名行列の人数を減らすよう命じていました。ところが、かえって大名たちの方が人数を規定以上に増やしたり、行列の道具などもより華美なものにしたいと幕府へ願い出たりしていたのです。**いったいこれはなぜなのでしょうか。**

それは、太平の世における大名たちの主な関心が、江戸での儀礼的空間の中で、いかに高い位置を占めるか、ということに向いていたためです。石高、朝廷の官位争いの他に、この参勤交代でいかに少しでも強い威勢を示せるかが争われました。例えば熊本藩（細川氏）では、徹底的な賄賂攻勢で、通常は認められていない行列に鑓三本を立てることを特別に許されています。

江戸時代の日本においては、藩主の行列に鑓を一本加えるかどうかが藩の重要な政治課題であり、それをどの大名に認めるか、というような判断が幕府の重大なる政治的行為だったのです。

【参考文献】

◎山本博文『参勤交代』（講談社、一九九八年）
◎忠田敏男『参勤交代道中記─加賀藩史料を読む』（平凡社、二〇〇三年）
◎永井博編著『参勤交代と大名行列』（洋泉社、二〇一二年）
◎丸山雍成『参勤交代』（吉川弘文館、二〇〇七年）

㉕慶安の触書はなかった?

◆慶安の触書をめぐる疑問

江戸時代の農民についての一般的なイメージは、時代劇などでよく描かれるように、年貢負担や借金に苦しみ、また幕府・藩から暮らしを厳しく統制されたかわいそうな人たち、といったようなものではないでしょうか。そしてこうしたイメージの根拠となっているのが、小学校の教科書から繰り返し紹介されている、いわゆる「慶安の触書」だと思います。この中には例えば、「朝は早く起きて草を刈り、昼には田畑の耕作、晩には俵や縄をつくり、油断なく仕事せよ」などとあって、農民生活の細部まで幕府が厳しく統制していたことがわかる、と学習してきたはずです。

ところが不思議なことに、これまで慶安二年(一六四九)当時の法令の現物が、全国のどこからも見つかっていないのです。そのため、以前からこの法令に関する疑問は、研究者によってたびたび唱えられてきました。

はたして慶安の触書は、どのようないきさつで現在のような形で知られるようになったのでしょうか。

◆幕府法令と現実との大きなズレ

まず確認しておきたいのですが、例えば慶安の触書の中に、「酒・茶を買って飲んではならない」とありますが、これを見て江戸時代の農民は本当に酒や茶を飲まないように厳しく統制されていた、と理解してよいのでしょうか。

例えば下野国（栃木県）南部のある村で天保九年（一八三八）に調査したところ、人口五八三人、家の総数一四一軒のうち、三十軒が農業の他に商売をしていました。このこと自体驚きですが、**その商売の中で最も多かった業種は何だと思いますか。**

実はこれが居酒屋で、何と十三軒もありました（他は「太物屋《ふとものや》」と呼ばれる綿・麻の織物を扱う店や雑貨屋が計七軒、穀物商五軒、干菓子屋三軒、髪結《かみゆい》・腰物（刀剣）類・鍛冶屋各一軒）。そして三十軒中四軒は、五十年以上前から商いをしていたのです。

どうでしょう。この事実一つをとっても、幕府法令がいかに建前にすぎないものであったかがおわかりいただけたと思います。

◆慶安の触書のモデルは甲府藩法

信州大学の山本英二氏は平成四年（一九九二）、慶安の触書と同じ条文数（三十二ヵ条）で、内容もまったく同じ法令集「百姓身持之覚書」を山梨県内のある家で発見しました。年号は元禄十年（一六九七）、この時期の甲斐国にふさわしい内容です。これまで知られていた類似のものは天明二年（一七八二）の「百姓身持書」でしたから、これを一気に八十五年もさかのぼることになりました。

◆甲府藩法にもモデルがあった

その後、山梨県と長野県で「百姓身持之事」と題する写本が相次いで確認されました。このうち長野県の写本には寛文五年（一六六五）二月十四日の日付があったこと、また三十一ヵ条で内容的には見たことのない文章がところどころにあることなどから、これは甲府藩法「百姓身持之覚書」の原型にあたるもの、と考えられています。

この両者を比べてみると、例えば「百姓身持之覚書」第五条「朝は早く起きて草を刈り…」にあたるものが、「百姓身持之事」では第十一条と十二条に分かれていて、このうち後者は次のような内容です。

農地に出て、明日は雨が降りそうなら、雨ではできない仕事をまずしなさい。本当に降ってきたら、田を耕したり修理をし、効率よく農作業をしなさい。そして下人には、晩に縄をなわせたり、俵を編ませ、どんなことにも油断しないこと。それから下人の苦労を少しは思いやって、少しは遊ばせたりすること。

これを読んで、どんなことに気づきますか。

まずはとても長く、内容は法令というより農民を教え諭すもの（教諭書）となっています。それから、ここでは縄をなったり俵を編むのが農民本人ではなく、下人となっている点が注目されます。つまり、この「百姓身持之事」が対象としていたのは、そうした下人を使って大規模な農業経営を行っていた上層農民だったのです。一般に中部・東海地方において、こうした上層農民から下人たちが家族をもち、小農・小百姓として独立するのが十七世紀後半のこととされています。「百姓身持之覚書」は、こうした変化に対応して小百姓を対象とする条文に改められているのです。

◆江戸後期における全国的流布

甲府藩法「百姓身持之覚書」以降、しばらくその姿は見られなくなりますが、十八世紀なかばの宝暦八年（一七五八）に、下野国黒羽《くろばね》藩が「百姓身持之事」の一部を教諭書として採用しました。そしてこの黒羽藩本「百姓身持教訓」は、周辺の藩や幕領、さらに遠くは陸奥国南部藩や近江にも伝わっていきました。

その後、文政十三年（一八三〇）、美濃国岩村藩で「慶安御触書」という題をもつ文書が初めて木版印刷されます（図40）。これは全国各地の大名・旗本・幕府代官などに受け入れられ、さらには幕府学問所総裁の林述斎《じゅっさい》が当時編さんしていた『徳川実紀』（歴代将軍の正史）に、三代将軍家光が慶安二年二月二十六日に発布した全国法令として、この触書を収録したのです。ここに、大いなる誤解が始まりました。

◆流布の背景

ところで、この岩村藩本「慶安御触書」が諸藩に受け入れられたのは、天保年間（一八三〇～四四）に集中しています。**これはどのようなことを意味しているのでしょうか。**

答えとしては、天保四～七年（一八三三～三六）に全国的に起こった、いわゆる天保の飢饉との関係が考えられ、その対策のため諸藩に採用されたものとみられています。

この飢饉は、もちろん天候不順による自然災害が大きな原因ではありますが、その一方で飯米になるべき米が酒造に回されたり、領内の飢饉より江戸への販売による利益を優先したりするなど、人災の面も少なからずありました。

これに対し民衆は公然と異議を唱え、各地で一国規模の

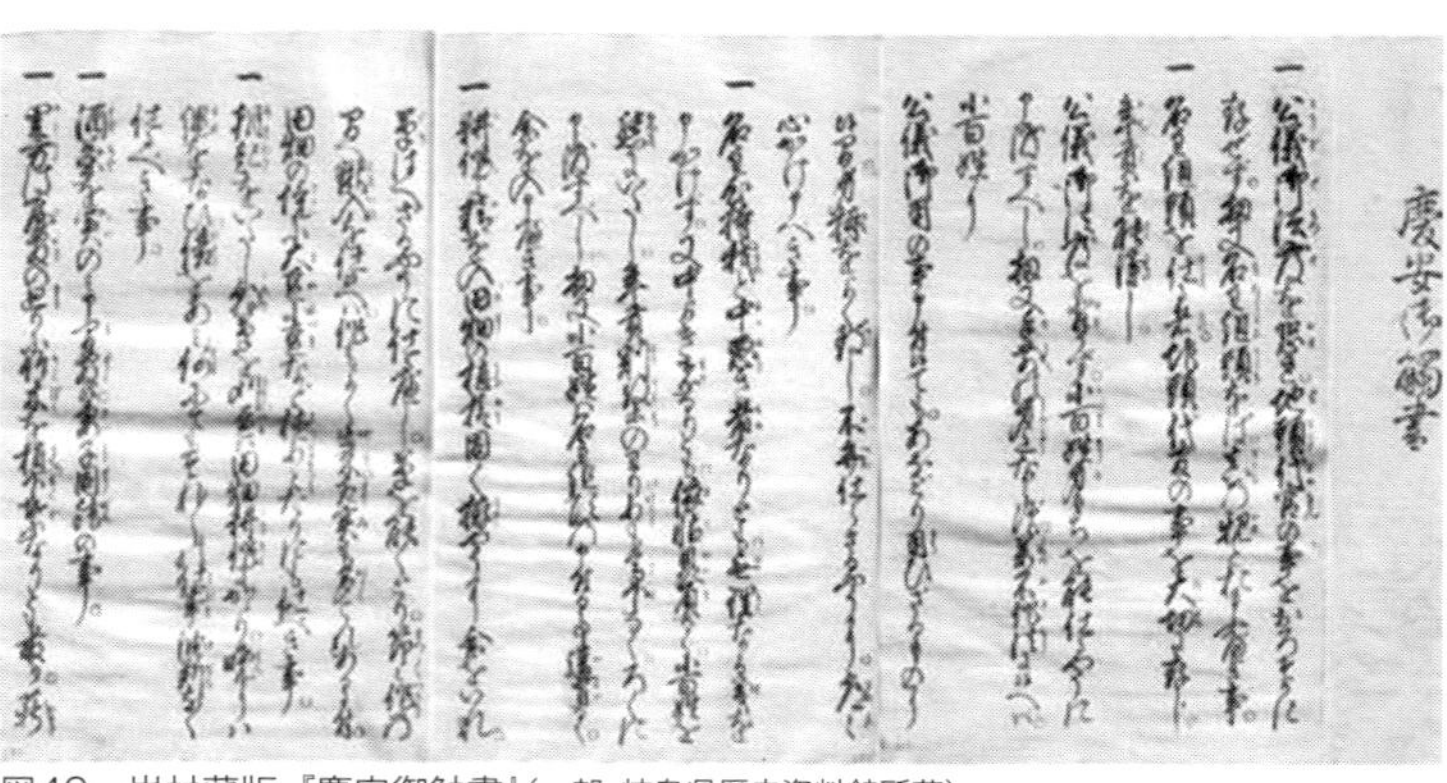

図40　岩村藩版『慶安御触書』（一部、岐阜県歴史資料館所蔵）

蜂起が一揆という形で起こりました。こうした状況の中で、幕藩領主が民心を抑える手段として選んだのが、この岩村藩本「慶安御触書」でした。既に過去のものとなっていた、村と百姓の（あくまで領主にとっての）理想像が描かれており、だからこそ領主たちは争ってこれを採用したのです。

なお、これを採用したところのほとんどは、いわゆる小藩で、国持大名はいませんでした。これは、小藩が相対的に弱い統治機構しかもっておらず、その不備を補うために御触書を利用しようとしたため、とみられています。

◆近現代の日本と慶安の触書

さて明治に入ると、慶安の触書は司法省編さん『徳川禁令考』に収録され、活字化されます。このことは、慶安の触書を全国幕令として定着させる大きな原因となりました。

その後、戦時中も皇国史観のもとで、人民支配や人心教化を示す材料として利用され、戦後は農地改革による農民の自立という、民主主義のプラス面をきわだたせるため、封建領主の過酷な年貢収奪と共同体規制が厳しかったマイナス面を強調する目的で、歴史の教科書に登場するに至ったのです。

なおさすがに近年の教科書では、この触書について「慶安二年に出されたと伝えられる」としたり、存在そのものの疑問について記述するものも増えてきています。

【参考文献】

◎田中圭一『百姓の江戸時代』（筑摩書房、二〇〇〇年）
　同　『村からみた日本史』（筑摩書房、二〇〇二年）
◎山本英二『慶安の触書は出されたか』（山川出版社、二〇〇二年）

㉖ 生類憐みの令に見る幕府のジレンマ

◆生類憐みの令をめぐる疑問

江戸幕府五代将軍の徳川綱吉は、「犬公方」などとも呼ばれるように、犬をはじめとした生類を愛護することを命じた、いわゆる生類憐みの令を繰り返し出したこと（最初は貞享四・一六八七年。ただし異説あり）で有名です。

なぜ彼がこうした特異な法令を出したのかについては、一般に信頼の厚い隆光という僧が、天和三年（一六八三）に「（前年、子の徳松が五歳で死去し、跡継ぎがいないのは）前世に殺生《せっしょう》を多く行った報いで、子を得るためには生き物を愛し、殺さないことが大事である。ことに将軍は戌《いぬ》年生まれだから、犬を大事にするように」と説いたため、とされています。

しかしこれが事実という確証はなく、しかもこれ以前から幕府は、動物愛護の法令を出していたのです。つまり、どうやらこの法令発布の背景には、当時の幕府が直面していたもっと根の深い問題があったようです。それはいったいどのようなことだったのでしょうか。

◆国立(?)の犬小屋ができたいきさつ

元禄八年（一六九五）十月、幕府は四谷、大久保、中野に大規模な犬小屋をつくり、江戸町方の野犬を収容しました。このうち例えば中野の犬小屋の広さは十六万坪（東京ドームの約十一倍）もありましたが、すぐに手狭となったため、翌年十万坪の施設を増築しました。この中には二十五坪の犬小屋が二九〇棟、七・五坪の日除け場が二九五棟、子犬養育所が四五九ヵ所設けられ、最大十万匹が収容されていたそうです（図41）。

これだけ聞くと、確かに「御犬様」だけを優遇しているようにも見えます。しかしここに至る前提として、当時の江戸や地方都市では庶民が犬にかまれたりすることが多く、また病犬もいて、野犬公害に悩まされていた、

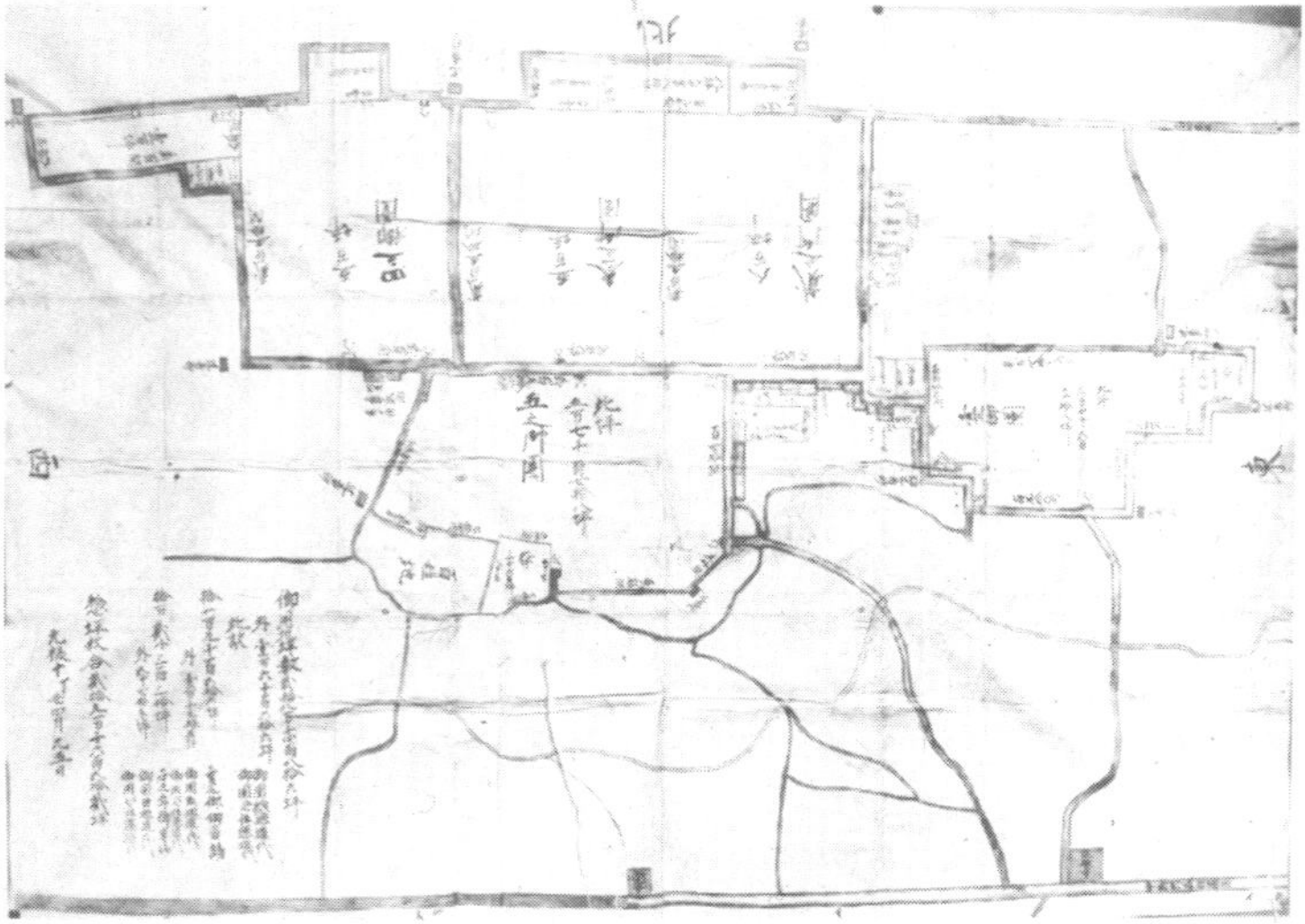

図41　中野に設けられた犬小屋（中野区立歴史民俗資料館所蔵「元禄10年御囲絵図」）

という事実がありました。**では、なぜこうした状況になってしまったのでしょうか。**

当時は元禄、江戸をはじめとした都市部には多くの人々が暮らすようになっていました。当然飼い犬もいたようですが、当時はほとんどが放し飼いで、野犬との区別は曖昧《あいまい》でした。その結果、繁殖力の強さもあって野犬はますます増え、多く出る残飯がその成育を助けたものと思われます。

こうして人々が野犬に危害を加えることが多くなったため、幕府はこれを取り締まるようになり、その一方で、犬の管理にも乗り出しました。すなわち愛護令の中で、犬の毛色、数、飼い主、飼い始めた時期、さらには「旅犬」（野犬のこと）の情報まで記した「犬毛付帳」の作成を命じたのです（諸藩もある程度これにならって実施）。管理を強めて、何とか犬をめぐる事故を減らそうとしていた様子がうかがえます。

しかし、それでも犬への虐待はなかなか減りませんでした。幕府は刑罰を強化して対抗しますが、そうすると虐待はかえって陰湿化しました。結局、幕府自らが野犬の管理に乗り出さざるをえなくなり、冒頭で紹介した広大な犬小屋建設となったわけなのです。

ただこの犬小屋にしても、その膨大な維持費用（一年で九万八〇〇〇両、一両＝十万円として九十八億円）は、江戸市中あるいは犬小屋周辺の庶民の負担とされ、人々の不満は強まっていきました。

◆犬より深刻な捨て馬問題

犬虐待に対する刑罰が厳しくなる十年近く前の貞享四年四月、幕府は「病馬を捨てた者は以後死罪」とする法令を出しました。犬愛護令の方が綱吉の死後直ちに廃止されたのに対し、こちらは以後も継承され、また全国的にも公布されている点でも、より大きな意味をもつものです。

この法令が出された背景として、江戸初期に比べ、このころ馬が飼いにくい状況になっていたことがあげられます。**それはどのようないきさつからだと思いますか。**

まず武士は、戦さがなくなり、都市で生活するようになったため、馬を使う機会が大幅に減り、自らが飼うことは困難になっていました。また宿駅に必要な馬の調達も、当初から民間委託で、藩で使う馬の飼育も農民の手に委ねられていて、領主の統制が及びにくい状態だったのです。

次に農民の場合、農耕用として馬は必要でしたが、江戸中期になると、やはり飼いにくくなっていました。**これには「耕地面積の拡大」と「中小農民の自立」が関係していますが、いったいどのようなことなのでしょう。**

耕地面積が拡大するということは、馬の飼料となる草が繁茂している山野が開発されて減少することを意味します。こうした場所は「入会《いりあい》」などとも呼ばれ、複数の村々の共有地だったので、比較的自由に放牧できたと考えられています。しかし開発が進み、それにともなって所有権をめぐる争いも頻発したりして、放牧は難しくなっていきました。

また中小農民の自立についても、江戸初期には彼らは有力農民に属する形で農業に従事していたので、馬の管理は自分でやらなくてよかったわけです。しかし自立すると、今度は自分で使う馬の維持費を負担しなければならなくなりました。馬や牛は売り物になるので、困った時には売ればいいはずですが、病気になると売れません。そこでやむなく捨てる、ということになるわけです。

◆捨て子も「生類」

それから実は、捨て子（図42）も都市部を中心に深刻な問題となっていました。幕府や諸藩は、捨て子禁止令を綱吉以降もたびたび出しています。当時、捨て子と里子は紙一重の部分があり、それらをめぐる悪徳商売（養育料を受け取りながら、預かった子をろくに乳も飲ませず死なせてしまう）もはびこっていました。

図42　「捨子図」
（国立国会図書館所蔵『金父母』より）

◆農民の鉄砲使用をめぐる幕府のジレンマ

ところで日本における鉄砲の需要は、太平の世となって減ったと思うかもしれませんが、実はかえって増えていたのです。**それも特に農民たちが必要としていたのですが、なぜかわかりますか。**

それは農地が山間部まで広がったため、作物への鳥獣被害が増大したからです。しかし、生類憐れみ政策を進める幕府としては、農民の鉄砲所持と使用は極力抑えなければなりません。貞享四年十二月には、関東八ヵ国で鉄砲の所在調査と没収を行い、特に山奥で鳥獣被害が多い地域以外は鉄砲を貸し出し制とし、使用の際も空砲とするよう命じました。もちろん鳥獣を撃って暮らしている猟師には、用途を限って鉄砲の所持・使用を認めています。

ところが村々では、こうした命令の内容は実態に合わず、特に空砲では効果がないので実弾を使いたいと訴えました。

このため幕府も、元禄六年（一六九三）の法令で、厳しい条件をつけながらも実弾射撃を認めています。**なぜ生類憐れみの方針に反する決定をしなければならなかったのでしょうか。**

答えは、鉄砲使用を抑えたために鳥獣被害が増え、それが幕藩体制の根幹を支える年貢収入の減少につながっては元も子もない、と考えたからでしょう。

◆綱吉の理想と現実との矛盾

綱吉が将軍となった時代は、まだ戦国以来の荒々しさ、自主自立の雰囲気が残っていました。そこで綱吉は、落ち度のあった有力大名を含む領主、幕府役人に対し直接裁断を下して処罰し、大名全体の徳川家への家人化を進めようとしました。また、市中の治安維持にも積極的に乗り出しました。

しかし、そうした力ずくのやり方だけでは無理があります。そこで綱吉は、儒学や仏教の精神を広め、新たな社会秩序（将軍が動物をも含めたすべての身分階層の人々を庇護《ひご》するしくみ）をつくり上げようとしました（文治主義）。生類憐れみの令も、そうした考えに基づいて繰り返し出されたものと思われます。

ただしその庇護とは、あくまで幕府側の発想であり、大名や農民たちにとっては管理強化以外の何物でもなかったのかもしれません。

【参考文献】

◎塚本学『生類をめぐる政治 元禄のフォークロア』（平凡社、一九八三年）

同『徳川綱吉』（吉川弘文館、一九九八年）

◎根崎光男『生類憐みの世界』（同成社、二〇〇六年）

㉗農民は本当に貧しかったのか

◇江戸時代の農民をめぐる疑問

江戸時代の農民についての一般的なイメージは、「武士階級から厳しく年貢を取り立てられ、ぎりぎりの生活を強いられていた人々」というようなものでしょう。これに関しては「胡麻の油と百姓は、絞れば絞るほどいずる物也」（綱吉期後半の勘定奉行神尾春央《かんおはるひで》がいったとされる）などの言葉がよく引用されています。しかし、はたしてこれは事実なのでしょうか。

◇五公五民は本当か

高校の教科書には、「本百姓の負担は、田・畑・家屋敷の高請地《たかうけち》を基準にかけられる年貢が中心で、石高の四〇〜五〇％を、米穀や貨幣で領主に納めることが標準とされた（四公六民・五公五民）。年貢の他、……などが課せられた。これらは大多数を占める零細な百姓にとって重い負担となった」（山川出版社『詳説日本史B』）などと記されています。

ところが幕末期、信濃国更級《さらしな》郡川中島平五ヵ村における実際の年貢率は十％にも満たない、という報告があります。これはいったいどういうわけでしょうか。

◇大規模な新田開発と検地

江戸時代初め、日本各地に都市ができ、また戦争もなくなったため、慢性的な米不足となりました。このため米商人などが藩に申請し、多額の資金を投入して多くの農民（二男・三男）を呼び集め、新田開発を行いました。これにより、例えば越後高田藩の米の生産高は、二十万石も増えています。

宝永七年（一七一〇）に新潟港から積み出された越後国内各藩の蔵米（年貢米のうち、換金用に大坂や江戸の蔵屋敷に送るもの）は三十二万俵でしたが、**ではそれ以外に農民が販売用に出した商品米はどれくらいあったと思いますか。**

答えは、何と蔵米の倍以上の七十万俵でした。つまり、実際には相当多くの米が農民の手元に残り、しかもそれらの多くは売りに出されていたのです。

では、幕府はこの米の増えた分を把握していなかったのでしょうか。

もちろん領主側は、検地を実施してこれに対応しました。検地は村単位で行われ、村内の田・畑・屋敷の面積を測り、それをすべて石盛（一反あたりの米の生産高）で評価し、それらを合算して村高（村全体としての公式な生産高）を決める、というものです。

ところが幕府による大規模な検地は元禄期が最後で、以後は開発された新田部分のみを対象に行われたのです。つまり、元禄以降、既存の耕地で収穫量がアップしていた分は把握されないままとなるので、当然村の実質的な年貢負担率は下がっていきました。

ちなみに江戸後期における米の生産力を見てみましょう。長期間にわたって坪刈帳*が残っていた甲斐四ヵ村、伊豆・越後各一ヵ村、計六ヵ村の収穫量を比較してみると、「江戸後期〜明治三十年平均」に比べ、「明治三十一年〜昭和二年平均」は、わずか一・一三倍しか増えていませんでした。**明治末・大正期の生産の伸びがほとんど見られないともいえますが、まったく別のとらえ方をするとどうでしょうか。**

そうです、既に江戸後期から明治後期の段階で相当な生産力に達していた、とも解釈できるのです。

＊村内の上・中・下田を任意に一坪ずつサンプルとして選び、その収穫量を調べて記録したもの。

◆商品作物栽培やさまざまな稼ぎ

農民たちは米以外にも、実は戦国期以来、その土地に何をつくって売れば一番得かを考え、本年貢の対象外となった収益性の高い商品作物、具体的には「四《し》木《ぼく》三《さん》草《そう》」と総称される茶・桑・漆・楮《こうぞ》・麻・紅花・藍や綿・菜種・煙草などを栽培していました（図43）。これに対し領主側はそうした作物の作付け制限令を出しましたが、実際には守られませんでした。

さらに、農村加工業の一つである酒造業、農閑期の別の仕事、出稼ぎ（必ずしも貧しいからしたとは限らない）などの賃金収入もありました。

冒頭で紹介した実質的な年貢率十％未満というのは、こうした背景があったのです。

◆定免制は幕府ではなく農民が選んだ

検見《けみ》制が村に役人を派遣し、米の出来具合などを調べた上で年貢を決める方法なのに対し、定免《じょうめん》制は過去数年間の収穫高を基準に年貢を定める方法で、享保の改革（十八世紀前半）以後、全国に広がりました。これについて教科書は、「定免制を広く取り入れて年貢率の引上げを図り、年貢の増徴をめざした」と説明しています。

ところが例えば島全体が天領（幕府領）である佐渡では、享保六年（一七二一）、奉行所側がすべての村の名主《なぬし》たちに「定免制と検見制のどちらがよいか」と尋ねたところ、農民側が「定免制にしてほしい」といってきたので、この年から三年間を定免制と決定しています。

図43　四木三草（『農業全書』より）

これは、紹介した教科書の説明とは合っていませんが、いったいどういうことでしょうか。

農民が、自分たちにとって不利益な方法を選ぶはずはありません。つまり定免制の方が手元に残る米が多かったことを意味しているのです。実際、享保期には農業生産は安定していたので、このことが農民たちの判断の裏づけとなっていたようです。

一方、検見制ではその都度年貢率が変えられてしまうため、手元に残る米の量が減る危険性がありました。実際には定免制採用以後、幕府へ納める年貢量は増えていますが、例えば佐渡の場合、従来の水田からの増加はわずかで、多くは新田開発による増収だったのです。そして、以後幕府は、定免制の切り替え年ごとに農民に対して年貢の引き上げを求めます。しかし抵抗にあったため、ついに寛延年間（一七四八〜五一）に検見制へ戻し、これにより一万二〇〇〇石の年貢増徴を命じました。つまり定免制の方が農民の負担が軽かったのです。

それに検見制にはもう一つ、農民たちに嫌われる理由がありました。それは何でしょうか。

答えは、検見制がさまざまな腐敗を起こしていたからです。例えば宝永七年（一七一〇）、佐渡の農民代表が江戸へ赴いて提出した訴状には、「江戸から検見にやってきた役人が、村は廻るけれども稲の出来は見ないで、有力農民の家で酒盛りするだけです。宿泊費・酒代はすべて村の負担で、村を廻る時はすべて駕籠《かご》という次第です」と、そのでたらめぶりが述べ立てられています。

さらにもう一つ、定免制に決定する手続きに注目すべき点はなかったでしょうか。

それは、幕府が一方的に決めているのではなく、農民側の意向を聞いてこれを認めている、というところです。実は享保四年（一七一九）にも、佐渡奉行所（図44）は過去三年間の検見年貢の平均を年貢額としたい、と農民に通告したのですが、農民側は昨年は大豊作で年貢額も多かったので、計算からはずしてほしいと訴え、結局これが受理されているのです。

租税徴収は、いうまでもなく国家権力の中でも中枢に位置するものですが、その決定手続きに関し、幕府は一方的にではなく、農民と協議した上で決めているのです。幕府と農民との関係についてのこれまでの常識は、どうやら根本的に見直す必要がありそうです。

◆「武士はつらいよ」

最後に、帳簿上は約五反の土地しかもたない佐渡の「貧農」と、佐渡奉行所の「中級役人」の年収を比べてみましょう。実は「貧農」が約二一六万円なのに対し、「中級

図44　佐渡奉行所跡（「佐渡にこいっちゃ」webサイトより）

役人」は約五十六万円でした。逆ではありません。**なぜこんなことになるのでしょうか。**

まず「貧農」は米のとれ高が二十七石九斗。この他、縮《ちぢみ》（織物）収入がひと冬で二〜三両、駄賃稼ぎ（馬を用いた街道荷物の運搬）で約三両、煙草栽培で同じく約三両、合計（一両＝十万円、米一石＝四万五〇〇〇円に換算）で約二二六万円となります。

これに対し「中級役人」の収入は米十二石四斗で、他に何の稼ぎもありません。これで家族と奉公人を養い、住まいを維持し、さらには役職に関わる経費、慶弔費などをまかなわなければならなかったのです。

田中圭一氏は「百姓は……金をたくわえ、それを生産に投下しなければならなかった。江戸時代の百姓家が広い敷地をもち、その敷地の中に納屋や立派な土蔵をもつのは、彼らが食べ物を節約し、粗末な衣服をまとったことの結果である。……彼らを一方的に貧者と決めつけてはならない」と述べています（田中『村からみた日本史』）。深く考えさせられる指摘です。


【参考文献】
◎佐藤常雄・大石慎三郎『貧農史観を見直す』（講談社、一九九五年）
◎田中圭一『百姓の江戸時代』（筑摩書房、二〇〇〇年）
同『村からみた日本史』（筑摩書房、二〇〇二年）

㉘ 名主は領主と農民どちらの味方だったのか

◆名主をめぐる疑問

江戸時代、武士は主に農民から年貢を取り立て、支配していました。しかしその武士は村ではなく城下町に集住しており、支配の実務は名主《なぬし》や庄屋、肝煎《きもいり》（以後、名主で統一）などと呼ばれる各村の有力農民が、幕府や藩から任されていました。

はたして名主は領主の代官、それとも農民の代表、いずれの立場にあったのでしょうか。その成り立ちや仕事の内容などを見ていくことによって、この問題を考えていきましょう。

◆村方三役についての誤解

教科書では、村役人として名主の他に組頭《くみがしら》*と百姓代がいて、この三者をまとめて「村方三役」と呼ぶ、とされています。しかしこの三役は、はじめから揃ってできたわけではありませんでした。**このうち最も新しくできたのは、どれだと思いますか。**

答えは百姓代で、江戸中期の十八世紀以降に一般化しました。名主や組頭の不正追及に端を発した村方騒動を背景に登場し、文字どおり一般農民層を代表して前二者の監査役をつとめたのです。
このように村方三役をセットで覚えてしまうと、長い江戸時代における村落の変化を見落としてしまう危険性があるのです。

＊本来五人組の頭という意味で、はじめは一般農民の利益を代表する立場だったが、次第に名主の補佐という性格を強めた（ふつう名主は村に一名、組頭は複数名）。

◇本来名主は武士だった

秀吉の天下統一や関ヶ原合戦の後、多くの大名が改易《かいえき》となったため、その中小家臣のほとんどは勝ち残った大名に仕えることもできず、帰農していきました。もっとも、彼らの多くは中世段階でも土豪や地侍《じざむらい》などと呼ばれ、村の領主として農業経営にも携わっていたので、まったく新しいことを始めるという感覚ではなかったと思います。

こうした人々が各村々の名主をつとめ、以後世襲していきました。ところが村内では、次第に中・下層の農民たちが経済力をつけて実質的な地位を向上させていき、名主のなかば領主のような勝手な（と、彼らの目には映った）村政や、さまざまな特権（苗字帯刀や馬に乗ることを許されたり、一部免税など）への不満を高めていきました。

これに対し名主は、中世において主君から与えられた特権を保証する文書などを根拠に、自分たちの立場の正当性を主張したりしています。例えば上総《かずさ》国（千葉県の一部）のある村の名主は、天保元年（一八三〇）に作成した文書の中で、「この村はわが家の先祖が開き、以来ずっと名主役をつとめてきた。その結果としていろんな特権を認められているのであって、その辺の少し金回りがよくなって村役人になったような人たちとは大いに違う」などと反論しています。

◆一部で「民主主義」が実現？

二本松藩（福島県二本松市）では、幕末の嘉永五年（一八五二）に領内の村々の名主たちに、いつからその役をつとめているか調査しました。**その結果、丹羽氏が十万石の藩となった寛永二十年（一六四三）以前から続いていると答えた家は、全体の何％だったと思いますか。**

答えは十三・二％です（一五一家中二十家）。一方、十九世紀以降に名主をつとめ始めた家は四十九・六％（七十五家）にのぼります。少なくともこの藩に関しては、名主の交代がかなり見られたことがわかります。

地域により事情はさまざまですが、全般的な傾向としては、名主は従来の世襲制にかわり、複数の有力農民が交代でつとめたり、「入札《いれふだ》」すなわち投票によって選ぶような村が増えていきました（図45）。こうした背景には、名主などの村役人が現実的な力をつけてきた一般農民たちの中から選ばれるというケースが増えた半面、その仕事量や経済的負担に耐えかね、名主のやり手がないような村も出てきたことが考えられます。

◇名主の仕事

名主の最も大切な仕事は、いうまでもなく年貢の完納でしたから、その実現のため村をさまざまな面でうまく切り盛りすることが求められました。具体的には、次のような内容です。

①**【村の財政運営】** 年貢は「村請《むらうけ》」といって、村全体で何石納めるよう指示されてきます。そこで名主は、これらをそれぞれ所有する田畑面積の異なる各農家に、不満が出ないよう公平に割り当て、決められた時期にまとめて領主へ納めるのです。またその他、村全体にかかる費用を農民たちから集め、必要なことに不正なく使います。こうした村の財政は、名主個人の家計と分離してい

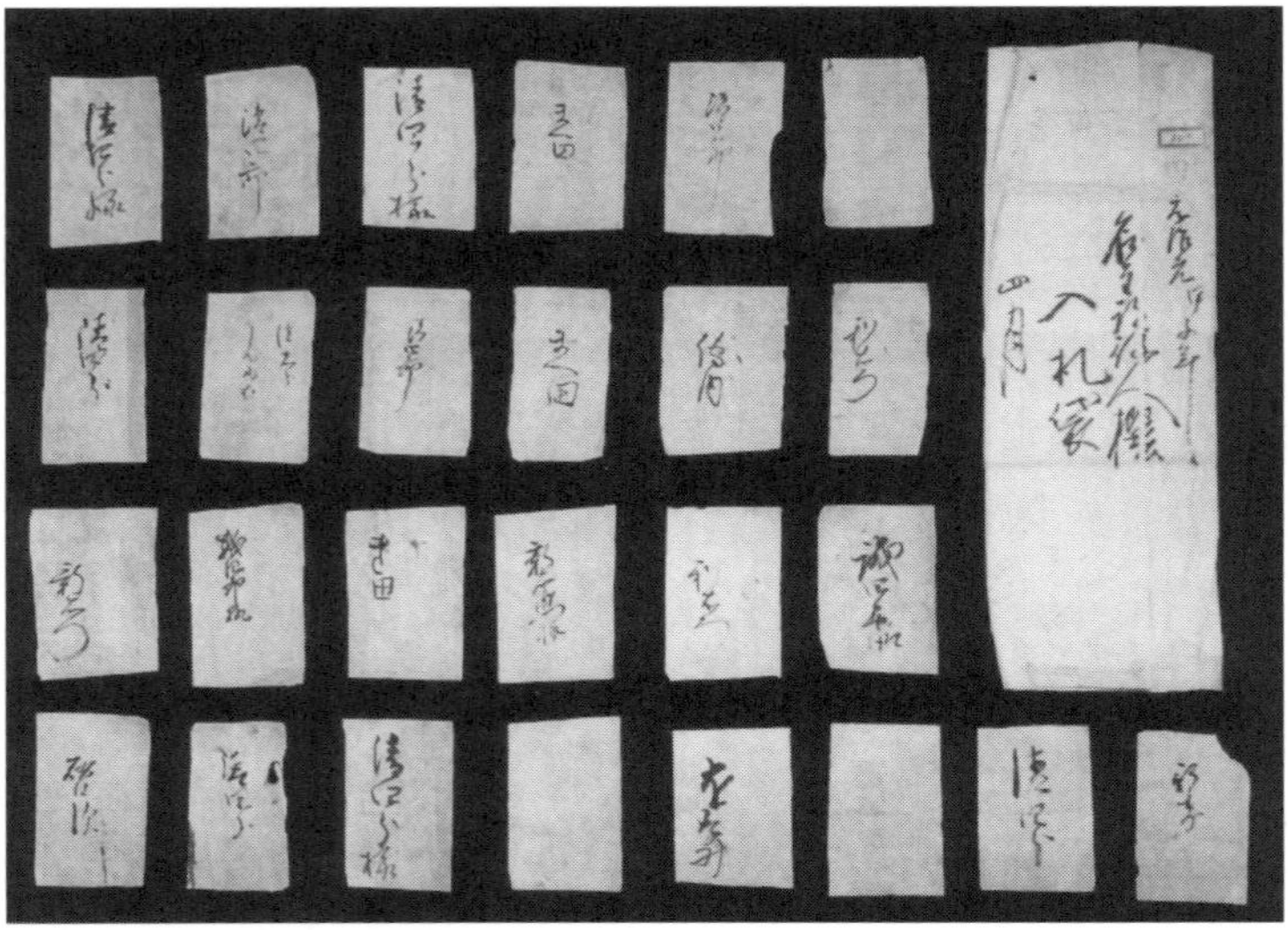

図45　入札（鹿沼市教育委員会『鹿沼市資料編近世2』より）

ない場合が多く、村としての収入だけでは足りない時は、名主自身の持ち出しでまかないました。

②【書類作成】領主とのやりとり、土地やお金の貸借など、いろいろな種類の文書を作成しました。こうしたものの多くは現在まで大切に保管され、江戸時代の村の実態を知る貴重な史料となっています。

③【村の平和維持】病気や事故などで困っている農民を救済したり、農民どうしの対立を調停したり、他村との紛争が起きた場合は、村の代表として交渉にあたりました。

④【寺社の補修】村人の信仰の中心であり、祭りなどによって彼らの結束を固める役割を担う村内の神社・仏閣を維持しました。

⑤【教育・文化の振興】特に江戸後期には、農民にとっても「読み、書き、算盤《そろばん》」は必要な能力になっていました。このため、名主自らが寺子屋の師匠となって村の子どもたちを教えたり、村で費用を出して師匠を招いたりしました。

◆名主の給与と立場の変化

十八世紀なかば、高島藩の瀬沢村（長野県諏訪市）の場合、名主の給与は今のお金にしていくらくらいだったと思いますか。

答えは一年で何と四万二〇〇〇円です。これではほとんどボランティアですね。一般農民がやりたがらない（あるいはやれない）のも道理です。

このため村では、たびたび領主に対し、名主などの村役人の給与を増やすよう求めました。しかし認められないことも多かったので、村では農民たちから費用を集めて給与の増額分にあてることもあったようです。

これは領主側から見れば、自らの負担を増やさずに済んで得をしたようにも思えますが、実は問題点もありました。**どのようなことか、わかりますか**。

それは、名主が給与の多くを負担してくれるようになった一般農民たちの意向を、それまで以上に尊重しなければならなくなったことです。そしてその内容は、必ずしも領主の意思に沿わないものも多かったはずです。

こうして名主は、おおよそ十七世紀後半からは、領主の代官というより、村を代表する立場としての性格を強めていきました。

◆名主間のネットワーク

ところで、関係史料から名主の親類・縁者の立場を調べてみると、その村が属する藩や近隣の藩の武士、周辺の村々の名主たちが多く見られます。**こうしたことは、名主たちにとってどのようなメリットがあったのでしょうか**。

一つは、自らの家の経営や村政に関する多額の資金を名主どうしで融通しあうことができました。また、他村との交渉などの際には、円滑に話がまとまることが期待できますし、村民の仕事先（農業だけではやっていけないので、武家や商家などへの奉公人として働きに出る）を探してもらったりもしていたようです。さらには、名主たちが集まって俳句の会を開いたり、蔵書を貸し借りしたりして、地域文化の振興という点でも、名主間ネットワークは大きく貢献しました。

なお、こうした親類（姻戚）関係は、今でも続いているところがあります。

◆日本史上における名主の家の役割

以上見てきたように、江戸時代の名主は、家そのものには交代があっても、事実上領主から村の経営を任され、また領主と一般農民たちとの板ばさみの中で、周辺の村々の名主たちと連携しながら、懸命に対処してきたのです。

こうした家の一部は、中世末の戦国大名に仕えた武家を先祖とし、今でも堀や土塁をめぐらした立派な屋敷にお住まいになっている子孫の方々もおられます（図46）。

そして明治に入ると、名主たちの多くは新しい地方制度の中で戸長《こちょう》や村会議員などになり、地租改正など難しい仕事の最前線に立って、引き続き村の指導にあたったのでした。さらには産業や教育・文化の振興にも尽力する、いわゆる地方名望家と呼ばれる人たちの一部も彼らの子孫でした。

このように考えてくると、一つの家が中世〜近世〜近代と、日本史上きわめて長期間にわたって、まさに屋台骨として地域を支えていたようなケースも、決して珍しくなかったのかもしれません。時代とともに全国政権のトップは代わっても、その家はそれに応じて表面上の役職や肩書きが変わるだけで、実質はそれほど変わらずに地域の指導者としてあり続けたのです。為政者の変遷と同時に、こうした変わらない部分をもあわせ見ていくことで、初めてより真実に近い歴史像に迫っていけるのではないでしょうか。

図46　一之江名主屋敷長屋門（東京都江戸川区提供）

【参考文献】

◎渡辺尚志『江戸時代の村人たち』（山川出版社、一九九七年）
　同　『遠くて近い江戸の村 上総国本小轡村の江戸時代』（崙書房出版、二〇〇四年）
　同　『百姓の力 江戸時代から見える日本』（柏書房、二〇〇八年）
◎田中圭一『百姓の江戸時代』（筑摩書房、二〇〇〇年）
◎芳賀町編『芳賀町史』通史編近世（二〇〇三年）
◎平野哲也『江戸時代村 社会の存立構造』（御茶の水書房、二〇〇四年）
◎成松佐恵子『名主文書にみる江戸時代の農村の暮らし』（雄山閣、二〇〇四年）

㉙ 改革に挑んだ「金権」老中─水野忠邦と天保の改革

◆水野忠邦と天保の改革をめぐる疑問

水野忠邦（図47）は、三大改革最後の天保の改革を行った老中として知られていますが、そもそも彼はどのようにして老中トップの地位を得たのでしょうか。実は、このこと自体にとても大きな矛盾があったのですが、それはどういうことでしょうか。

また彼が次々と打ち出した政策のほとんどは失敗してしまうのですが、これにはいったいどのような背景があったのでしょうか。

◆改革以前の状況

寛政の改革後、その反動で十一代将軍家斉《いえなり》が実権を握った十八世紀末～十九世紀前半は、再び放漫財政となり、さまざまな矛盾が深刻化していました。幕府・諸藩ともに厳しい財政危

図47　水野忠邦（首都大学東京図書情報センター所蔵）

機に直面していましたが、有効な解決策を見出すことはできず、結局は貨幣改鋳《かいちゅう》（金貨や銀貨の金銀含有率を下げ、「出目《でめ》」と呼ばれる差益を得る）を繰り返さざるをえなかったのです。

また家斉には何と五十五人の子どもがいたので（うち成人したのは二十五人）、幕府は彼らを養い続けることはできず、男子は婿養子、女子は嫁として大名家に押しつけました。**大名家にとっては一見、名誉で歓迎すべきことのように思えますが、実際は費用もかかり、*また別の大きな問題がありました。それはどのようなことだと思いますか。**

一つは、大名家に入った将軍の子女だけでなく、そのお付きの者たちも「自分たちは格上だ」という意識をもち続けたために、大名家の人々が悔しい思いをしたことです。また婿養子の場合、大名は自らの嫡子を廃して、その養子の方を跡継ぎにしなければならなかったため、大名自身も、それから嫡子付きの家臣たちも失望します（嫡子が順当に当主になっていれば、栄達が期待できた）。

こうした政策により、関係大名の幕府に対する恨みが蓄積されていきました。幕末維新期に、将軍一門の家や姻戚関係のあった大名家の多くが倒幕派となったのも、こうしたことが遠因だったとする説もあります。

ただ、さすがに幕府もそうした大名家の財政負担の増大を考慮し、加増や有利な領地替え、お金の貸与、家格の引き上げなどの優遇策をとりました。**しかし、例えば有利な領地替えには大きな問題がありました。どのようなことでしょうか。**

それは、領地替えですから必ず相手の藩がどこかに移らなければならず、その移った先の年貢収入が額面の石高を下回る可能性もあった、ということです。

また家格の引き上げは、それまでに形づくられていた大名間の家格秩序を乱すこととなり、このことが幕政の不安定化を招く危険性を高めました。

こうした状況の中で、水野忠邦が歴史の表舞台に登場してくるのです。

*例えば東京大学の赤門は、家斉の二十一子、溶姫《やすひめ》の嫁ぎ先である加賀前田家の上屋敷でつくられたものである。迎える側の大名の朝廷での位階が三位以上の場合、姫とお付きの者が住む新しい御殿をつくり、その門は赤く塗る慣わしがあった。

◆猛烈な昇進運動―「郷に入っては郷に従え」

忠邦の出た水野家は、家康の生母の実家であり、徳川家譜代の名門でした。歴代当主の多くが幕府の要職に就いており、忠邦もまた老中への昇進を早くから熱望していました。文化九年（一八一二）に十九歳で父忠光の跡を継いで肥前唐津藩主となった忠邦は、同十二年に幕府奏者番、十四年浜松藩主・寺社奉行、文政八年（一八二五）大坂城代、翌年京都所司代（三十三歳）と、順調に出世街道を歩んでいきます。

しかし実は、忠邦はこのために時の老中水野忠成《ただあきら》など幕府の要人たちに莫大な金品を贈り続けていました。**藩財政の厳しい中、いったいどのようにして出世工作のための資金をつくったのでしょうか。**

方法の一つは、新たにもらった領地を担保とした商人からの借金です。忠邦は、多数の商人たちからお金を借りましたが、踏み倒しや長期繰り延べをしたりして、ほとんどまともには返さず、鴻池《こうのいけ》・住友などの豪商十家のみに返済しました。こうすることで、老中になってからも彼らとの関係（金脈）を維持したのです。

もう一つの方法は、「無尽」の講元になることです。無尽は頼母子《たのもし》講と同様、本来は互助的な金融組合のことをさし、掛け金をかけてくじを引き、当たった者がその金を借りられるというしくみでした。しかし、ほとんど賭け事と同じ不正なものもあり、これを取り仕切る講元は、莫大な金を手に入れることができたのです。幕府法では武士が無尽を行うことは禁じられていましたが、実際には幕府の要人たちが自ら講元となって、大坂でこうした不正無尽を開かせており、忠邦もその例外ではありませんでした。

西の丸老中（次期将軍付き）時代の文政十三年（一八三〇）、忠邦は国元である浜松の家臣に対し、「無尽が違法なのはわかっている……（自分が行わせている）上方の無尽は、借金という形に切り替えよ。特に違法性の高い無尽は至急中止し、証拠書類は焼却せよ。浜松領内の無尽は続けてもかまわない」と指示しています。

金権腐敗の悪習が広がっていたこの時代、たとえ忠邦の本意が清新な幕政をめざす大改革にあったとしても、それを実現できる老中首座の地位に就かなければ、どうにもなりませんでした。ですから、そのための出世工作の過程で、忠邦自身も金権腐敗の世界にまみれ、結果としてダーティーなイメージが世間に強く印象づけられてしまったのです。

◆改革の開始

天保五年（一八三四）本丸老中、同八年勝手掛老中を経て、同十年に四十六歳でついに老中首座となりました。そして大御所としてなおも実権を握っていた前将軍家斉が同十二年閏一月に死去すると、いよいよ忠邦による改革政治が始まったのです。

まず改革成功のためには、為政者自身が身を正さなければと、役人に質素倹約を徹底させようとしました。例えば「もっと粗末な服を着て執務せよ」と命じたのですが、**これによりかえって役人たちは出費が増えてしまったそうです。なぜでしょうか。**

それは、そのような粗末な服を役人たちがもっておらず、わざわざ新調したからです。笑い話にもなりませんね。

◆実情に合わない人返し令

それから、江戸に集中した農民を村に帰して農業を復興し、年貢収入の回復を図ろうとして人返し令を天保十四年三月に出しました。

しかし、同じような法令は寛政の改革の時にも出されています。この時幕府は、帰郷を望む者に旅費や食料費・農具代など約三両（約三十万円）を与える、としましたが、これに応じたのは何とたったの四人でした。**なぜこんなに少なかったのでしょうか。**

実は、既にかなり以前から地方の農村は荒廃し、商品作物や工業製品の値段が上がる一方で、米価は下落していました。しかも商品経済・貨幣経済は農村にも深く浸透していたため、多くの農民たちが村を捨て、江戸に職を求めて流入してきたのです。

都市問題は、こうした農業の疲弊という根深い問題と背中合わせになっていて、幕府の命令一つで解消できるはずもありませんでした。

◆忠邦VS遠山の金さん

また忠邦は、ぜいたくや風紀の乱れを抑えるためには、江戸の町が衰え、商人たちの営業が成り立たなくなってもかまわないと考えていました。しかし、江戸町奉行*はこれに反対し、「町人にはぜいたくをせず分限相応の暮らしを求めるのと同時に、江戸が寂しくならず、賑わうように心がけさせるべきだ」と主張しています。

そして彼らは、忠邦の唱えた寄席や芝居小屋の全面廃止にも反対し、ついに移転や営業の縮小ということで落着させています。**町奉行たちが、こうした江戸庶民の楽しみを奪い去ることに猛反対したのには、切実な理由があったのですが、それはどんなことでしょうか。**

彼らが心配したのは、庶民が不景気となってわずかな収入も得られなくなり、さらには落語や芝居などのささやかな娯楽まで奪われてしまったら、ついには蜂起してしまうのではないか、ということでした。そうなれば、ごくわずかな人数で江戸の町を治めている奉行は、治安維持ができなくなる、というのです。首都の治安崩壊は、そのまま幕府の崩壊にもつながりかねませんでした。

＊この町奉行の一人が、テレビ時代劇で有名な「遠山の金さん」こと、北町奉行遠山左衛門尉景元《かげもと》（図48）である。きわめて優秀な人物だったらしく、将軍家慶《いえよし》がその裁きを見に来て激賞した話が残っている。若いころは遊び人で、桜吹雪の入れ墨があるという話は、ある程度根拠があった（ただし入れ墨は首から上の美女だった、という説もある）。景元は江戸の実情をよくふまえ、忠邦にしばしば反対意見を述べた。

図48　晩年の遠山景元
（千葉県立中央博物館大多喜城分館所蔵）

◆物価統制にも失敗

さらに忠邦は、天保十二年の暮れに十組問屋《とくみどいや》をはじめとするすべての業界団体を解散させました。これにより競争を自由にし、その結果として物価が下がることを期待したのですが、かえって市場が混乱し、効果はありませんでした。そこで忠邦は、諸商品の一律二割値下げを命じたのですが、これに対して商人たちは、（今もありますが）商品の大きさを二割減にしたりして対抗したのです。

◆迫り来る対外危機への対応

ところで忠邦の時代には、欧米列強のアジア進出が本格化していました。忠邦は、アヘン戦争で清がイギリスに敗れたことに大きな危機感を抱き、またモリソン号事件*では、日本の対外防備の無力さを痛感しました。そこで、西洋式砲術を採用して鉄砲方を増強したり、大筒（大砲）組を創設したりしています。

また忠邦は、蒸気船や蒸気機関車の輸入計画を立ち上げたり（後に中止）、諸大名に対し軍備増強命令を出しました。**このうち後者は、従来の幕府の基本政策から考えて、きわめて注目される内容ですが、それはどういうことでしょうか。**

すなわち幕府は、これまで諸大名に対し政権の保持・安定を図るために、軍備の増強を厳しく禁じていました。例えば大筒にしても、大坂夏の陣のころのものが、そのまま幕末維新の戦争にも使われたのです。ところがその幕府が、逆に軍備増強を命じたのですから、へたをすればその力は幕府自体に向けられることもありえたわけです（現に薩長はその後、そのようにした）。

＊天保八年（一八三七）、異国船打払い令に基づき、漂流民送還のため江戸湾に入ろうとしたアメリカのモリソン号に対し、浦賀奉行が砲撃した事件。まったく効果がなく、また後にそうしたことが列強との開戦のきっかけとなると知り、幕府は強い危機意識をもった。

◆改革の失敗と失脚

天保十四年（一八四三）六月、忠邦は上知《あげち》令を出します。これは、江戸・大坂周辺の大名・

旗本領を没収し、そのかわり地方の土地を与えるというものでした。この目的としては、大名・旗本領の方が幕府領より年貢率が高かったので、これと交換して幕府財政の立て直しを図ろうとしたこと、江戸・大坂周辺は領地が細かく分かれていて、治安上問題が多かったのでこれを直すこと、対外危機に備えること、などがあげられます。

しかし、これに対しては国内各階層からいっせいに反対の声があがりました。しかも今回は、**それまで反対の多い中でも忠邦を支持し、その政策断行を助けていた、他の老中や幕府要人たちも反対に回ったのです。それはなぜだと思いますか。**

例えば忠邦の同僚である老中土井利位《としつら》は、下総古河八万石の大名でしたが、その他に上知令の対象内である大坂周辺にも飛び地をもっていました。ここで領民の激しい反対闘争が起こったため、利位もこれを受けて立場を変えたようです。

こうして最後は側近にも裏切られ、将軍家慶の信頼も失ったため、忠邦は同年閏九月に老中を罷免されました。その後いったん老中に戻りますが、ほとんど何もせず弘化二年（一八四五）二月に病気を理由に辞職しています。すると同年九月、在任時に行われた貨幣改鋳の際に賄賂を受けたとして領地（二万石）と屋敷を没収され、謹慎処分となりました。そして六年後の嘉永四年（一八五一）二月十日、五十八歳で死去しています。

◆三大改革における天保の改革の位置づけ

三大改革と一口にいっても、それぞれを取り巻く条件は大きく異なっていました。例えば改革の責任者は、享保の場合は将軍自身、寛政の場合も将軍になる可能性のある一族の松平氏だったのに対し、忠邦の場合は小さな譜代大名にすぎず、もともと実行力という点で前二者よりはるかに困難な条件をもっていました。

そして何よりも、幕府支配の矛盾に関する深刻さの度合いが、前二つの改革時とは比べものにならず、崩壊寸前といった状況だったことに留意すべきだと思います。もう開国・幕末は目の前に迫っていたのです。

【参考文献】
◎北島正元『日本の歴史18幕藩制の苦悶』(中央公論社、一九七四年)
◎藤田覚『天保の改革』(吉川弘文館、一九八九年)
　同　『遠山金四郎の時代』(校倉書房、一九九二年)
　同　『水野忠邦　政治改革にかけた金権老中』(東洋経済新報社、一九九四年)
◎鈴木浩三『資本主義は江戸で生まれた』(日本経済新聞社、二〇〇二年)

第4部◉近現代

㉚ 世界史から見たペリー来航

◆ペリー来航をめぐる疑問

嘉永六年（一八五三）六月、アメリカの遣日特使ペリーは、軍艦四隻を率いて浦賀に来航、幕府に開国を要求しました。これにより日本の近代化が始まったとされていますが、そもそも日本に開国を要求したのが、当時世界の超大国で、既にお隣の中国には利権を拡大させていたイギリスではなく、建国してまだ一〇〇年も経っていない新興国アメリカだったのはなぜでしょうか。この根本的な疑問は、日本とアメリカだけを見ていては解けません。

◆イギリスが来られなかった事情

表16の年表を見て、イギリスが日本に来られなかった

年	できごと
1842	英、アヘン戦争で中国（清王朝）に勝利、香港を獲得 （米、このころ大陸東岸中心に綿工業さかん）
1844	米・仏、中国において英と同じ権利を獲得
1845	米、テキサス併合
1846	米、オレゴン併合。
1848	メキシコとの戦争に勝ち、カリフォルニアを獲得。同地にゴールドラッシュ起こる （このころインドで対英戦争続く）
1851	中国で太平天国の乱起こる（～64）
1853	ペリー、浦賀に来航 クリミア戦争起こる（～56、英・仏・トルコ対ロシア）
1854	ペリー再来航、日米和親条約結ばれる
1857	インドでセポイの乱起こる（～59）

表16　ペリー来航関係年表

事情にお気づきでしょうか。

そうです、ペリー来航の前後、イギリスは世界最大の植民地をもつがゆえに起こった多くの問題（太平天国の乱、クリミア戦争、セポイの乱など）への対処に忙殺されていたのです。そのため、日本への関心はなくはありませんでしたが、実際に行動する余裕はありませんでした。

◆アメリカの東アジアへの関心の高まり

もともと北米東岸に建国したアメリカの関心は、もっぱらヨーロッパ（大西洋）側に向けられていました。しかし、その後西部開拓が進み、一八四五年にはテキサス、翌年にはオレゴンをそれぞれ併合し、さらに一八四八年には米墨戦争に勝利した結果、メキシコからカリフォルニアを獲得しました。その結果、アメリカの領土は太平洋岸に達し、当然次の関心は、その海の先にある地域、すなわち東アジアへと向けられていったのです。

◆さかんだったアメリカ捕鯨業

今でこそアメリカは、日本の捕鯨を強く非難していますが、十九世紀なかばごろはさかんに捕鯨を行っており、日本近海でも操業するようになっていました。ただアメリカの場合、鯨は食用ではなく、各種の油、良質の蠟燭《ろうそく》、軟膏《なんこう》薬などに用いられました。**このうち各種の油は、当時アメリカ国内で大変需要が多かったのですが、何のために用いられたでしょうか。**

実は、このころアメリカにおける産業革命が始まっていました。大陸東岸を中心に綿工業がさかんで、鯨からとる各種の油は、紡織機用のスピンドル油をはじめとした機械類の潤滑油として精製することができました。つまり捕鯨は、当時のアメリカにとって、産業革命を推進させる上で、どうしても必要なことだったのです。

なおこの他、当時の女性がさかんに用いた、スカートの内側につけてふくらませるための腰当て（bustle）（図49）は、鯨の骨を組み合わせてつくられました。

◆黒船と開国要求との関係

捕鯨とともにアメリカのアジアでの主な関心は、ヨーロッパ諸国と同様に中国に向けられていました。すなわち、アヘン戦争の二年後の一八四四年、アメリカはイギリスと同様の内容をもつ望厦《ぼうか》条約を清と結び、中国への経済進出を始めます。

当時、サンフランシスコから太平洋を横断して上海に行くのに、最も速い船でも三週間かかりました。ペリーたちが乗ってきた、いわゆる黒船（木造船のため木の腐食を防ぎ、防水性を高める目的で黒色のコールタールを塗った）（図50）が蒸気船だったことは、ほとんどの読者がご存知でしょう。**しかし、それが三本マストの帆船《はんせん》でもあったのはなぜでしょうか。**

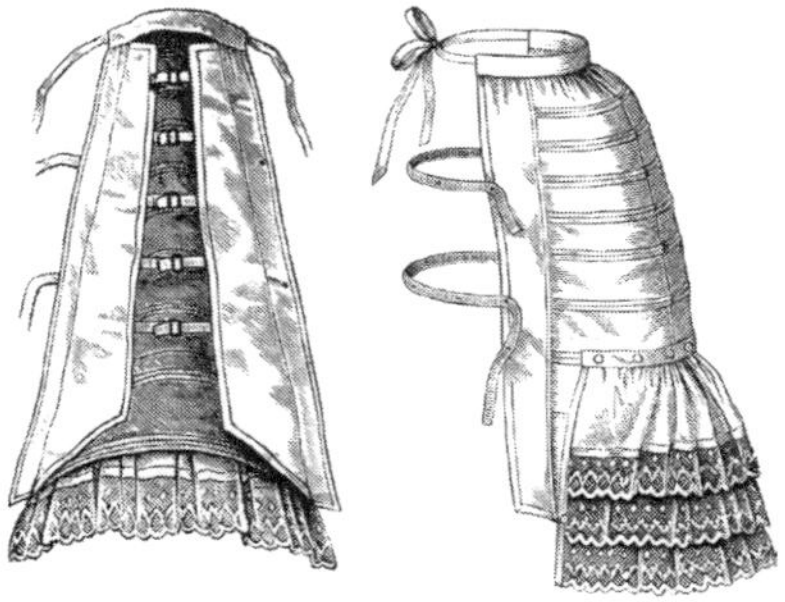

図49　スカートの腰当て

実は、蒸気船の燃料である石炭は、せいぜい一週間分くらいしか積めませんでした。なぜなら、それ以上積むと積み荷の方を減らさなければならなかったからです。そこで、できるだけ帆走する必要があったのですが、それにしても給炭地の確保は重要でした。アメリカが日本に開国を迫った目的の一つは、ここにあったのです。

◆ペリー艦隊とイギリス

ところで、ペリーはもともと日本と実戦を行うつもりはありませんでした。彼は、きわめて高度な政治的規律と高い文明をもつ日本に対し、いきなり威嚇的な手段に出れば、必ず反発と抵抗にあうことを知っていました。もし戦っても、最終的には上陸して陸戦となり、そうなると兵数にも限りがあるため、いずれ敗れてしまうのは明らかでした。

図50 サスクェハナ号（船の科学館所蔵）

それにペリーは、アメリカ出航時に大統領フィルモアから「発砲禁止、もっぱら交渉によること」と厳命されていたのです。そもそも民主主義国アメリカでは、宣戦布告の権限は大統領ではなく上院議会がもっており、フィルモアも議会に対してとても慎重な人でした。

ただ、それにしても当初ペリーは、十二隻の艦隊で来日する予定だったのです。しかし修理中の船があり、さらに途中の香港で中国情勢（太平天国の乱の最中）に対応するため、最終的には四隻になってしまいました。

なおペリー艦隊は、アメリカ東岸のノーフォークを出て、太平洋ルートではなく、大西洋を東進、アフリカ・インドを回って東南アジアへ至り（ここで香港に寄港）、さらに小笠原を経て日本にやってきました。**なぜ、太平洋方面から来なかったのでしょう。**

これは、既に述べた給炭の問題もありますが、当時の米英関係も影響していました。すなわち、イギリスはこのころ自由主義経済政策に転換しており、アメリカの日本進出に対しては、「さしたる援助もしないが、妨害もしない」程度の対応をとっていたので、ペリーもイギリス支配圏を比較的容易に利用することができたのです。

【参考文献】

◎加藤祐三『黒船前後の世界』（岩波書店、一九八五年）
◎曽村保信『ペリーは、なぜ日本に来たか』（新潮社、一九八七年）
◎田中彰『日本の歴史15開国と倒幕』（集英社、一九九二年）
◎大江志乃夫『ペリー艦隊大航海記』（朝日新聞社、二〇〇〇年）

㉛ 近代国家は江戸末期に準備されていた―綿工業の視点から

◆日本の近代化をめぐる疑問

一般的には、明治維新後に日本は近代国家への歩みを始めたとされています。しかしはたしてこの理解は、本当に正しいのでしょうか。中学や高校の教科書を見ると、江戸時代末期の開国以降を近代としています。西洋文明が大量に流入するようになったことを画期としたためと思われますが、それとは別に、そもそも国内独自に近代化の徴候が見られたことにも注目すべきではないでしょうか。

ここでは、主に綿工業の発展という視点から、この問題を考えていきたいと思います。

◆日本における衣料革命

十六世紀後半、日本で木綿の需要が急速に増大しました。軽くて柔らかく、保温性や吸湿性に優れ、なおかつ安価で入手できるため、麻に代わって庶民の衣料に広く用いられるようになったためです。室町時代以前は、中国や朝鮮からの輸入に頼っていました（この時点では高価な商品だった）が、十五世紀中ごろには国産化が始まり、江戸時代後期には東北・北陸地方を除く全国各地で綿作が行われるようになりました。

◆年貢米を買って納めた農民

なかでも大阪平野での綿作はさかんで、武部善人氏によれば、天保期ごろの河内国の田畑のうち、実に約四十六％で綿が栽培されていたそうです（図51）。このため自家で食べたり年貢として納めるべき米が足らなくなり、農民たちは買ってこれを補いました。皆さんが思い描いていた江戸時代の農民とはずいぶんイメージが異なると思いますが、**なぜ米を買うなどということが可能だったのでしょうか。**

それは、綿作には米作の約二倍の労働力や多くの肥料を必要としますが、その一方で米の二倍弱ほどの値段で売れたからです。また、このころ畿内の農村には膨大な他国米が流れ込み、これによって米価が下がったことも、「綿を売って米を買う」農民たちにとっては好都合でした。

図51　綿つみと「はねつるべ」（水やり設備）
（国立公文書館所蔵『綿圃要務』より）

◆専業農家がわずか十五%の村

十八世紀後半以降、綿作地帯の中に工業地帯が分離して成立します。あるいは綿作地帯でなくても、繰綿《くりわた》（精製していない綿）や綿糸をよそから取り寄せて綿織物をつくる地域が増えていきました。

例えば天保十三年（一八四二）、和泉国宇多大津村《うだおおつ》（大阪府泉大津市）二七七戸の職業を見てみると、十八戸が織り屋を営んでおり、しかもこのうち十戸が専業でした。また、この他糸稼ぎをする家が八十七戸（うち専業は四十二戸）あり、さらに問屋のもとで副業として織物をつくる賃織り農家*も広がり、専業農家はわずか四十戸にすぎない、という状況でした。

*農業の合間に原材料や織機を借り、自宅で織物をつくって労賃を稼ぐ家。

◆マニファクチュアは成立していたのか

ところで宇多大津村最大の織り屋は家族六人、日雇い職人が十五人という規模でした。図52は、ちょうど同じ時期の尾張国丹羽郡（愛知県北西部）における縞木綿《しま》の代表的な織り屋の内部を描いており、中学の教科書にもよく使われる有名なものです。高機《たかばた》（それ以前のイザリ機に比べ、二～三倍の生産能率があった）による作業の他、何種類かの工程が、同じ敷地内で行われていることがわかり、これを以て既にマニファクチュア（工場制手工業）が実現していた、と説明される場合があります。ところがその一方で、そうした解釈への疑問も提起されているのです。**いったいなぜだと思いますか。**

それは当時の画法では、実際には同時に行われていない各場面を一枚の絵にまとめて描いてしまうことが一般的だったからです。そして、仮にこれらの作業が同じ敷地内で行われていたとしても、それはまだ完全な分業ではなく、協業とでも呼ぶべき段階であろう、というのが有力な意見のようです。この時代、生産者の自主性はほとんどなく、全体としては家内工業、あるいは問屋制家内工業の形態が主流を占めていました。

ただそれにしても、こうした規模の織り屋が地方に成立していたことはまちがいなく、綿織物の生産量も、例えば和泉（大阪府堺市周辺）では、十九世紀初めには約一〇〇万反であったのが、幕末段階では二〇〇万反と、大いに伸びていったのです。

◆地方商人の台頭

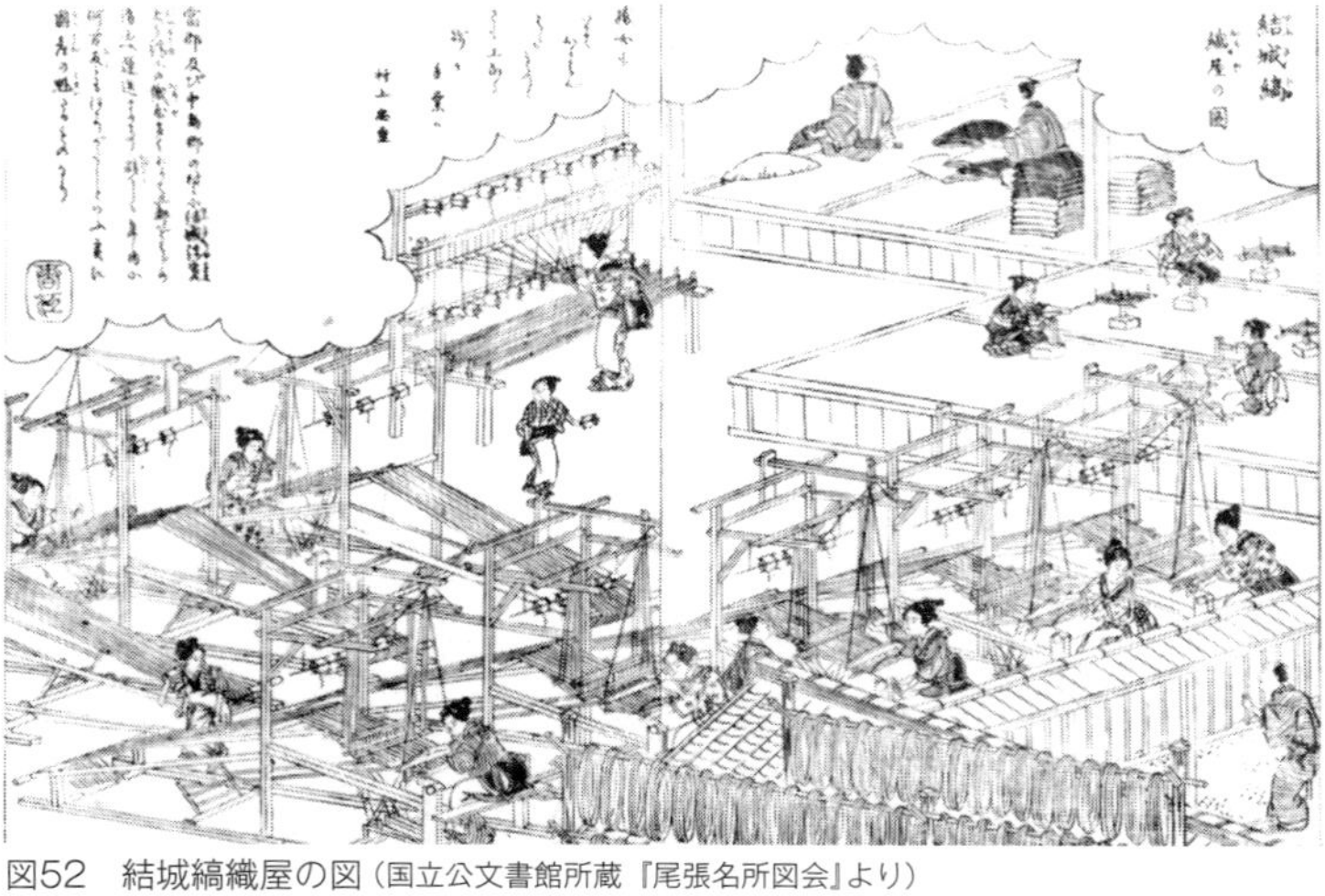

図52　結城縞織屋の図（国立公文書館所蔵『尾張名所図会』より）

また、こうした織物の販売を担う商人たちについても、大きな変化が起こりました。すなわち、十八世紀段階では大坂などの都市商人が、生産地に対し原材料や道具を前貸しして、製品を独占的に買い入れていましたが、十九世紀に入ると生産地での資本蓄積が進み、そこを本拠とする、いわゆる在郷商人が成長していきました。彼らは運輸手段をも握り、それによって都市商人を経由せず彼ら自らが、国内各地の市場へ直接売り出すようになりました。
こうして開国以前の段階で、日本経済は既に成熟の度合いを深めていたのです。

◆開国後も生き残った綿織物業

一般に開国にともなう外国貿易の開始により、国内の在来産業は大打撃を受け、社会に不安と混乱を招いたといわれています。確かに綿織物業に関しても、イギリス製の機械織りによる薄手木綿が大量に流入し、これによって衰退した地域も出てきました。
しかし明治維新期に入ると、再び織物業がさかんとなる地域も見られるようになりました。

これはいったいなぜだと思いますか。

実は、「紡ぎ」(綿糸生産)と「織り」(綿織物生産)の分業化が進んでいたので、細くて均質、そして安価な輸入綿糸を用いた織物業の方が生き残ったからです。

◆欧米列強による経済侵略を防いだのは

日米和親条約（嘉永七・一八五四年）や日米修好通商条約（安政五・一八五八年）では、開港地から外国人が日本の内地に入り込むことのできる範囲が定められました。例えば、貿易総額の七割以上を占める横浜からは、東は六郷川（今の多摩川）まで、それ以外は十里以内となっています。しかし外国商人としては、実際にはこの決まりを破って、より内地に進入し、経済的侵略を進めたかったのです。ところが、その思惑は日本からの輸出品として全体の五～七割を占めていた生糸を扱う国内商人の活動により、はずれてしまいました。**それはどういうことだと思いますか。**

実は、条約では外国人居留地以外での商取り引きを禁じられており、幕府はこの近くに日本商人用の商人町を設け、江戸の大商人を半強制的に出店させた他、全国へ出店の申請を募ったのです。すると関東周辺の中小商人たちが殺到し、貿易開始前の時点で、商人町予定地は満杯になってしまいました。全国各地の市場で活動していた彼らが、開港により始まろうとしていた外国貿易を絶好のチャンスととらえるほど、豊富な生糸が生産されていたことに注目すべきだと思います。さらに為替取引など、当時既に信用システムが発達していたことも、彼らの活動を支えました。

◆機械制紡織業成立の背景

既に述べたように、幕末段階には日本の綿織物の生産量はかなり上がってきており、実際には綿糸の供給が追いつかない状況となっていました。そうした中で、開港による外国貿易が始まったため、国内の綿糸づくりは大打撃を受けますが、先進機業地を中心に輸入糸への転換が急速に進みます。そして明治以降、在来の織物業が新しい形で発展し、輸出産業化するまでになります。

つまりこのことが綿糸の需要をさらに増大させ、大量生産を可能にする近代的な機械制紡織業を本格的に成立させる（実現するのは明治二十年代）呼び水となっていったのです。

【参考文献】

◎大石慎三郎・中根千枝『江戸時代と近代化』（筑摩書房、一九八六年）
◎武部善人『綿と木綿の歴史』（御茶の水書房、一九九七年）
◎『尾西市史』通史編上巻（一九九八年）
◎井上勝生『日本の歴史18開国と幕末変革』（講談社、二〇〇二年）
　同　『日本近現代史①幕末・維新』（岩波書店、二〇〇六年）

32 廃藩置県成功の背景

◆廃藩置県をめぐる疑問

明治四年（一八七一）七月十四日、電撃的な速さで廃藩置県が断行されました（図53）。これは江戸時代の遺制であった藩を完全になくし、府と県を単位とした中央集権国家を打ち立てるための改革です。その鮮やかさは、ある外国新聞が「大名の封建権力の突然の崩壊は、この上なく完全な変革であった」と伝えていることにもよく示されています。

同紙はまた、廃藩置県が旧支配者層から巨大な既得権益を奪い取る大改革であったにもかかわらず、反乱がまったく起きなかった点にも驚嘆しています。いったい、なぜそうしたことが可能だったのでしょうか。

図53　小堀鞆音『廃藩置県』
（明治神宮外苑聖徳記念絵画館所蔵）

◆版籍奉還

ご承知のように、明治政府ができてすぐに藩が廃止されたわけではありません。慶応四年(一八六八)閏四月、新政府は政体書を出し、これによって旧幕府領を府や県に改めましたが、藩についてはそのままとしていました。そして翌明治二年、版籍奉還(大名が自らの領土・領民を政府に返還すること)が行われました。これは、この時点では依然として藩の封建的支配が続いており、新政府の力は名ばかりのものであったため、倒幕勢力の中心であった薩摩・長州・土佐・肥前の四藩が一月二十日、率先して領地・領民の奉還を申し出たことに始まります。

これに対し他の諸藩は、反発するどころか次々と四藩に同調し、奉還する旨の文書を提出、その数は五月三日までに二六二藩に達しました(それ以外の藩も、政府に命じられ後に提出)。

なぜ諸藩がすぐに版籍奉還に応じたかについては、建白の中の「今謹て其版籍を収めて之を上《たてまつ》る。願くは朝廷其宜に処し、其の与ふ可きは之を与へ、其奪ふ可きはこれを奪ひ、凡《およそ》列藩の封土《ほうど》更に宜しく詔命を下し、これを改め定むべし」という部分が大きく関わっているとみられています。**どういうことかわかりますか**。

それは、旧藩主たちの多くが、この中の「其の与ふ可きは之を与へ」という部分を根拠に、領土と領民はいったん返上しても、あらためて政府から再交付されるものと期待していたからです。政治的危機に瀕していた彼らは、幕府にかわり天皇と新政府に自らの地位が保証されることを願っていました。そうした気持ちからしか、この建白を読もうとしなかったため、政府の真意を察知できなかったのです。

六月十七日、版籍奉還の申し出は勅許され、藩主たちはそのまま非世襲の知藩事に任命されました（府藩県三治《さんち》制の確立）。そしてそのわずか八日後、政府は諸藩に、税額や役所費用、藩士や兵卒の数を正確に調べて報告すること、知藩事の家禄（給与）を歳入の一割とすることなどを十月までに実行するよう命じ、それまでの藩制のあり方に強く干渉してきました。

さらに七月八日には職員令《しょくいんれい》を制定、太政官を実質的最高機関とし、二官六省を定めて中央集権化を進めるとともに、知藩事の職務を府県知事と同じとし、あわせてそれ以下の職制についても府県にならわせることとしたのです。

◇版籍奉還後の状況

しかし版籍奉還後も、中央集権化はうまく進みませんでした。そもそも、その基盤となる財政面を見ても、全国三〇〇〇万石余りのうち約二一四〇万石は、相変わらず藩の管轄下にあり、政府は残りの約八六〇万石で全国政権としての機能を担わなければならない、という厳しい状況だったのです。

そこで当時政府の会計を担当していた大隈重信らは、府県からの租税収奪を強行しようとしましたが、各地でこれに反発した農民たちが闘争を激化させます。このため政府内でも論議が起こり、急進的な施策は取り止めとなりました。
しかしその一方で、府県に派遣されていた地方官も、はじめは農民たちに理解を示し、政府を批判していましたが、明治三年（一八七〇）後半になると、新たな認識をもつようになりました。すなわち、問題解決のためには、土地の複雑な入り組み関係や府藩県のさまざまな税制、流通機構のちがいをなくさなければならず、それらを統一して合理的な税制改革を行えば、農民の不満を抑え、安定的な税収が確保できる、と考えるようになったのです。

◆進む藩の自壊現象

ところで、実は明治四年七月以前に、十三の藩が自ら廃藩を申し出ていたのです。**でもなぜ、知藩事や士族たちにとって既得権益の拠り所であったはずの藩を、自らなくそうとしたのでしょうか。**

その最大の理由は、破滅的な財政危機により、藩体制を維持すること自体が困難になっていたからです。諸藩は江戸時代以来、苦しい財政状況にありましたが、**これに拍車をかけるできごとがありました。それは何でしょうか。**

答えは幕末維新の動乱です。この時期各藩は、勤王・佐幕いずれの立場にあっても、膨大な軍事費を支出しなければなりませんでした。こうした大借金は従来、藩札の発行などにより処理していましたが、新政府によってその発行は禁止され（外国との直接貿易も禁止）、また明治三年九月に「藩制」が出され、藩財政に対する規制が一段と厳しくなったため、それまでのやり方はできなくなりました。

そこで多くの藩では、知藩事や士族の家禄を大幅に削って藩の財源にあてました。なかには上級士族から下級士族までをほとんど同額とした藩もあり、このため特に上級士族の家禄は、それまでの二十分の一にまで減額されるケースもありました。しかしそれでも足りず、一部の藩では多数の士族を切り捨て、帰農あるいは帰商させたりしています。

このように、藩の内部から封建的なしくみが解体していくような現象が見られるようになっていました。

◆薩長が廃藩に合意したわけ

こうした情勢を見た政府は、府藩県三治制をより徹底させることによって中央集権化を進めようと図り、明治三年十一月末、その実現のために薩長両藩の力を用いる、という現実路線をとることを決定したのです。

ところが、この方策は大きな問題点（矛盾）を抱えていました。それはどのようなことでしょうか。

答えは、倒幕に最も功績のあった両藩こそが、政府の方針に従わず独立性の高い存在となっていたことです。特に兵制に関し、政府としては藩自体の兵力を極力抑え、国のもつ兵力を充実させたかったのですが、両藩とも戊辰戦争以来拡大させてきた膨大な兵力を有したままで、政府の方針に反対していたのです。ただし、このうち長州藩の方は、明治二年末に一部の兵たちが脱隊行動を起こし、結果として兵制改革が実現したので、残るは薩摩藩の問題のみとなりました。

その薩摩藩の実質的な指導者であった西郷隆盛は、当初政府が進める性急な集権政策と政府内部の腐敗を批判していました。しかし明治三年十一月ごろになると、大久保利通が考えた政府改革（太政官の強化、官吏削減による徹底した行政整理など）が実現しそうであることを聞き、これに協力する姿勢を示していたのです。

それに西郷はもう一つ、政府権力の強化という方針によって薩摩藩の抱える問題を解消できる、と考えたようです。**いったいどのような問題だったのでしょうか。**

それは、薩摩藩が政府の方針に反して保有していた、一万三〇〇〇という膨大な常備軍の維持が、財政的に困難になっていたことです。このうちの大多数を親兵として差し出せば、その費用は政府が負担することになります。

こうした事情から、薩長両藩の合意を得た岩倉具視、大久保利通らは、後に土佐藩の協力も取り付け、明治四年二月、親兵設置を正式に決定し、これに基づいて六月末には三藩の兵八〇〇〇人余りが東京に集結しました。

たためです。

◆混迷打開の大英断

ところが中央集権化に向けた改革は、この親兵設置以外は何も進みませんでした。改革の焦点である各省の人事と制度改革をめぐって、大久保と木戸孝允《たかよし》の意見がことごとく対立したためです。

こうして政府内部の混迷が深刻化した七月初め、兵部省の中堅官僚鳥尾小弥太と山口藩の士官野村靖（鳥尾と同じ長州藩士として藩の兵制改革を進めた）が、兵部少輔山県有朋を訪ね、論議の中で廃藩を訴えました。この話はまたたくまに政府要人に広がり（彼らはこの時点で府藩県三治制による改革は無理と判断していた）、大久保も熟考の末これに同意します。彼は後日、その日記に「現状のまま政府が瓦解するよりは、むしろ大英断を行って瓦解した方がよいと思った」と、その時の心情を記しています。追い詰められた状況の中、悲壮な覚悟を以てこの打開案の実行を決断したことがわかります。

この計画は、大久保ら薩長関係者だけで秘密裏に進められ、岩倉具視や三条実美《さねとみ》らに対してさえ、実行のわずか二日前に伝えられたほどでした。

廃藩置県が宣言された翌日の七月十五日、政府首脳たちは皇居において事後の処置に関して討議を行いましたが、議論百出の状態となりました。この時、遅刻してきた西郷が、しばらく意見を聞いた後、「この上もし各藩で異議などが出れば、兵を以て撃ち潰すしかありません」と大声を張り上げると、議論はたちまちにしてやんでしまったそうです。まさに廃藩置県の大事業が確定した瞬間といえましょう。

◆反乱が起きなかったわけ（まとめ）

・版籍奉還を前提として行われた。これは藩から朝廷への建白であり、この中で「中央集権の実をあげる」と誓っているのに、廃藩置県の詔書の中で天皇から「実績があがっていない」といわれれば、反乱できる大義名分はない。
・政府の藩統制策により自壊現象が進み、自ら廃藩を申し出る藩まで出ていた。
・西郷の一喝に象徴される、親兵八〇〇〇人の威圧。
・「セイフティネット」として知藩事及び士族に優遇策がとられた。*
・知藩事自ら不平士族の反乱を抑えた（心情的に残っていた君臣関係がプラスに作用した）。

＊藩の債務は政府が肩代わりし、知藩事の家禄は保証され、東京へ移住して特権階級（華族）となった。また士族の家禄も政府が引き継いだ。

【参考文献】
◎松尾正人『廃藩置県』（中央公論社、一九八六年）
◎中村哲『日本の歴史16明治維新』（集英社、一九九二年）
◎勝田政治『廃藩置県』（講談社、二〇〇〇年）
◎国立歴史民俗博物館『大久保利通とその時代』図録（二〇一五年）

㉝政府がまるごと長期海外出張―岩倉使節団

◆岩倉使節団をめぐる疑問

明治四年（一八七一）末、右大臣岩倉具視を大使とする、岩倉使節団が欧米十数ヵ国を視察する旅に出発しました（表17）。

副使としては木戸孝允《たかよし》、大久保利通、伊藤博文ら四名が同行、西郷隆盛を除く明治政府の最高メンバーのほとんどが、何と一年十ヵ月（当初の予定は十ヵ月半）も海外へ出張したのです。廃藩置県断行直後、決して安定していたとはいえない政治情勢の中で、こうした空前絶後の使節団を派遣したねらいは何だったのでしょうか。また彼らが何を学び取り、それらが日本にどのようなことをもたらしたのでしょうか。

◆使節団の実態

正式メンバーは四十六名、その随行が十八名、それに四十三名

年月日	訪問先等	年月日	訪問先等
明治4年（1871）		3月30日～	ロシア
11月12日	横浜を出発	4月18日～	デンマーク
12月 6日～	アメリカ	4月24日～	スウェーデン
明治5年（1872）		5月 1日～	ドイツ
8月14日～	イギリス	5月 9日～	イタリア
11月16日～	フランス	6月 3日～	オーストリア
明治6年（1873）		6月19日～	スイス
2月17日～	ベルギー	7月15日～	フランス
2月24日～	オランダ	9月13日	横浜に帰着
3月 9日～	ドイツ		

表17　岩倉使節団の旅程　＊明治5年までの月日は陰暦

の留学生という構成でした。**いったいどこの藩の出身者が最も多かったと思いますか。**

答えは薩摩でも長州でもなく、旧幕臣でした（十三名）。彼らのほとんどは、既に外国を経験したり、洋学を学んでいたのです。また正式メンバーで年齢がわかる四十四名の平均年齢は、何と三十二歳でした。つまり政府はこの使節団を、藩閥の実力者を中心としつつも一方ではそれにとらわれず、広く有能な将来ある人々により組織しようとしたことがわかります。

◆目的の一部失敗

派遣の目的は、次の三つがあげられます。

①幕末に日本と修好通商条約を結んだ欧米諸国を歴訪し、その元首に正式な挨拶をする。
②廃藩置県後の内政を整備するため、先進国の制度・文物を見聞する。
③条約改正のための協議期限（明治五年五月二十六日）を前に、予備交渉を行う（これには日本に譲歩するどころか、かえって攻勢に出てくると予想される諸外国の先手をうって、改正をしばらく延期させ、その間に国内体制の整備を進めようとするねらいがあった）。

このうち③に関して、最初の訪問国アメリカに滞在中、伊藤と大久保はいったん帰国しなければならなくなりました。**いったい何が起こったのでしょうか。**

実はアメリカでの大歓迎ぶりに気をよくした伊藤らは、この分では予定になかった条約改正の正式交渉もうまくいくのではと考え、この旨をアメリカに申し出ました。ところがアメリカ側からは、「日本の最高権力者（天皇）の委任状がないと交渉できない」と回答され、このことを知らなかった使節団は、結局委任状を取りに、二人を一時帰国させたのです。

その他、条約には日本側のみに「最恵国待遇」（ある国に認めた条件は、自動的に他の締結国にも認められてしまう）があることに気づいていなかったりして、条約改正の交渉については、ほとんど成果が得られませんでした。

◆イギリスで資本主義の恐さを実感

大久保と木戸は、ロンドン（図54）の一角で見た、いわゆるスラム街の様子に驚き、このうち大久保は「世の中が浅ましくなった」と嘆いたそうです。

それに**使節団の人たち自身も、その所持金をめぐっ**

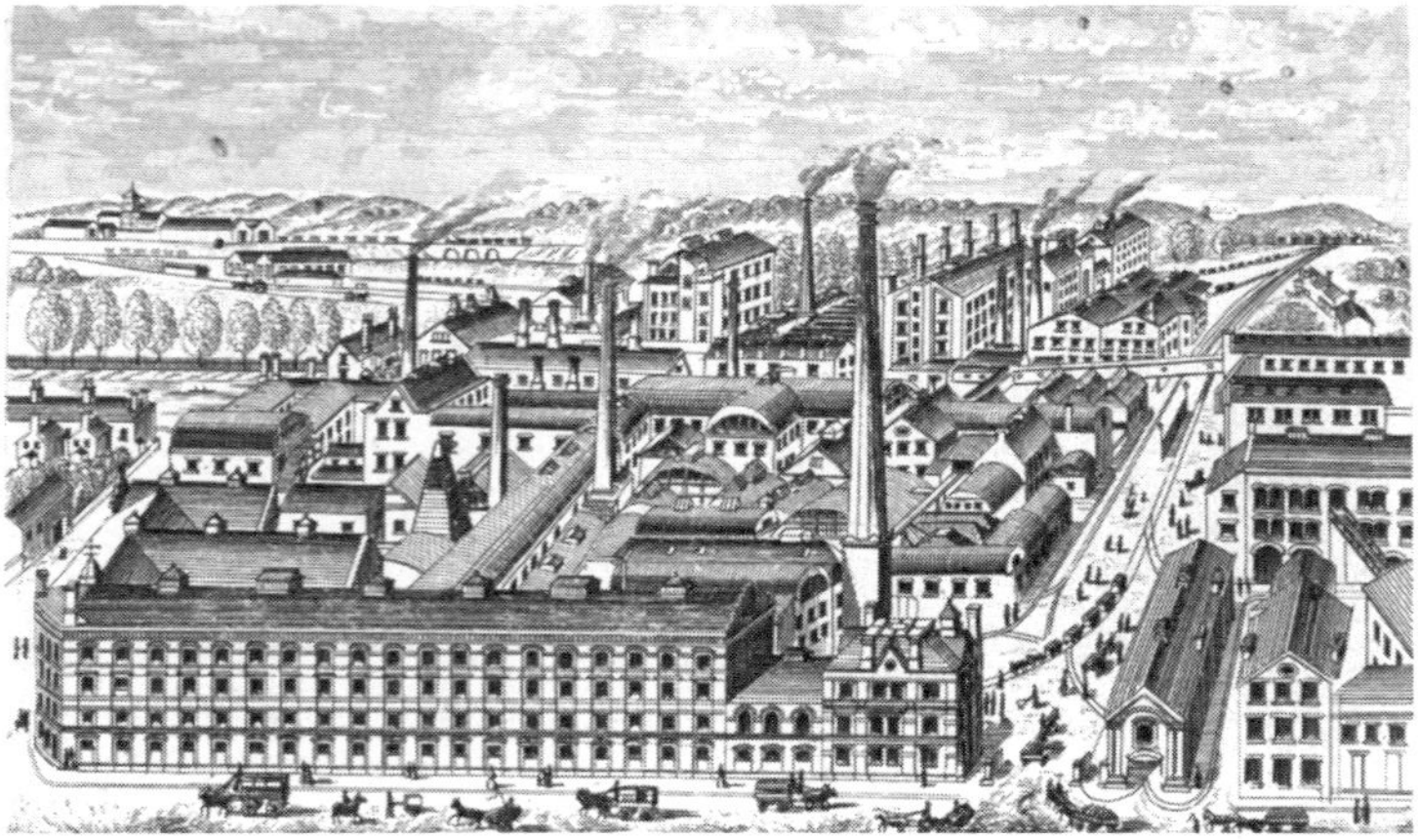

図54　ロンドン近郊のビスケット工場（久米邦武『米欧回覧実記』より、久米美術館所蔵）

て大変な目にあっています。どのようなことだと思いますか。

彼らがアメリカ滞在中、ロンドンから南貞助《ていすけ》という男（旧長州藩士で高杉晋作の徒弟）がやってきて、自分が勤める銀行に旅費や手当を預けるよう、すすめられたのです。これに多くの人たちが応じたのですが、一行がイギリスに着いてまもなく、親会社が倒産してしまったため、その銀行も閉鎖となり、もちろん預金は吹っ飛んでしまいました。彼らは高い「授業料」を払って、資本主義のからくりと厳しさを文字どおり身をもって体験したのです。

◆ドイツで学んだ国際政治の現実

当時、プロシアを中心としたドイツ帝国統一をなしとげたばかりの宰相ビスマルクは、一行との夕食会の席上、次のような演説を行いました。

「今、世界各国はみな親しく交わっているように見えるが、実は弱肉強食というのが本当のところである。……あのいわゆる万国公法も、列国の権利を保全する不変の法とはいうものの、それは大国が有利な状況ではじめて通用するのであって、いったん不利になれば、公法ではなく□□がものをいうのである」

さて、この□□には、何という言葉が入るでしょうか。

そう、「武力」です。このビスマルクの強烈な自己体験をもとにした発言は、一行（特に木戸と大久保）に大きな衝撃を与えました。五箇条の御誓文《ごせいもん》にも記されているように、明治政府は万国公法に基づく国づくりをめざしていましたが、現実の対外関係においては、それよりも軍事力が優先することを思い知らされたのです。

◆使節団帰国後の政治情勢―征韓論をめぐって

ところで、国内情勢の変化は、使節団の帰国を待ってはくれませんでした。明治六年一月に制定された徴兵令に反対する血税一揆が相次ぎ、留守政府は大久保を本隊より四ヵ月も前に帰国させなければならない状況だったのです。使節団の外遊中、国内の大改革はできるだけ行わない、という取り決めも反故《ほご》にされ、また政府内でも権力闘争が行われて薩長勢力は衰退、かわって江藤新平らの肥前藩出身者が台頭していました。

首相格の西郷は、こうした混乱を鎮めるためには朝鮮問題の打開以外ないと考え、自ら使節となって赴くと主張、これがいったんは決まりかけます（征韓論）。

これに対し大久保は、岩倉の帰国を待って西郷らの動きを阻止します。このため西郷ら征韓派は政府を離れ（明治六年の政変）、実質的な大久保政権が誕生しました。

ところが大久保はこの直後、台湾征討（明治七年）や江華島《こうかとう》事件（同八年、日本の軍艦が朝鮮を挑発、江華島を占拠）など、次々と積極的な対外策を実行しているのです。**征韓論に反対した**

大久保の言動と矛盾していないでしょうか。

実は大久保と同じ立場をとった木戸も、外遊前は征韓論を唱えていました。つまり留守番組と外遊組との対立の本質は征韓ではなく、藩閥体制の中での主導権争い、国内改革を急激に進めようとする留守番組と、西洋諸国との圧倒的な実力差を実感し、まずは着実にじっくりと進めていこうという考え方に変わった外遊組との対立、などがポイントだったのです。

◆使節団がもたらしたもの

岩倉使節団は、西洋のさまざまな学問・技術の種をもたらし、また立憲国家に欠かせない憲法や国会の存在を政府に認識させました。ただし大久保らは、イギリスのように憲法のもとで君主とともに政治を担っていける一般国民が育っていない明治初年の段階では、そうした体制づくりを拙速に行うことの危険性を強く感じていました。あるいは彼らの脳裏には、フランスで見たパリ・コミューン*の失敗の爪あとがよみがえっていたのかもしれません。

使節団の人々は、ただ西洋諸国の進んだ文明を鵜呑みにしようとしたわけではなく、国のリーダーとしての強い責任感と使命感をもって、わが国の社会・文明と対比しつつ、その功罪両面を慎重に観察してきました。そして、今までの伝統をすべて否定するのではなく、それを残しつつ、日本独自の近代国家をいかにつくり出すかと考えていたのです。

＊一八七一年、パリで小市民や労働者により自主管理政権が成立したが、臨時政府・議会が敵国プロシアの支援を得て七十二日間で壊滅させた。

【参考文献】
◎田中彰『岩倉使節団『米欧回覧実記』』（岩波書店、二〇〇二年）
◎勝田政治『〈政事家〉大久保利通』（講談社、二〇〇三年）
◎泉三郎『岩倉使節団という冒険』（文藝春秋、二〇〇四年）

34 自由民権運動の理想と現実

◆自由民権運動をめぐる疑問

自由民権運動とは、明治前期、藩閥政府に対抗し、立憲政治の確立を要求して起こった政治運動のことです。この運動は、どのような方法で一般民衆に広まっていったのでしょうか。また、はたして彼らは民権運動家の掲げる理想に心底共鳴し、これと同じ歩調をとっていたのでしょうか。

◆政府が怖れた相手

明治七年（一八七四）の民撰議院設立建白に始まったとされる自由民権運動は、同十年に起こった西南戦争以後、士族を中心としたものから、地方の豪農（有力農民で村役人を兼ねる者が多い）を主体としたものに変わっていきました。彼らの多くはまた、地方名望家《めいぼうか》とも呼ばれ、幕末～明治初期に混乱した地域社会の秩序や経済を立て直し、新たな時代に適応した地域産業を発展させることを何よりも願った人々でした。

しかし、彼らの力だけで自由民権運動の目標を達成することはできず、やはり圧倒的多数を占める農民をはじめとした、一般民衆の支持を得ることが必要でした。

明治九年に全国各地で農民たちによる地租改正反対一揆が起こると、翌年には早速地租を軽減して妥協しようとしたことにもよく示されているように、政府も彼らの動向には特に意を払っていたのです。

明治七年以降、国会開設の建白書や請願書は全国で一三〇件、署名者数は約三十二万人にのぼりました。当時の全人口（約三七〇〇万人）や交通・通信手段、それから一戸で一人という署名方法などを勘案すると、この数は現在の約三〇〇〇万人に相当する、という説もあります。この状況を見て伊藤博文や山県有朋らの政府首脳は、近い将来の国会開設はやむをえないと認識したようです。

◆運動の広がりを支えたもの①「新聞」

こうした自由民権運動を一般民衆に広めるのに役だったものの一つが、新聞でした。そもそもこの運動の発端となった民撰議院設立建白は、もちろん政府には採用されませんでしたが、「日新真事誌」という新聞によって広く一般の人々に紹介されたのです。

ところで現在の新聞（朝刊）の値段は、主要五紙の平均が一三六円ですが、**明治十四年（一八八一）当時、東京で発行されていた「東京日日新聞」は、今のお金にしてズバリいくらだったと思いますか。**

答えは約九〇〇円（当時は四銭）です。最も安かった「読売新聞」でも約三四〇円（一・五銭）しました。「東京日日新聞」は一ヵ月だと約一万九〇〇〇円（八十五銭）となり、地方の読者はさらに郵送料が約五六〇〇円（二十五銭）かかりました。当時はよほど豊かな人でないと自宅で新聞は購読できなかったようです。**では、一般民衆が新聞を読むことは困難だったのでしょうか。**

実は当時、町のあちこちに「新聞縦覧所」が設けられていました。また、各地に数多くできていた民権結社の中には、図書館的な機能をもっていたところもあり、社員や地域の人々に新聞の他、雑誌や本なども閲覧させたり、貸し出したりしていたのです。

このように、当時既に新聞は広く読まれていました。新聞には、民権思想を積極的に採り上げ、政府に批判的なものも多かったので、これらを読むことを通じて、自由民権の考え方が人々の間に浸透していったのです。

一方、これを憂慮した政府は明治八年（一八七五）六月、讒《ざん》謗《ぼう》律《りつ》と新聞紙条例を出して、こうした動きに対する制限を強めていきました。

◆運動の広がりを支えたもの②「演説」

自由民権運動に関わる演説会は、明治十二年後半ごろから全国的に広がり、同十四年には、この年起きた開拓使官有物払い下げ事件*が政府攻撃の格好の問題となったこともあって、ピークを迎えました。

当時、庶民には大した娯楽もなかったので、身振り手振りを交え講談のように熱弁を振るう弁士の演説を楽しんでいた部分がありました。例えば川上音二郎という新派劇の俳優が、民権運動の内容を盛り込んだ「オッペケペ節」で人気を博したのは、有名な話です。**こうしたパフォーマンスが、間接的ながら現在のある芸能と関わりがあるのをご存知ですか。**

それは「演歌」です。「オッペケペ節」などの演説歌は、国会開設後に政治色をなくしていき、大正期に入ると「カチューシャの唄」「船頭小唄」などに代表されるように、大衆芸能化していきます。なお現在の演歌はこれらとの直接的なつながりはなく、一九五〇年代ごろから民謡や浪曲などをベースにつくりあげられてきたものです。

表18は、代表的な民権運動家だった植木枝盛の明治十三年五月後半のスケジュールです。まるで現代の人気タレント並の忙しさだったことがわかります。このうち片岡村では、二回の演説会で計二五〇人もの人々が集まりましたが、これは村の人口（約二四〇人）を上回る人数です。おそらくは近くの村々からも相当集まってきたものと思われ、その熱心な態度を見た枝盛も、日記に「大いに感動した」と記しています。

日時	スケジュール
20日　7時	人力車で大阪を出発
16時	和歌山に到着
夜	演説会（聴衆 600人）
21日午後	演説会
夜	演説会（聴衆 800人）
22日　昼	演説会
夜	演説会（聴衆 500人）
26日 16時過ぎ	汽車で出発
夕方	滋賀県大津に到着
27日	片岡村（長浜市内）で演説会（聴衆 100人）
28日	同村で演説会（聴衆 150人）

表18　植木枝盛のスケジュール
（明治13年5月後半）

一方、政府はこの年四月に集会条例を出し、政治結社や集会を届出制とし、結社間の連絡や屋外での集会を禁じました。また警官を演説会の会場に派遣して、演説の内容が国家の安《あん》寧《ねい》を妨げるものと判断した場合は、退去・解散を命令できることとしました。さらに翌々年には条例を改正し、政治批判を目的とした結社や演説会に対する規制を強めていきます。**そこで結社側は、ある工夫をして演説会を続けようとしました。どのようなことだと思いますか。**

それは、演題を例えば「男女同権論」「家庭教育」「日本未来記」「米国沿革談」などのように啓蒙的なものにした、ということです。

その他、寺社境内や河川敷などで参加者が民権派と政府派になぞらえて紅白に分かれ、綱引きや旗奪い、棒倒しなどをして気勢をあげる「民権運動会」が行われたりしました。

＊政府が国費を投じ北海道で経営してきた事業を、特権的な御用商人に有利な条件で払い下げようとしたが、世論の批判で中止となり、国会開設の勅諭が出された。

◆対アジア観に見る自由民権運動の問題点

ところで自由民権運動と聞くと、一見現代的な自由と平等を訴えた理想的な考え方と受け取りがちですが、やはり十九世紀後期の日本という歴史的条件の中での問題点もありました。例えば対朝鮮問題に関しては、政府と同様、あるいはそれ以上に高圧的な考え方でした。これはそもそも、自由民権運動の中心的人物であった板垣退助が、明治六年に征韓を訴えて受け容れられず、政府から下野した事実を見ても明らかなことです。

◇民権家と一般民衆との「ズレ」

明治中期のいわゆる松方財政*により窮迫した農民たちは、負債の減免を求めて各地に借金党、困民党などを組織し、直接的な行動を起こすようになりました。有名な民権運動家中島信行は、こうした動きを「窮民の暴挙」と批判しています。

民権家が支持を広げたい一般民衆の本音は、①「徴兵からは逃れたい」、②「借金を軽減してほしい」、③「ともかく安心してご飯が食べられれば、誰が天下をとってもよい」というようなものでした。**はたしてこれらは、民権家の考え方と一致するものでしょうか。**

まず①は当時の国民の義務であり、民権家も「租税と徴兵に応じれば、参政権は得られるはずだ」という主張をしていました。

また②については、江戸時代までは一般農民が豪農や商人に借金をしても、その軽減や延滞は慣習として認められていましたが、近代的な契約や所有権の絶対性から見れば、これは許されないことでした。同じ民権運動に参加している地方名望家の中でも、自らの金融活動については、それまでの慣行を認め、一般農民の借金返済を猶予する人もいれば、近代的な原則どおりに厳しく取り立て、その結果借金党により襲撃のターゲットとされてしまう人たちもいたのです。

さらに③についても、民権家としては自分たちも国会や政府に参加したい気持ちが当然ありましたが、まだまだ一般民衆の方は国家の一員としての責任を自覚し、政治に参画して政府を変えようという意識はもっていませんでした（これは①にも通じることです）。

以上のように、現実的には民権家と一般民衆との間には、多くの点で大きなズレがありました。したがって、こうした当時の日本の状況を一言で「自由民権運動」と表現してしまうと、かえって見えにくくなるようなさまざまな事情が混在していたことをご理解いただきたいのです。私には、こうした点に歴史というものの本質があるように思えてなりません。

＊大蔵卿（後に大蔵大臣）松方正義がとった紙幣整理・日本銀行の設立などの財政確立政策。デフレ政策をとったため、重税と物価下落により農村を圧迫した。

【参考文献】
◎佐々木克『日本の歴史17日本近代の出発』（集英社、一九九二年）
◎稲田雅洋「自由民権運動は何を残したか」（『新視点日本の歴史』6近代編、新人物往来社、一九九三年）
◎牧原憲夫『民権と憲法』（岩波書店、二〇〇六年）
◎渡辺尚志『東西豪農の明治維新』（塙書房、二〇〇九年）

㉟日清戦争―開戦までの列強の思惑と日本の政略

◆日清戦争の開戦をめぐる疑問

日清戦争は、近代化への道を歩み始めたばかりのアジアの二つの国が、朝鮮への主導権をめぐって衝突した結果、起こったものです。開戦に至るまで、日本と清はもちろん、朝鮮、それからロシアやイギリスなど列強の思惑が複雑に絡み合い、事態が多くの紆余曲折《うよきょくせつ》を経て進行しました。それらが具体的にどのようなものだったか、見ていくことにしましょう。

◆壬午《じんご》事変

明治政府は、当初から朝鮮半島への勢力拡大を狙っていました。そして明治八年（一八七五）九月の江華島《こうかとう》事件を口実に朝鮮を開国させ、あわせて日本と平等の自主独立国と認めることによって、伝統的な清との宗属関係を否認します（ただし朝鮮側は必ずしもそのようには認識していなかった）。

このころ朝鮮では王妃閔《びん》氏一族が政権を握り、開化政策を始めましたが、これに保守派が反発、また開港後の米不足・米価騰貴《とうき》の直撃を受けた首都漢城（今のソウル）の下層兵士・都市民たちが、一八八二年七月に蜂起し、日本公使館や王宮を襲撃しました。

これに対し清は直ちに出兵して鎮圧し、以後朝鮮への宗主権を強めましたが、一方の日本は若干の権益を得るにとどまりました。

◆甲《こう》申《しん》事変

こうしていったん失脚した閔氏一族も復権し、また開化派も活動を再開しましたが、その際清との宗属関係を維持しようとする穏健派と、清の影響力を排除しようとする急進開化派とに分かれていきました。

そうした中、一八八四年四月に、清は朝鮮に駐屯していた大軍の半数を引き揚げます。**その理由を表19の年表から関連記事を探してください。**

答えは同年八月に起こる清仏戦争に備えるため（既に一八八二年ごろから対立が続いていた）でした。日

年	できごと（○数字は月を示す）
1860（万延 1）	ロシア、沿海州を領有
1871（明治 4）	ロシア、イリ地方をめぐり清と紛争（～81年）
1875（ 同 8）	江華島事件
1876（ 同 9）	江華条約（朝鮮を独立国として承認、清との宗属関係を否認）
1882（ 同 15）	朝鮮で壬午事変
1884（ 同 17）	清仏戦争。朝鮮で甲申事変
1885（ 同 18）	④天津条約（日清は将来朝鮮へ出兵するに際し、相互に事前通告することを取り決める）。英、露を牽制、巨文島を占領（～87年）
1889（ 同 22）	②大日本帝国憲法発布
1890（ 同 23）	⑪第1回帝国議会
1891（ 同 24）	露、シベリア鉄道を起工（12年計画）。
1893（ 同 26）	⑦外相陸奥宗光による条約改正交渉（対英）開始
1894（ 同 27）	①露仏同盟。③～⑤東国党の乱。⑥朝鮮政府、清に出兵求める。⑦日英通商航海条約（治外法権撤廃）。豊島沖海戦。⑧日清戦争宣戦布告。⑨黄海海戦。⑪旅順占領
1895（ 同 28）	②威海衛占領。清の北洋艦隊降伏。③清の講和全権李鴻章来日。④下関条約。三国干渉

表19　日清戦争関係年表

本は、これを機に朝鮮に対する清の影響力を除こうと図り、急進開化派に接近します。そこで彼らは十二月にクーデターを起こし、日本公使館警備兵に出兵を求めましたが、清もすぐさま反撃し、クーデター政権と日本軍を破りました。

◇天津条約による協調

事変後の清との交渉に際し、伊藤博文首相、井上馨《かおる》外務大臣らは苦しい立場に追い込まれました。なぜなら、二度の事変で朝鮮政策に失敗したにもかかわらず、世論は圧倒的に対朝鮮・対清強硬論を支持していたため、清に日本との同時撤兵を求めざるをえず、一方の清は日本軍を破った現状では、それを承諾することはきわめて考えにくいためです。

ところが、ここでイギリスの動きが日清両国の態度を変化させました。まず清に対し、交渉前に日本と協調するよう説得したため、一八八五年四月に日清両国が互いに朝鮮への再派兵権を認め合った上で、いったん軍隊を撤退させることに合意したのです（天津《てんしん》条約）。

また日本も、同じころイギリスが朝鮮南部の巨文島《きょぶんとう》を占拠したことを受け、一転して**清の朝鮮への影響力行使を、ある程度黙認するようになりました。これはなぜだと思いますか。**

当時イギリスは、世界各地でロシアと対立の火種を抱えていました。朝鮮には直接利害関係はありませんでしたが、同国をめぐって日清が開戦すれば、権益をもっている清の現状が崩れ、ひいてはそれが何よりおそれるロシアの南下につながりかねない、と考えていたのです。したがって巨文島を占拠したのも、ロシアが同島の割譲を求めているとの情報が流れた（ロシアはイギリスの極東政策に不信感があった）ため、その機先を制したのです。

そこで日本は、ロシアがさらにこれに対抗して朝鮮へ南下することをおそれ、清との提携を選んだというわけです。*

この天津条約に基づく朝鮮をめぐる日清間の協調関係は、以後約十年続きました。

＊ただし実際のところ、この時期のロシアは、沿海州を領有したばかりで十分な根拠地にはなしえておらず、軍事的に朝鮮に出兵する力はなかった。また経済的に貧しい朝鮮から得られる利権は乏しいと見ていた。

◆国内政治の行き詰まりと出兵による打開

明治二十六年（一八九三）十一月末、第五議会は条約改正問題をめぐって、反政府派（対外硬派）が力を伸ばしてきました。伊藤首相は十二月三十日、衆議院を解散して対抗しましたが、翌年三月に行われた選挙の結果、さらに政府打倒の勢いは強まりました。五月三十一日には内閣弾劾上奏案が可決され、絶体絶命の状況に追い込まれたところに、六月二日、清が朝鮮で蜂起した東学党の乱*を鎮圧するために、同国から出兵を求められた、との情報が入ってきました。直ちに閣議で朝鮮への出兵が決まりました（この日、衆議院は再び解散）。公式の目的は、公使館及び在留邦人の保護に限定するとされましたが、真の目的が朝鮮での清との覇権争いにあることは、閣僚の誰もがわかっていました。なお政府は、出兵に際し欧米諸国の思惑を考慮して、日本はなるべく受動的とし、常に清を主動的な立場にするような方針をとりました。

＊一八六〇年に始まった民衆宗教の信徒である農民たちが一八九四年二月に起こした反乱で、一時は朝鮮南部一帯に拡大した。

◆出兵の名目を求めて

ところが朝鮮では、六月十一日に乱は収拾されていました。日清両国は朝鮮進駐の理由を失ったわけですが、この後かえって兵を増強させました（清二四〇〇名、日本七～八〇〇〇名）。日本軍は十二日以降、仁川に続々と到着しましたが、清軍は牙山《がざん》にあって動こうとしません。

陸奥（図55）は、既に矢が放たれた状況だし、何事もなさずに帰国すれば国内でまちがいなく非難が高まること、また清の行動への不信感があり、もし清が日本の予想以上の速さで軍事行動に出たら手遅れになること、などを考慮していたのです。

日本政府内では、六月十三日の時点までは、陸奥が開戦を主張したのに対し、伊藤は慎重論を維持していましたが、十五日の閣議では、ついに清の動向に関わりなく日本としては撤兵しない、とする陸奥の提案が了承されました。

図55　陸奥宗光（国立国会図書館所蔵）

翌十六日、陸奥は駐日清公使に対し、①朝鮮の内乱を日清の協力で鎮圧する、②その上で内政改革のために日清両国から委員を出し、行財政改革を行う、③改革成功まで駐兵する、の三ヵ条を示します。そして清側がこの提案を拒否したため、開戦準備を進めていきました。

一方、陸奥の指示を受けて、朝鮮の日本公使大鳥圭介は六月二十八日、朝鮮に対し「朝鮮政府は自ら清の属邦と考えているのか？」と回答を迫りました。**これに対してどのような回答があっても、出兵の口実は得られると考えたためですが、それはなぜでしょうか。**

答えは、「そうだ」と答えれば、「それでは一八七六年の江華条約で、朝鮮は清の属邦ではないと認めたのは、日本をだましたのか？」と抗議できますし、「そうではない」という回答でも、「では清兵は朝鮮の独立を侵害して進駐しているのだから、追い返せ」と迫れる、ということです。

◆英露の介入と意外な結末

ところが六月三十日、日本にとって衝撃的なできごとが起こりました。この日、法外な数の軍隊を朝鮮に送った日本の行動を咎《とが》め、ロシアが清との同時撤兵を求めてきたのです。さらにこの後イギリスからも、日清共同で朝鮮の内政改革を求め、実現後は同時撤兵するよう要請がありました。日本としては、この二大強国の求めに応じなければ、軍事力を行使されるおそれがあり、それには対応できる力をもっていません。ここに至って、日本の開戦計画は水泡に帰すかと思われましたが、意外なところから事態は打開されました。

七月九日、清の方がイギリスの提案を拒否したのです。また翌十日には、ロシアは武力干渉まではしない、との情報が駐露公使からもたらされました。イギリスはなおも米・独・露・仏などの列国と連合して調停に動こうとしましたが、ロシアには既にその意思はなく、また他の国々も直接利害のない問題に巻き込まれることをおそれてこれを拒んだため、失敗に終わりました。ここに至ってイギリスも、日本がロシアの南下に対する有効な障壁となりうると判断し、朝鮮における日清両国の権力の均衡をめざす限りは、日本の行動を黙認することを決断したのです。これで日本は、今後起きる事態の責任は清側にある、として開戦準備を再開できました。

一方、実は清の内部でも主戦論と開戦回避論に意見が分かれていました。清における朝鮮問題の責任者であった李鴻章《りこうしょう》自身は後者の立場でしたが、主戦派の圧力も強く、ついには間をとる形で小出しに兵を出すという、政治的・軍事的にまずい策をとってしまったのです。

【参考文献】

◎中塚明「日清戦争」（『岩波講座日本歴史近代4』、岩波書店、一九六二年）
◎藤村道生『日清戦争』（岩波書店、一九七三年）
◎隅谷三喜男『日本の歴史22大日本帝国の試煉』（中央公論社、一九七四年）
◎大谷正『日清戦争』（中央公論新社、二〇一四年）

㊱日露戦争──「勝利」と欧米列国の思惑

◆日露戦争をめぐる疑問

日露戦争はなぜ起こり、また日本はなぜ勝利できたのでしょうか。この問題を考えるためには、日本とロシアの関係だけではなく、欧米列強、ことにイギリスと日・露それぞれとの関係を見ていく必要があります。

明治三十五年（一九〇二）、日英同盟が結ばれますが、そもそも当時超大国だったイギリスが、近代国家への道を歩み始めたばかりのアジアの小国日本となぜ提携したのでしょうか。そして、はたして日本はロシアに勝利した、とすんなりいいきってしまってよいのか、見ていくことにしましょう。

◆開戦に至る経緯

日清戦争に勝利したにもかかわらず、日本の朝鮮支配は欧米列強の抵抗を受け、思うように進みませんでした。

そしてこの間、ロシアの朝鮮への影響力が増大してきます。日本は明治二十九年（一八九六）、二度の日露協商により打開を試みますが、いずれもロシアの優位を確認したものとなりました。そのロシアは、朝鮮への駐兵権、財政への干渉権を獲得し、また軍事教官や財政顧問を派遣、さらには露清銀行も開業させます。

ただし、この年の末に起こった朝鮮の民族運動やイギリスの政治的・軍事的圧力もあって、こうした動きはいったん挫折しました。しかし一九〇〇年に起こった義和団の乱*をきっかけに、ロシアは東清鉄道保護の名目で満州全域を占領、乱鎮圧後も駐留を続けます。

日英同盟締結後、ロシアは清に満州からの段階的撤兵を約束しますが、これを守らず、さらに朝鮮への日本の介入を制限しようとしました。日本とロシアは外交交渉を行いますが、その際日本が「朝鮮を確保できればロシアの満州支配は認める」と提案したのに対し、ロシアは「満州は当然確保、朝鮮も日本とほぼ同じ権利を要求する」と主張して譲りません。このため明治三十七年（一九〇四）、交渉は決裂してついに開戦となるのです。

*排外主義的な宗教集団が「扶清滅洋《ふしんめつよう》」を唱え、各地で外国人を襲い、北京の列国公使館を包囲、清国政府もこれに同調して列国に宣戦布告した。

◆日英同盟締結の背景

当時イギリスとロシアは、インド国境（アフガニスタン）、ペルシア（イラン）、黒海など世界各地で対立の火種を抱えていました。

朝鮮をめぐっては、日清戦争の項で触れたように、一八八五年イギリスが巨文島を占拠して、一時ロシアとの緊張が高まりました。

次に表20を見ると、ロシアの中国進出が本格化したのは、一八九八年からであるとわかります。一九〇〇年、義和団の乱で列強八ヵ国が共同出兵しました（北清事変）が、この時の日本の兵力は約二万二〇〇〇人、ロシアは約六〇〇〇人だったのに対し、**イギリスはわずか約七〇〇人にすぎませんでした。その理由に関わるできごとを年表から探してください。**

答えはその前年に始まった南アフリカ（ボーア）戦争で、イギリスはこ

年	できごと（丸数字は月を示す）
1870（明治 3）	普仏戦争（～71年）。仏敗れ、プロシア（後のドイツ）に領土割譲
1891（同 24）	露仏同盟（独・墺・伊の三国同盟に対抗）。露、シベリア鉄道起工
1894（同 27）	日清戦争（～95年）
1895（同 28）	下関条約。三国干渉（露、独と仏誘い、日本に遼東半島を返還させる）
1896（同 29）	露と清の間で東清鉄道密約成立（露、満州での鉄道敷設権獲得）
1898（同 31）	露、清より旅順、大連を租借。英、清より威海衛、九龍半島を租借。独、清より膠州湾を租借。独、バグダード鉄道敷設権獲得。ファショダ事件（アフリカ植民地で英仏が衝突、仏が譲歩）
1899（同 32）	米、清に対し門戸開放宣言。英、南アフリカ（ボーア）戦争（～1902年）。仏、清より広州湾を租借。
1900（同 33）	義和団事変（～01年。清民衆が列強進出に反対し武装蜂起）。列強 8ヵ国共同出兵（北清事変）
1901（同 34）	シベリア鉄道、東清鉄道と連絡
1902（同 35）	日英同盟締結
1903（同 36）	露、満州を占領。独、バグダード鉄道会社設立
1904（同 37）	②日露戦争（～05年）。④英仏協商（勢力圏を互いに承認）。⑧第 1次日韓協約（日本人顧問をおく）
1905（同 38）	①ロシアで第一革命（血の日曜日事件）。第 1次モロッコ事件（独、仏のモロッコ進出に反対）。第 2次日韓協約（朝鮮を保護国化）
1906（同 39）	独、新海軍拡張案（英に並ぶ艦隊増強計画）。日、南満州鉄道会社設立。
1907（同 40）	英露協商（勢力圏を互いに承認、英仏露三国協商の成立）。日露協約（勢力圏を互いに確認）

表20　日露戦争関係年表

れに多くの軍事力を投入していたのです。さらにドイツとの建艦競争も加わってその財政は窮迫し、もはや自前の艦隊を世界のあらゆる所に展開できる力を失っていました。

そしてさらに約十年前から、イギリスの孤立感を深める他の列強の動きが見られます。**それはどのようなことか、やはり年表から見つけてください。**

答えは一八九一年の露仏同盟、それから一八九五年の日本に対する三国干渉で、後者は露・仏の他、ドイツも加わりました。

こうした情勢の中、イギリスは極東アジアで南下政策をとるロシアに対抗する勢力として、清を破った日本と提携する道を選んだのです。*

＊日英同盟の内容
①イギリスの清、日本の清及び朝鮮における利益が他の国から侵害されるような場合、両国はこれを守るため適当な措置をとる。
②日英いずれかの国が第三国と戦争となった場合、締約国は厳正中立を守り、第三国の同盟国も参戦した場合は、締約国も参戦してこれに応じる。

◆日露戦争に同盟が果たした役割

①戦費

ところで、**日露戦争の際の日本の戦費は、現在の価値（国家予算を基準とする）でどれくらいだったと思いますか。**

答えは、当時のお金で約二十億円で、国家予算が約二億六〇〇〇万円でしたから、その七・七倍です。現在の国家予算を百兆円として計算すると、実に七七〇兆円になります。

この膨大な戦費は増税の他、多くは外債でまかなわれましたが、日英同盟のおかげで当時の世界金融の中心地イギリスと、日本に好意的だった（もちろん国益上の理由が大きい）アメリカが、このうち八億円分を引き受けてくれたのです。その際、日本の戦勝のたびに外債の売り上げが伸び、また評価額も高くなったことから見ても、日本の戦争継続にとって個々の戦闘に勝ち続けることが必須だったことがわかります。まさに綱渡りの戦争でした。

②日本海海戦

ロシアは、旅順港に封鎖されている太平洋艦隊と連携して日本の連合艦隊に大打撃を与え、制海権を獲得せんと、バルチック艦隊の遠征を決定しました。

これに対し日本は、ロシアのもつ二セットの艦隊のうち、当時最新鋭の旅順太平洋艦隊をたたいておかなければ、海戦での勝利は期待できませんでした。そこで、陸軍は多大な犠牲を払った末、明治三十八年（一九〇五）一月二日、ようやく旅順を陥落させたのです。

一方のバルチック艦隊は、前年十月十五日にバルト海沿岸のリバウ港を出発、大西洋を西進しました。そして主要艦が技術的にスエズ運河（一八六九年開通）を運航できなかったため、アフリカ西岸を廻り、インド洋・南シナ海・東シナ海と進んで日本に接近します。距離にして一万八〇〇〇海里（約三万三〇〇〇キロ）、当時としては類例のない大航海でした。**この間、バルチック艦隊は日英同盟の影響で大変な苦労をしてきたのですが、具体的にはどのようなことだったと思いますか。**

これだけの遠距離ですから、当然ながら何度も沿岸各地の港に寄り、給炭しながら進まなければなりませんでした。ところが、バルチック艦隊が航海した沿岸の多くは、イギリスの植民地だったのです。日英同盟の規定により、イギリスはロシアに軍事力は行使できませんでしたが、給炭を邪魔したり、寄港自体を拒否するなど、さまざまな妨害を行いました。特にアフリカ東岸のマダガスカル島では給炭に手間取り、また本国政府が増援艦隊の派遣を決定したため二ヵ月余り滞在することとなりましたが、そこへ頼みとしていた太平洋艦隊が壊滅したという、絶望的な知らせが届きました。このためバルチック艦隊は、ウラジオストックへ逃げ込むことに作戦を変更せざるをえませんでした。

さらに、後になってロシア帝国政府が追加派遣を決定した艦隊は、古い軍艦の寄せ集めで当然速度は遅かったので、全艦隊の行動はよけいに（日本側の予想より三ヵ月以上）遅れました。**このことは、日本の連合艦隊には大変好都合でした。それはなぜでしょうか。**

もうおわかりだと思いますが、それまで長い海上行動が続いた連合艦隊には、まず修理の時間が必要でしたし、何よりも十分な軍事演習ができたからです。軍事専門家の黛治夫氏は、日本海海戦の際の両軍の射撃技術は、日本がロシアの十七倍の精度をもっていた（下瀬火薬の破壊力が通常の二倍、射撃速度三倍、命中率三倍）と指摘しています。

③フランスの態度

ところで同盟を結んでいたフランスは、なぜロシアを支援しなかったのでしょうか。

これには大きく二つの理由があります。一つ目は、前に紹介した日英同盟の第二項により、フランスがロシア側として参戦した場合、自動的にイギリスが日本に味方して参戦することとなるので、各地の植民地で競合している英仏の世界規模での戦争に発展する危険性が高くなるためです。それと二つ目は、年表にあるように、この時期対外積極策に出ていたドイツの台頭を許してしまうことをおそれていたのです。

◆ロシアの国内問題

ロシアでは、一九〇五年一月の「血の日曜日事件*」をきっかけに、いわゆるロシア第一革命が起こりました。各地で暴動が起こり、六月には軍隊も反乱、戦争の継続は困難になりました。注目すべきことに、革命勢力はロシア軍が敗戦を重ねるにしたがって気勢を強めていきました。

＊首都ペトログラードで、約十万近い労働者たちが生活の窮状を訴え、王宮へ向かって行進しているところに軍隊が発砲、少なくとも千名以上の死傷者を出した。

◆日本は本当に「勝利」したのか

日本海海戦後、アメリカ大統領セオドア・ルーズベルトは、日本からの依頼を受け、日露の講和へ向けて動き出しました。日本は、講和の内容を有利なものとするべく、七月に樺太を占領、会議は八月十日、アメリカのポーツマスで始まりました。

ところが、交渉は日本がどうしても譲れない賠償金と樺太の割譲要求をロシア側が断固拒否し、紛糾しました。この間ルーズベルトは、日本側に対し、もしこの会議が決裂して戦争継続となれば、これまで同情していた列国が、逆に日本に干渉し始めるかもしれないから、賠償金はあきらめるべきだと忠告しています。**なぜこうした日本にとって酷なことを求めたのでしょうか。**

欧米列国は、確かにロシアの膨張政策に脅威を感じており、日本がそれを抑えてくれたことには好意的でした。しかし、かといってあまりロシアが弱体化すると、勢力均衡の上で成り立っているヨーロッパの平和秩序が崩れかねないとみたのです。それに、ロシアの大敗は帝政崩壊につながる可能性が高く、それは未だほとんどが王制であったヨーロッパ列国にとって、自国の体制危機に結びつく心配もありました。

個々の戦闘にはかろうじて勝利したものの、これ以上の継戦能力は（特に財政面で）まったくなかった日本としては、交渉決裂寸前に苦渋の決断により賠償金をあきらめ、最終局面でロシアが譲歩した樺太南部の割譲のみで講和に同意せざるをえなかったのです。ロシアの全権委員ウィッテは、「われわれの完全な勝利の瞬間だった」と回想しています。

【参考文献】

◎古屋哲夫『日露戦争』（中央公論社、一九六六年）
◎大竹博吉監訳『日露戦争と露西亜革命（ウィッテ伯回想記）』（原書房、一九七二年）
◎黒羽茂『日露戦争はいかにして戦われたか』（文化書房博文社、一九八八年）
◎児島襄『日露戦争』（文藝春秋、一九九〇年）
◎井口和起編『近代日本の軌跡3日清・日露戦争』（吉川弘文館、一九九四年）
◎山田朗『軍備拡張の近代史』（吉川弘文館、一九九七年）

37 ワシントン会議と日本の思惑

◆ワシントン体制と日本をめぐる疑問

日本は日露戦争に辛くも勝利した後、満州地域への勢力拡大、日韓併合、第一次世界大戦への参加など、軍事拡大政策を進めました。これに対しアメリカは、日・英・仏・伊などの国々に対し、太平洋・極東問題、海軍軍縮問題について話し合う会議の開催を呼びかけます。日本も当時の国際情勢の中で参加せざるをえませんでした。これが大正十年（一九二一）十一月から翌年二月にかけて行われた、ワシントン会議です。

しかし、この会議において軍事拡大を続ける日本が、アメリカの軍縮案を結局のんだのはなぜでしょうか。それにこの会議で譲歩を強いられたのは、日本だけだったのでしょうか。

◆国際情勢の変化と日本の立場

まず、第一次世界大戦（一九一四〜一八年）の直後で、世界に平和と軍縮を求める雰囲気があったことがあげられます。

次に日本をめぐる国際関係を見てみると、日露戦争後、日本はイギリスやロシアとの提携を深めていくことを外交の基軸としていました。ところが、イギリスは戦争には勝ったものの、極端に疲弊し、世界最大の帝国の地位をアメリカに譲りましたし、ロシアに至っては、一九一七年の革命によって消滅してしまったのです。この結果、日本はこのままでは世界から孤立することになり、アメリカとの協調がどうしても必要になりました。

◆世界的な建艦競争への参加

ところで時代はややさかのぼりますが、十九世紀末〜二十世紀初め、世界は空前の軍事拡大の時代に突入していました。特にアメリカの海軍軍人・史家のマハンが唱えた、いわゆる「マハン理論*」に基づき、いかに他国より強力な軍艦（特にこの当時戦力の中心とみなされていた戦艦）をつくるかという、大建艦競争時代がやってきたのです。

この中で常に世界をリードしていたのは、やはりイギリスでした。特に一九〇六年十二月に就役させた、いわゆるドレッドノート型戦艦（弩《ど》級《きゅう》戦艦）は、排水量一万八一一一トン、十二インチ主砲十門を搭載しつつも、蒸気タービンエンジンの採用により、従来の装甲巡洋艦並みの二十一ノット（約四十キロ）の速力を誇る、建艦史上革命的なものです。この弩級戦艦は、主砲だけで比べても、それ以前の戦艦の二・五倍の攻撃力をもっていました。

これに追いつこうとドイツやアメリカなどが弩級戦艦をつくり始めますが、日露戦争後ようやく自前で軍艦をつくれるようになった日本も、こうした建艦競争に参加していきました。

しかしたとえ日本が新式戦艦をつくり始めたとしても、完成する前に旧式になってしまうことがありました。それはなぜでしょうか。

答えは、完成以前に他国がさらに新型の戦艦をつくり始めてしまう可能性があるからです。現に他国が弩級戦艦を建造中の一九一二年、イギリスは十三・五インチ以上の主砲をもち、なおかつ防御力を強化した大型戦艦（二万二〇〇〇～三万トン）、いわゆる超弩級戦艦を完成させていたのです（図56）。

＊「海上権力」（海軍力・造船能力・経済力・根拠地などを総合した力）の拡充による制海権の掌握こそが、膨張主義的世界政策を成功させるための要である、とする考え方。

◆日本の建艦と財政状況

この建艦競争は第一次世界大戦後も続き、特に日米間で激化していきました。この時期、両国間に差し迫った対立はありませんでしたが、大国としての自らの国際的地位や発言力を強めるための建艦でした。

そして当然、こうした巨大な戦艦を複数つくるための費用は膨大なものとなり、しかもそれは年々増大していきました。そのピークが大正十年であり、この年の一般会計歳出額は十四億

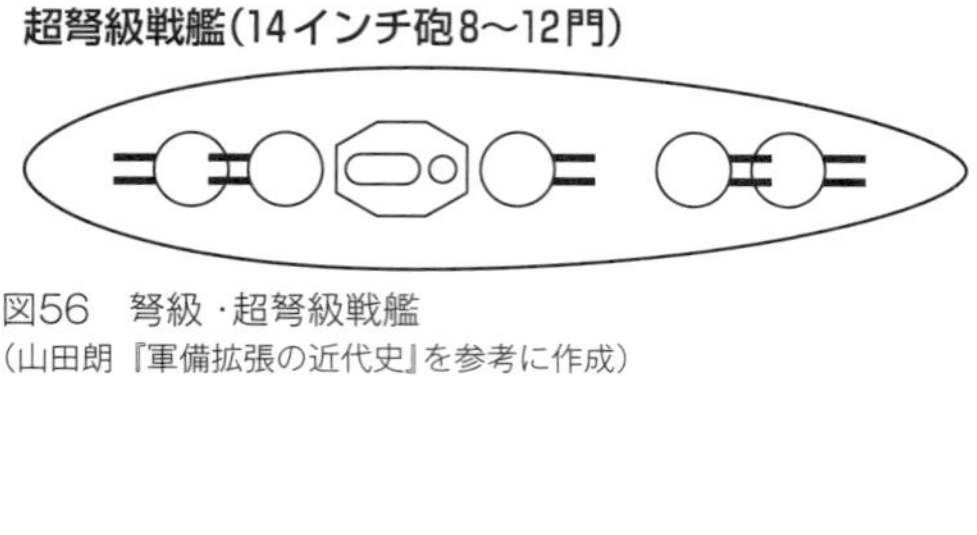

図56　弩級・超弩級戦艦
（山田朗『軍備拡張の近代史』を参考に作成）

八九九〇万円でしたが、**このうち軍事費の割合はどれくらいだったと思いますか。**

答えは七億三〇五七万円で、実に四十九％を占めました。しかもこのうち五億二一三万円が海軍費です（一般会計歳出額の約三分の一）。

さらに具体例を一つあげます。**この年に完成した戦艦陸奥**（三万二七二〇トン、**十六インチ主砲八門）の建造費は、国家予算との比率を基準として、現在のお金でいくらくらいだと思いますか。**

答えは当時の国家予算の二％にあたる三〇〇〇万円で、現在の国家予算を一〇〇兆円とすると二兆円に相当します。ワシントン会議の直前、日本はこうした戦艦を実に十六隻もつくろうとしていたのですから、国家財政が危機的状況となるのは明らかでした。

それでも当初、政府や軍の要人たちの中には、この建艦競争を続けていくことに楽観的な見方がありました。それはなぜでしょうか。

実は第一次世界大戦後の、いわゆる大戦景気によって日本の経済状況が大きく好転していたからです。しかし大正九年（一九二〇）になると、ヨーロッパ諸国の復興が進んで、その商品がアジア市場に再び出回るようになったため、一転して急激な不況、すなわち恐慌が起こり、日本の財政は逼迫《ひっぱく》してしまったのです。

◆海軍内部の確執と加藤・幣原全権の活躍

当時日本海軍では、仮想敵国アメリカの強大な軍事力に対抗するため、少なくとも対米七割以上の主力艦保有が必要、という主張が強かったのです。その論者の一人、加藤寛治《ひろはる》中将はワシントン会議の主席随員で、全権加藤友三郎（海軍大臣、図57）にもこれを強力に訴えました。しかし加藤友三郎は、当初こそ対米七割は譲れないと発言したものの、会議の第二回総会において、「日本はアメリカの提案*が各国国民の負担を軽減し、かつ世界平和に貢献するものと信じ、喜んでこれを受諾する」という演説を行って、会議の大勢を決定づけました。

当時の海軍内において、日本海海戦時の連合艦隊参謀長だった加藤の権威と統制力は絶大であり、反対派もこの時は服さざるをえなかったのです。

そしてこの加藤と信頼関係で結ばれていたのが、後に外相としていわゆる「幣原《しではら》外交」を展開する幣原喜《き》重郎《じゅうろう》（駐米大使）でした。彼は日米交渉が決裂寸前に至った際に、妥協のための私案（主力艦対米六割をのむ代わりに太平洋における日本の軍事施設の現状維持を米が認める）を米国務長官ヒューズに提示し、加藤は無理だと思っていた内容でしたが、その了承を取り付けたのです。

ところで二人がこうした行動をとれたことには、当

図57　加藤友三郎
（国立国会図書館所蔵）

時の国内の政治情勢も関係しています。どういうことかわかるでしょうか。

それは加藤全権の出発時における首相が「平民宰相」原敬だったことです。原は国防の充実を自らの四大政策の一つに掲げながらも、軍事費の増大により国家財政が危機的状況にあったこと、時あたかも世界的な軍縮傾向にあることなどを察知していました。なお原は会議開催直前の大正十年十一月四日に東京駅で暗殺されますが、彼の政治方針は次の高橋是清《これきよ》内閣に引き継がれていきます。

こうしてワシントン会議の結果、果てしない建艦競争が打ち切られたため、日本の国家財政の破綻は回避できたのです。

＊英・米・日・仏・伊の主力艦保有量の比率を五―五―三―一・六七―一・六七とするもので、日本は対米六割となる。

◆会議で譲歩したのは日本だけか

ところで、アメリカがワシントン会議を開催した真の目的が、日本の軍事拡大を抑えることにあったのはまちがいありませんが、実は日本だけが譲歩させられたわけではありませんでした。すなわち、四ヵ国条約及び軍縮条約によって、アメリカは日本が大戦後にドイツから引き継いだ太平洋の島々に対する権利を排除できなくなったばかりでなく、アメリカが対日戦にとって必要な前進基地をフィリピンやグァムにつくることもできなくなったのです。さらに会議の冒頭で、国務長官ヒューズが「現在建造中の主力艦十五隻を廃棄してもよい」という内容の爆弾発言を行い、日本をはじめとした満場の喝采《かっさい》を浴びました。
アメリカ側もこの会議を成功させるために、相当な犠牲を覚悟していたのです。

【参考文献】

◎井上光貞他編『日本歴史大系16第一次世界大戦と政党内閣』（山川出版社、一九九七年）
◎山田朗『軍備拡張の近代史』（吉川弘文館、一九九七年）
◎川田稔『原敬と山県有朋』（中央公論社、一九九八年）
◎野島博之『謎解き日本近現代史』（講談社、一九九八年）
◎岡崎久彦『幣原喜重郎とその時代』（ＰＨＰ研究所、二〇〇〇年）

㊳ アジア・太平洋戦争への道

◆アジア・太平洋戦争をめぐる疑問

学校の授業では、主に「時間が足りない」という理由で、明治以降はあまり詳しく説明されずに終わってしまうことが多いと思います。その結果、日本人にとって避けて通れない「アジア・太平洋戦争は、いかなるいきさつで起きたか」という問題を、よく知らないまま過ごすことになります。

もちろん、この問題をどう考えるかはいろいろな意味で大変難しいことですが、一つ確実にいえるのは、開戦が当時の日本をめぐる複雑な国際情勢の中で決定された、ということです。ここではそうした視点から、できる限り冷静に、なぜこの戦争が起きたのかを日露戦争直後の時点から見ていくことにしましょう。

◆日露戦争から第一次世界大戦まで

日露戦争において日本は、「南満州での権益は日本が独占せず、列国と対等とする」と約束し、米英などの支援を取り付けて勝利しました。しかし戦後日本は、特にアメリカの南満州への経済的進出の要求を排除し、その不信を招きます。その一方で日本自身の満州への進出も、思ったようには進みませんでした。

第一次世界大戦（一九一四～一八年）に際して日本は、イギリスの要請に応じてドイツに宣戦し、その中国での権益地であった山東省の青海《チンタオ》を攻め取りました。また中国に対しては、武力を背景にいわゆる対華二十一ヵ条の要求を突きつけました。その主な内容は、山東省における日本の権益や南満州・東部内蒙古における日本の優越的地位を認め、さらに中国政府内に日本人顧問を置くこと、などでした。このうち日本人顧問の設置は明らかに内政干渉であると列国の非難を浴びたため、日本はこれを取り消しています。

ところが山東省での権益については、中国とアメリカは強く批判したものの、**イギリスなどのヨーロッパ列国は、これに同調しませんでした。それはなぜだと思いますか。**

答えは、日本が第一次世界大戦に参戦する見返りとして、英・仏・伊・露の四ヵ国が日本の山東省政策を支持する、という密約を結んでいたためです。一方アメリカは大戦当初、中立国としてこうした関係の外にいたため、反対の姿勢をとりました。

◆ワシントン会議から世界恐慌まで

日本の中国・太平洋地域への軍事的侵出が拡大する中で、アメリカは一九二一年にワシントン会議を主催して、日本が二十一ヵ条要求などで獲得した権益の一部を返還させ、また軍縮も承認させました。

一方、中国では一九一一年、辛亥《しんがい》革命が起こって清王朝が倒れましたが、その後は国民党・共産党・多くの軍閥による主導権争いが続きました。日本は、民族主義的な国民党と共産党を嫌い、軍閥を支援して、満蒙での権益の維持拡大を図りました。しかしこれは成功せず、さらに一九二九年に起こった世界恐慌の影響で、満州経営は危機に瀕《ひん》しました。

◆満州事変の勃発

こうした状況を打開すべく、満州駐在の日本軍（関東軍）は昭和六年（一九三一）九月に武力行使を始め、戦線は拡大して中国北部に迫り、また上海にも飛び火しました。そして関東軍は、満州民族の中国からの独立を名目に満州国を建国させ、これを保護下に置きました。

米英の反応は、はじめ必ずしも一致していませんでしたが、日本軍の攻撃が激しくなる中で、国際連盟が調査団派遣を決定しました（リットン調査団）。翌年十月に公表された調査報告書には、日本軍の一連の軍事行動は自衛のためとは認められないこと、満州国は日本に操られた国で、独立国とは認められないことなどが記された一方で、満州事変以前の日本の権益については問題ない、とあります。

このうち最後の項目については、逆にこれで日本の満州での優越した地位が国際的に認められたことになるので、必ずしもすべてが日本に不利な内容とはいえません。にもかかわらず、この報告書が公表された時、既に日本の立場は非常に苦しいものとなっていました。**それはなぜか、表21の年表を見て考えてください。**

答えは、報告書公表の前月、既に日本が満州国を承認してしまっていたからです。

◆中国の抵抗により日中戦争へ

昭和八年以降、日本軍の中国北部への侵出はますます進み、自らの利権への危険が迫った米英など列国の

年	日本のできごと	中国・欧米のできごと
1929（昭和 4）		⑩世界恐慌
1931（ 同 6）	⑨満州事変	
1932（ 同 7）	①第 1次上海事変。⑨満州国を承認	③満州国建国宣言。⑦オタワ会議（英連邦、ブロック経済方式採択）。⑩リットン調査団、報告書を公表
1933（ 同 8）	③国際連盟を脱退	②国際連盟、対日勧告案採択
1934（ 同 9）	⑫ワシントン海軍軍縮条約破棄	
1936（ 同11）	①ロンドン軍縮条約脱退。⑪日独防共協定	③独、ラインラント進駐。⑤伊、エチオピア併合
1937（ 同12）	⑦盧溝橋事件。⑧第 2次上海事変。⑪日独伊防共協定。⑫南京占領	⑨第 2次国共合作
1938（ 同13）	①近衛首相「国民政府を対手とせず」表明。⑤徐州占領。⑩広東、武漢 3鎮占領	③独、オーストリアを併合
1939（ 同14）	②海南島占領	③独、チェコを解体。⑦米、日米通商航海条約廃棄を通告。⑧独ソ不可侵条約。⑨独、ポーランドに侵攻
1940（ 同15）	⑨北部仏印進駐。日独伊三国同盟	③汪兆銘、南京に親日政権樹立。④デンマーク、独に降伏。⑤独、ベルギーを占領。⑥伊が参戦。仏、独に降伏
1941（ 同16）	④日ソ中立条約。日米交渉開始。⑦南部仏印進駐。⑫真珠湾攻撃（アジア・太平洋戦争開始）	③米で武器貸与法成立（英などに支援開始）。⑥独ソ開戦。⑦米、在米日本資産を凍結。⑧米ソ経済援助協定。⑪米、日本にハル・ノートを回答

表21　アジア・太平洋戦争までの国際関係

＊丸数字は月を示す

反発が高まりました。

一方、中国では蔣介石《しょうかいせき》率いる国民党軍が、極力日本軍との対決を避けながら共産党討伐（いわゆる北伐）を進めていましたが、満州に力をもつ軍閥政治家張学良《ちょうがくりょう》によって国共合作（国民党と共産党の協力）が実現し、日本への抵抗が激しくなりました。

こうした情勢の中、昭和十二年（一九三七）七月七日の盧溝橋《ろこうきょう》事件（北平、今の北京で起きた日中両国軍による武力衝突）をきっかけに、戦線は中国北部から中部へと拡大しました。これはじめ米英など列国は仲介の動きを見せましたが、日本は軍の快進撃に自信をもち、これを拒否しました。そして満州国と同様に傀儡《かいらい》政権をつくり、米英仏などが支持する国民党政権との対立を深めました。

ところで、日本が経済・軍事活動を進める上で必要不可欠な石油は、この時期（昭和十五・一九四〇年）どこから最も多く輸入していたと思いますか。

答えはアメリカで、割合は七十六・七％にも及びました。そればかりでなく機械類も六十六・二％、鉄類も六十九・九％という高い割合でアメリカに依存していたのです。それゆえこの段階に至っても、なお日本政府及び軍は、米英などとは極力円満な経済関係を維持しようと考えていました。

しかしアメリカは昭和十四年（一九三九）七月、日本に日米通商航海条約の廃棄を通告してきたのです（翌年発効）。

◆南方進出決定の背景

こうして欧米からの輸入を制限され、さらにこのころ世界のブロック経済化が進んで、自らのブロック（日本・満州及び中国）のみでは自給自足が不可能となった日本は、重要資源を求めて仏領インドシナ（今のベトナム）進出を決定するに至りました。**これは当時のヨーロッパ情勢も関わっているのですが、それはどういうことか、年表から探してください。**

そうです。一九三九年九月のポーランド侵攻に始まったドイツ軍の電撃作戦は、めざましい戦果をあげ、翌年六月までに北欧・中欧諸国は次々とその軍門に降りました。これにより、これらの国々が植民地としていた東南アジア諸地域を、日本が手に入れるチャンスが到来したのです。日本の指導者たちは、もしここで南方進出をためらえば、既にフィリピンをもつアメリカ、あるいは同盟国ドイツに同地域をおさえられてしまうのでは、と案じていました。

何と日本は、ヨーロッパ情勢を利用して（いい方を変えればこれを頼みとして）、国の命運を左右する大方針を決定したのです。

◆絶望的な日米交渉

日本軍は昭和十五年（一九四〇）九月、北部仏印へ進駐を開始しましたが、アメリカはこれに対し、くず鉄の全面禁輸を発表、日米関係は険悪の度合いを深めました。

両国政府は戦争回避のための交渉を行いましたが、その際アメリカのハル国務長官は、日独伊三国同盟（昭和十五年九月締結）の破棄、満州を除く全中国からの日本軍の撤兵を要求してきました。これらは当時の日本としては、絶対に受け入れられない内容でした。

ところが実はハル長官自身も、この交渉が成功する可能性は万に一つもないとみなしていたのです。**ではなぜアメリカは、それでも交渉を続けたのでしょうか。年表の一九四一年の記事に注目して考えてください。**

この年三月に武器貸与法が成立したとあるように、アメリカはこの時期、近い将来のヨーロッパ戦線への介入を見すえて、本格的な対英援助に乗り出していました。それゆえハル長官は、太平洋方面ではしばらくの間、戦争を避けたいという陸海軍からの強い要望を受けていたのです。

◆中立条約締結に見る日ソの思惑

昭和十六年（一九四一）四月、日本は北方の脅威をひとまず取り除くため、ソ連と中立条約を結び、対米英戦準備のため、南方進出に専念することとしました。

しかし、長年満蒙地域で対立していたソ連がこれに応じたのは一見不思議ですが、これにもヨーロッパ情勢が関わっていました。**どのようなことか、年表を見て考えてください。**

このころ、ドイツとソ連はバルカン半島をめぐって対立しており、対独戦が近いと見たソ連は、これに集中するため、ひとまず日本との関係を安定させておきたかったのです。そして六月には、実際に独ソ戦が始まりました。

◆「国際情勢の変化」に頼った開戦決定

同年七月、日本軍は南部仏領インドシナへ進駐しました。政府は、この強硬措置によってアメリカが折れるものと予想していましたが、意外にも在米日本資産の凍結、綿と食料を除くいっさいの日本への輸出ストップなど、さらに強い対抗策をとってきたのです。こうして経済的に世界から孤立した日本は、米英に屈服するか、さもなければ限られた資源で戦争に打って出るかという、究極の選択を迫られるに至りました。

同月末、海軍のトップ、永野修身《おさみ》軍令部総長は、「日本は打って出るしかありません……国際情勢の変化により、米英に勝つ手段はあるでしょう」と天皇に上奏しました。**この「国際情勢の変化」とは、具体的には何をさすのでしょうか。**

もうおわかりだと思いますが、ヨーロッパ戦線においてドイツが勝利し、米英が屈服することです。これを裏返せば、ドイツが勝たない限り日本の勝利はおぼつかないという、いわば同盟国頼みの戦いを始めようとしていたことになります。

◆ついに開戦へ

十一月二十六日、行き詰まる日米交渉の中で、ハル長官は以前の内容よりもさらに強硬な要求（いわゆるハル・ノート）を日本側へ突きつけました。

翌日、米軍部はハワイ・ホノルルなどの前進基地司令官に対し、戦争近しとの警報を発しました（ただし、内容はあいまいなもの）。

十二月一日、日本は御前会議（天皇臨席のもとに開かれた最高指導者会議）において、日米交渉に成功の見込みがまったくなしと判断し、正式に開戦を決定、同八日にハワイ真珠湾及び東南アジアにおいて、電撃奇襲作戦を展開しました。

【参考文献】

◎井上光貞他編『日本歴史大系15明治憲法体制の展開［下］』（山川出版社、一九九六年）

同　『同16第一次世界大戦と政党内閣』（山川出版社、一九九七年）

㊴ 日本国憲法誕生秘話

◆日本国憲法誕生をめぐる疑問

現行憲法（図58）が、ＧＨＱ（連合国軍最高司令官総司令部）の作成した草案をもとにできたものであることは、よく知られています。しかし、そのための最終的な詰めが、ＧＨＱの担当グループに日本政府の官僚一名が加わり、わずか三十時間で行われたことはご存知でしたか。

なぜＧＨＱは憲法草案の作成を急いだのでしょうか。そして、画期的な戦争放棄条項が盛り込まれた背景は、何だったのでしょうか。

◆天皇制維持に関する日米世論

日本政府及び軍部がポツダム宣言を受諾するのに際

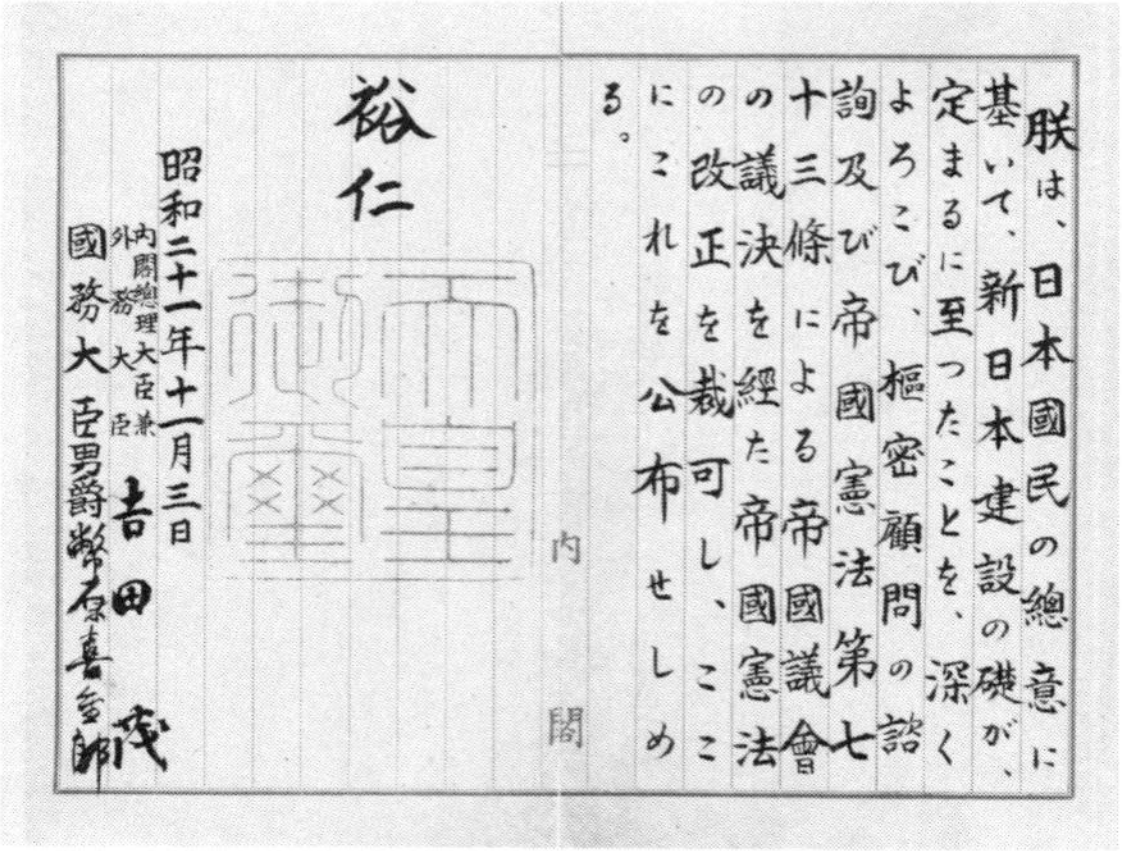

朕は、日本國民の總意に基いて、新日本建設の礎が、定まるに至つたことを、深くよろこび、樞密顧問の諮詢及び帝國憲法第七十三條による帝國議會の議決を經た帝國憲法の改正を裁可し、ここにこれを公布せしめる。

裕仁

昭和二十一年十一月三日

内閣總理大臣兼外務大臣　吉田茂

國務大臣　男爵　幣原喜重郎

図58　日本国憲法（一部、国立公文書館所蔵）

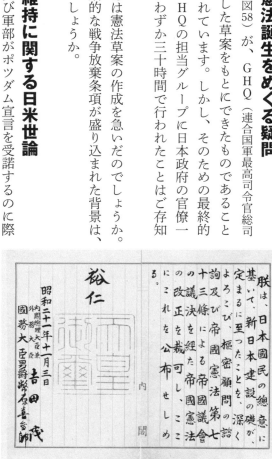

し、最後までこだわったのは「国体の護持」、すなわち天皇制の維持でした。占領開始後、GHQから憲法改正を指示された日本の指導者たちの大きな心配も、この点にあったのです。

これに対し、戦争末期のアメリカ世論は大変厳しいものでした。すなわち、昭和二十年（一九四五）六月のギャラップ調査によれば、米国民の約八十％が戦後天皇は有罪とすべき（このうち処刑すべきは三十六％）と答えています。

一方日本国民は、昭和二十一年二月に新聞各紙に発表された調査結果によると、天皇制支持が九十一％でした。**ではこのうち、天皇主権を支持した人はどれくらいいたと思いますか。**

答えは十六％でした。これに対し、天皇は政治から離れ、民族の総家長、道義的な中心となることを支持した人は、四十五％と最も多数でした。政治指導者層とは異なり、一般国民の多くは、既に象徴天皇制の考え方をもっていた点が注目されます。

◆アメリカの思惑

アメリカ政府・軍の一部では、実は既に戦争末期の時点で天皇制維持を決めていました。マッカーサー総司令官も、昭和二十一年一月二十五日、アイゼンハワー陸軍参謀総長に対し、「日本国民統合の象徴である天皇を破滅させれば日本国は瓦解し、全国民は抵抗して大きな混乱が続くであろう。そうした状態の中で占領を続ける場合、少なくとも百万人の軍隊と数十万人の行政官、戦時補給体制の確立が必要である」と進言しています。

しかし一方、ソ連やオーストラリアなど他の連合国は、天皇制維持に対してかなり批判的でした。占領当初は、アメリカ（直接的にはマッカーサー）のみの権限で日本の体制変革が可能でした。しかし昭和二十年十二月に極東委員会*の設置が決まったため、自らの主導で日本の再建を図りたいアメリカとしては、これが機能し始める翌年二月なかばまでには、新憲法の骨子を固めなければならなくなったのです。

*日本管理政策決定の最高機関。米・英・ソ・中など十一カ国（後に十三カ国）で構成された。

◆松本委員会の発足

既にこれより先、十月四日にマッカーサーは、日本の政治に影響力をもつ近衛文麿《ふみまろ》元首相に、憲法改正のための調査を依頼しています。ところが、まちがいなく戦争犯罪人になるとみられていた近衛が、なぜ憲法改正について調査するのかと、アメリカのマスコミから激しく非難されたため、早くも十一月一日、ＧＨＱは近衛の憲法調査を関知していないと発表し、事実上彼を裏切ります。

一方、幣原喜重郎《しではらきじゅうろう》首相はマッカーサーからの示唆を受け、松本烝治《じょうじ》国務大臣を主任とする憲法問題調査委員会（通称松本委員会）を発足させました。審議は極秘のうちに進められ、十二月八日の衆議院予算委員会で初めていわゆる「松本四原則」という形で基本方針が発表されましたが、その内容は「天皇が統治権を握る原則に変更なし」とするなど、旧態依然としたものでした。

◆民間草案とGHQ

この発表の前後、政党や民間団体も相次いで独自の改正案を作成、発表しました。これらの中で特に注目されるのは、高野岩三郎（元東大教授で社会党の再建に尽力）や鈴木安蔵（当時は在野の憲法史研究者）らを中心とした憲法研究会の作成したものです。その内容は、「統治権は国民より発する」とし、また「国民は健康にして文化的水準の生活を営む権利をもつ」などというものでした。**この後者の内容は、どこかで聞いたことがないでしょうか。**

そうです、現行憲法第二十五条一項とよく似ています。実際、この部分は後に憲法改正を審議する国会において、社会党の提案により加えられたものでした。

ＧＨＱは、この憲法研究会案に深い関心を示し、こうした民間の草案要綱を土台に、草案を作成していったようです。**しかし、その一方でこれらの民間草案をおもてだって評価することはありませんでした。それはなぜでしょうか。**

答えは、これらが日本の社会主義者たちによって作成されたもので、アメリカは戦後の日本がそうした勢力によって支配されることを望んでいなかったためです。あくまでも日本の自由主義的勢力の主導によって憲法をつくらせようとしていました。

◆スピード審議による草案要綱作成

昭和二十一年二月一日、毎日新聞がスクープした松本委員会案は、GHQの予想をはるかに超えた保守的な内容でした。これではアメリカ国内や他の連合国からの批判が出るとみたマッカーサーは、指針として「①天皇は国の元首の地位にあり、皇位は世襲とする」、「②国権の発動としての戦争は廃止」、「③日本の封建的制度は廃止」の三原則を示した上で、GHQ民政局に憲法草案の起草を命じたのです。

これを受け、二十名余りの民政局スタッフが分担して二月四日から作成を開始し、十二日には全十一章九十二条の草案を完成させました。

翌十三日、ホイットニー民政局長らは外相官邸に松本国務相、吉田茂外相らを訪ね、八日に提出されていた松本委員会案はまったく受け入れがたく、代わりにGHQ作成の草案を渡すので、これを政府案として採用するよう伝えました。

松本、吉田らは大きなショックを受けましたが、GHQ側の態度は不変と見て、三月二日にGHQ案をもとにした試案を作成、四日には松本がこれをGHQ民政局に提出しました。

民政局は直ちに松本も交えてこれを逐一検討しようとしますが、松本は途中で怒りだし退出、日本側で唯一残った佐藤達夫法制局第一部長が、まったく準備がなかったにもかかわらず、民政局職員の中に入って連続三十時間にも及ぶ審議を行い、翌五日に「憲法改正草案要綱」として完成、翌日公表されるに至ったのです。

◆国会での審議

それまでの国会議員は戦時中最後の翼賛選挙で選ばれた人々だったため、四月十日に総選挙が行われ、五月二十二日に吉田茂内閣が成立、六月二十日に国会が始まりました。

ＧＨＱは当初、二〜三週間の審議で無修正のまま改正案を成立させるつもりでしたが、極東委員会が抗議したため、結局三ヵ月以上の審議を行い、合計八十六ヵ所もの修正を加え、十月七日に成立しました（十一月三日公布、翌昭和二十二年五月三日施行）。

◆高まる天皇訴追の機運

ところでホイットニー民政局長は、二月十三日にＧＨＱ案を日本側へ手渡す際、「この草案が受け容れられないと、天皇が戦争犯罪人として裁かれることになるかもしれない」旨の発言をしています。このことの意味を考えていきましょう。

昭和二十年九月、東条英機ら三十九名の戦争犯罪人が逮捕され、十二月には木戸幸一内大臣、近衛元首相ら九名にも逮捕命令が出ました（ただし近衛は逮捕前に自殺）。そこで焦点は、天皇が戦争犯罪人になるか、ということに絞られました。

◆日本語訳された人間宣言

昭和二十一年元日、天皇は自らの神性を否定する、いわゆる人間宣言を出しますが、その写しをマッカーサーに送った吉田外相は、その書簡に「本官はここに天皇が新年にあたり発布する詔書《しょうしょ》（人間宣言のこと）の日本語訳をお届けします」と記しています。**何か不思議な点はないでしょうか。**

そうです、天皇の命令書である詔書は、当然日本語で作成されるはずなのに「詔書の日本語訳」というのがおかしな表現です。このことから、ＧＨＱが人間宣言の原案を作成したと推測されるのです。実は、前年十二月初めにＧＨＱは天皇ができるだけ早く自身の神格否定を表明したい意向をもっていることをつかみ、人間宣言の草案（もちろん英文）を作成し、日本政府に渡していました。とにかくＧＨＱとしては、「民主化された天皇」のイメージをアメリカ本国及び他の連合国に強くアピールする必要に迫られていたのです。結果としてこの人間宣言は、ＧＨＱの思惑どおり、それらの人々に好意的に受け止められました。

◆象徴天皇・戦争放棄条項と天皇制の維持

一月十九日、マッカーサーが極東国際軍事裁判所条例を公布すると、翌日にはオーストラリアが天皇を戦犯リストに加えて連合国戦争犯罪委員会に提出、この他ソ連も天皇訴追を要求しています。

一方、アメリカ政府内は意見が分かれており、前年十一月二十五日、マッカーサーに天皇の戦争責任問題に関する証拠資料の収集を指示していました。

一月二十四日、幣原首相がマッカーサーと会見、ここでマッカーサーあるいは首相から戦争放棄の提案がありました（現在ではマッカーサーからの提案とする説が有力）。

翌二十五日、マッカーサーはアメリカ政府に、天皇を戦争犯罪人とみなすに足る「特別かつ確実な証拠」は、何も発見されなかったと報告しています。

さて、GHQが一条で天皇を象徴とし、九条で日本が今後いっさいの戦争を放棄することを定めた憲法改正を急いだ理由がおわかりでしょうか。

それは、ここまで徹底すれば、アメリカ国内の強硬派及びオーストラリア・ソ連などの諸外国の批判を抑えて、天皇を戦犯から除外できるであろうと見ていたからです。

東京裁判開廷後の六月十八日、キーナン首席検事は、極東委員会の承認のもと、正式に天皇の不起訴を言明しました。

【参考文献】

◎児島襄『史録日本国憲法』（文藝春秋、一九八六年）
　同　『天皇と戦争責任』（文藝春秋、一九九一年）
◎吉田裕『昭和天皇の終戦史』（岩波書店、一九九二年）
◎松尾尊兊『日本の歴史21国際国家への出発』（集英社、一九九三年）

◎古関彰一「日本国憲法による政治体制とは何であったか」（『争点日本の歴史』新人物往来社、一九九一年）
　同　『日本国憲法の誕生』（岩波書店、二〇〇九年）
◎雨宮昭一『シリーズ日本近現代史⑦占領と改革』（岩波書店、二〇〇八年）

㊵ 東京オリンピックを支えた新しい試み

◆東京オリンピックをめぐる疑問

昭和三十九年（一九六四）に開催された東京オリンピックは、戦後日本の復興を世界にアピールし、また約十年前から始まっていた高度経済成長の、さらなる拡大への大きな起爆剤となりました。大会開催にあわせて、東海道新幹線や首都高速道路などが整備されたことは、よく知られています。

しかし、これらの他にも、東京オリンピックを契機として日本社会に定着していったものは、少なくありません。それらはいったいどのようなものか、またなぜそれらが導入できたのか、見ていくことにしましょう。

◆コンピュータの本格導入

東京オリンピックで初めて本格導入されたものの一つに、コンピュータのリアルタイムシステムによる、競技結果の集積・速報*があげられます。それまでは競技ごとに記録したデータを人間が電話で本部に報告、順位を出し、過去の記録と照合して新記録かどうかを判別し、紙にタイプしたものを複写してプレスセンターや各競技場に配布していました。また、全記録を集大成したマスター・レコードブック（公式記録）の作成には、大会終了後半年もの期間を要していたのです。

このシステムづくりを任されたのが、日本ＩＢＭの竹下亨《とおる》氏（当時三十二歳）でした。竹下氏はまず、各競技関係者に協力を求めたのですが、はじめのうちは概してその態度は冷淡なものでした。**特に陸上と水泳の関係者が顕著でしたが、それはなぜだと思いますか。**

答えは、これらの競技の着順を決めるのは時計ではなく人間（審判）なので、コンピュータなどいらない、といわれてしまったからです。確かに竹下氏らは、この時点まで陸上や水泳は、タイムが速い選手が勝つと単純に思っていました。しかしいくらタイムがよくても、実際には走法・泳法違反などがあり、それを見つけて失格を判断するのは人間だったのです。

そこで竹下氏は、三人の部下とともに各競技のルールを徹底的に勉強し、また実際の大会にも足繁く通って、競技や運営の流れを把握することに努めました。そのうち競技関係者との人間関係もよくなってきたので、竹下氏らは彼らにコンピュータを用いた場合の利点（過去の成績が一度にわかって便利なこと、いくつかの競技場に分かれて同時進行していても、他会場の成績がリアルタイムでわかることなど）を説いていきました。そうすると今度は、競技関係者の方から「コンピュータでこんなことはできないか」といった要望が出されるなど、お互いの協力関係が深まっていったそうです。

＊これに必要なデジタル情報の伝送技術は、日本電信電話公社（現在のＮＴＴ）によって研究開発され、当時完成させたばかりだった。

◆国民を熱狂させたこと

こうして実現したことの中には、特に一般国民を大いに喜ばせたことがありました。**いったい何だったと思いますか。**

それは、過去の成績データが保存されているため、たった今出たタイムが世界新記録（あるいはオリンピック新記録）かどうか、すぐに示された、ということもありますが、何よりも国別のメダル獲得数が連日発表されたことです。現在では当たり前のことですが、これはコンピュータを本格導入した東京大会で初めて実現したことなのです。しかも、はじめ組織委員会の一部には「そうやって国どうしの対抗心をあおるのは、オリンピック精神にもとる」との反対があり、いったんは発表しないと決めていたのです。しかし結局、報道関係者の要望もあって発表することにした結果、日本国民は大熱狂したのでした。

◆「わかりやすい仕様書を」の意味

さて話は少し戻りますが、竹下氏らはこうした準備の上で全体を動かすオペレーティングシステムと、各競技の成績処理のためのシステムづくりに用いる仕様書を作成しました。そしてそれに基づいて、十二人のチームによりいよいよプログラミングの作成に取りかかったまさにその時（オリンピックのちょうど一年前）、本国アメリカのＩＢＭから監査団がやって来たのです。調査の結果、監査団は「仕様書はよくできているが、十二人では期日に間に合わない」との結論を下しました。竹下氏は「十二人が大和魂をもって、不眠不休でも絶対に仕上げてみせる」と反論しましたが、結局五十人の増員に渋々同意したのでした。

そして会社から送られてきた五十人は、素人同然の技術しかもたない、入社したての若者ばかりで、竹下氏は途方に暮れたそうです。

ところがいざ始めてみると、意外にも効率よく進みました。**それはなぜだと思いますか。**答えは、彼らが素人同然のためにかえって癖がなく、仕様書どおりに作業を行ったからです。しかもその仕様書は、初心者でもわかるように作られていたので、このことが実現したのです。実は竹下氏は、プログラミングとは特別な力をもった専門家が行えばよく、開発のための仕様書などは作成しないのが当たり前だと思っていました。ところが昭和三十五年（一九六〇）から二年間、アメリカ本社で勤務した際、若い女性上司から「誰にでもわかるような簡単なプログラムを書け」と命じられ、大きなショックを受けたそうです。しかし、集団で作業を行うためには、難しいものではだめであることを、竹下氏はこのオリンピックのための作業を通じて痛感したのでした。

◆意外な副産物

ところで竹下氏は、この最終的な作業の過程で、まったく独自の発想により、新たなコンピュータの利用法を実現させました。**いったいどんなことだったと思いますか。**

それは、作業の進み具合をコンピュータで管理すること（工程管理システム）でした。これによって、遅れている部分に比較的余裕のある人間をすぐに手伝いに行かせることが可能となったのです。

こうして入念なテストも経て迎えたオリンピック本番では、大きな事故は一度も起こらず、閉会式の最中には既にマスター・レコードブックは完成していました。

なお日本ＩＢＭは、この仕事を無償で引き受けました。しかし、このシステムを一般的な商用機を用いて開発したこともあって、大会後には副産物の工程管理システムとともに、大手企業が次々と採用していったのです。

◆その他の「はじめて物語」

さて、このコンピュータシステムの他にも、東京オリンピックを契機として日本に広まったものがいくつかあります。例えば帝国ホテル料理長だった村上信夫氏（当時四十三歳）は、全国から集められた三〇〇人の料理人たちを指揮し、冷凍食品の活用、下ごしらえのみを行うサプライセンターの設置、共同作業の導入などを行い、世界各地から来た一万人もの選手・

関係者に高級ホテルと同等の食事を提供しました。この時に生まれた大量調理・サービスのシステムは、昭和四十五年（一九七〇）の大阪万博を経て、やがてファミリーレストランをはじめとする外食産業の誕生に大きく貢献することとなります。

また、二年前に友人と二人で日本初の民間警備会社「日本警備保障」（現在のセコム）を設立した飯田亮《まこと》氏（当時二十九歳）は、組織委員会に呼ばれ、工事段階からの選手村の警備を依頼されました。当時まだ世間では、民間警備ということが理解されておらず、組織委員会も当初は警察と自衛隊に頼めば済むと考えていたのですが、予想を上回る数の関係者の来日があったり、関連工事も多く、それだけでは足りない状態になったのです。大会後、日本警備保障は、「あの東京オリンピックの警備を担当した会社」として世間に認知されるようになりました。

◇それでも職人芸は欠かせなかった

こうして見てくると、これらには、天才的な専門家を中心としながらも、そこへ欧米流の徹底した合理主義が融合してつくりあげられていった、という共通点があるようです。

しかしなかには、これは日本伝統の職人芸がなければできなかった（間に合わなかった）、というものもありました。**それは、各競技の最も感動的な場面で欠かすことのできないものなのですが、いったい何だったと思いますか。**

答えは表彰台です。驚くべきことに、こんな大事なものを準備していないことに気づいたのは、大会開催間際のことでした。したがって組織委員会は、表彰台をどの部門がつくるかも決めておらず、結局何でも屋のようになっていたデザイン室に急遽《きゅうきょ》依頼したのです。デザイナーは当惑しましたが、ともかく間に合わせるためにメモ程度の設計図をつくり、仕事場から最も近い工務店に駆け込みました。デザイナーが、ともかく急いでいると訴えると、職人はその設計図をちらっと眺め、「オリンピックか」と呟《つぶや》きました。そしてすぐに作業に取りかかり、ごく短期間で揺れも軋《きし》みもしない、完璧な強度をもつ表彰台を仕上げてしまったのです。

この時デザイナーは、日本の職人のもつ技術の高さに大いに感嘆したそうです。

◇「新しさ」に価値を見出した社会へ

ところで、このような一見無謀とも思える新しい試みが採用され、それが大きな成果を生んだ背景にはどのような事情があったのでしょうか。**ここで紹介した人々の年齢に注目して考えてください。**

そうです。いずれも四十歳前後の若い人々が各部門のリーダーを任されたのです。しかも彼らは、個人プレイでそれぞれのミッションを成し遂げたわけではなく、多くの人々がこれを理解・協力し、チームとして行いました。つまりこの時代、各分野における指導者が一斉に若返っていたからこそ可能だったのです。これは、駆け出しのころの彼らを教えていた年上の人間たちが、公職追放によって職場からいなくなってしまった、ということとも深く関係しているようです。

野地秩嘉《のじつねよし》氏は、こうした点に関して次のように総括しています。

変化を求める気風と好奇心旺盛な人々が見つけた、戦後初めての努力目標がオリンピックであり、成功させた後、その時に獲得したシステム技術とエネルギーは、方向を変えて、経済成長へと向かっていった。

【参考文献】

◎相田洋・荒井岳夫『新・電子立国5』（日本放送出版協会、一九九七年）
◎荒川章二『日本の歴史16豊かさへの渇望』（小学館、二〇〇九年）
◎野地秩嘉『TOKYOオリンピック物語』（小学館、二〇一一年）

◆おわりに

私は過去三十四年間の勤務歴のうち、二十年余りを高校歴史科の教員、及び短大や大学の非常勤講師として過ごしました。その中では、一貫して「生徒（学生）の学習意欲を喚起するような教材を開発し、それを彼らの思考の実態に合わせて構成し、さらに授業において効果的な形で指導するにはどうすればいいか」ということをテーマとして、ささやかながら取り組みを続けてきました。

このうち特に教材づくりにあたっては、なるべく具体的で、しかも生徒たちに身近な内容の素材を選ぶことを心がけています。「神は細部に宿り給う」という言葉もあるように、大きく漠然とした内容より、個別・具体的なものの方が、かえって鋭くその時代の一断面を切り取ることができ、さらにそこから全体像さえもうかがい知ることができると確信しているからです。本書も同じような方針で執筆しました。

ところで、私は歴史教育の実践研究者であるとともに、日本中世史の研究者でもあります。どちらも三流以下でしょうが、授業で進める謎解きというのは、実はそれまでの研究者たちの思考を生徒たちに追体験させていることと、ほぼ同義なのです。そうした意味で、私が歴史研究者の端くれでもあることは、決して悪いことではないと思っています。むしろ、教育実践と歴史研究をまったく同じウェイトで行い、さらに両者をいかに結びつけていくかを考え続けている私という人間には、（思い込みかもしれませんが）それなりの意味をもつ希少価値があると考えているのです。

私はかつて岩田書院から、それまでの日本史教育の実践内容を『日本史へのいざない　考えながら学ぼう』（二〇〇六年）、『同2』（二〇一一年）として刊行しましたが、今回、ベレ出版の森岳人さんがこの二冊に目をとめていただき、同じような趣旨での出版を勧めてくださいました。そして森さんの説かれるコンセプトと、私の思いがよく合致したので、ありがたくお受けした次第です。

そのようなわけで、本書の内容は、これら二冊と重なる部分が少なくありません。この点についてご了解いただければ幸いです。

最後に、今回このような執筆の機会をいただいた森さんをはじめとするベレ出版の皆さんに感謝申し上げるとともに、出版を喜んでくださった岩田書院の岩田博さんにもお礼を申し上げます。

平成28年12月

松本一夫

著者紹介

松本一夫《まつもとかずお》

1959年生まれ。1982年慶應義塾大学文学部を卒業後、栃木県の高校教員となり、20年間日本史、世界史等を担当する。専門は日本中世史。2001年博士（史学）。國學院大學栃木短期大学、宇都宮大学等で非常勤講師を務めた。その後、栃木県立文書館等を経て現在は栃木県立上三川高等学校長。南北朝期の軍事関係史を研究する一方で、日本史教育の実践的研究にも取り組む。おもな著書は、『東国守護の歴史的特質』、『日本史へのいざない 考えながら学ぼう』、同2（いずれも岩田書院）ほかがある。

疑問《ぎもん》に迫《せま》る日本《にほん》の歴史《れきし》

2017年1月25日　初版発行

著者	松本《まつもと》 一夫《かずお》
装丁・本文組版	常松 靖史 [TUNE]
校正・校閲協力	株式会社ぷれす
発行者	内田 真介
発行・発売	ベレ出版 〒162-0832 東京都新宿区岩戸町12 レベッカビル TEL.03-5225-4790 Fax.03-5225-4795 ホームページ http://www.beret.co.jp
印刷	株式会社文昇堂
製本	根本製本株式会社

ISBN978-4-86064-499-4 C0021　　編集担当 森 岳人